Einaudi. Stile libero

Beppe Sebaste
H. P.
L'ultimo autista di Lady Diana

Einaudi

ISBN 978-88-06-18983-9

H. P.

Un uomo ha fatto un'esperienza, ora cerca la storia che le corrisponde – non si può vivere con un'esperienza che rimane senza storia, cosí sembra, e mi è accaduto di immaginare che un altro possedesse esattamente la storia della mia esperienza...

(Non è il barman).

(MAX FRISCH, *Mein name sein Gantenbein*).

«Tutti mentono, e credono alle loro menzogne come se fossero vere».

«Che importa se sono menzogne, se la storia è palpitante?»

(Dal film *Rashomon* di Akira Kurosawa).

Beppe Sebaste
27, rue Vaneau
75007 Paris
tel. 01. 45.50.39.64

Monsieur Claude Garrec
2, rue Brogniart
Paris 2ème

Paris, le 28 nov. 1997

Cher Monsieur,

je vous envoie cette lettre suite à mon appel téléphonique de jeudi soir dernier. Comme je vous disais, je suis un ecrivain italien domicilié à Paris (j'ai un enfant qui est entré en CP cette année). De temps en temps j'enseigne la philosophie dans une institution universitaire. Mon dernier livre était dedié à l'éducation, et précisement à la notion et à l'expérience des «maïtres» [...] J'ai écrit aussi des recits [...]

Dès le début de septembre, lecteur de journaux, j'ai senti une une très fort empathie envers votre ami M. Henri Paul, seule figure humaine et rien d'autre dans cette tragique histoire devenue spectacle planétaire [...] J'ai été ému et troublé en apprenant que ses obséques auraient eu lieu plus que vingt jours aprés sa mort [...] Peu à peu cette sympathie est devenue en moi le désir de connaïtre Henri Paul, de raconter sa vie «ordinaire» non pas comme le pivot d'un récit judiciare, ma pour elle même. Mon désir de le prendre en charge dans mon écriture (le geste que je sais le mieux accomplir) signifie pour moi le désir de soustraire sa vie du fond spectaculaire dans lequel sa mort l'a precipitée; raconter un homme normal qui faisait peut-être un métier spécial (je n'en sais rien), et lui rendre sa dignité [...]

J'aimerais vous expliquer à vive voix mon «adhesion» a Henri Paul et l'ethique (ou la poétique) de mon projet. Il y a un poème de Paul Celan, un grand poète decédé il y a trente-ans environs, qui dit: «Personne | ne temoigne | pour les témoins». J'ai toujours associé ce poème à la solitude de l'ecrivain; mais je le lie aussi à sa possibilité de donner la voix à ceux qui ne peuvent pas ou plus l'utiliser. J'arrête ici cette lettre écrite à la hâte, dans mon français incertain (ma langue est l'italien). Excusez-moi si je vous ai écrit en imprimés, ce qui ne significe pas une absence de spontaneité, mais au contraire la force d'une habitude.

En attendant une réponse de votre part, je vous envoie mes salutations le plus cordiales.

Il 31 agosto 1997, verso sera, mi trovai sul palco della Versiliana, nella pineta di Marina di Pietrasanta, con un maestro Zen e una psicologa. Venivano presentati due libri, tra i quali uno che avevo scritto io sull'idea di «maestro», ovvero sull'educazione al risveglio e all'autenticità: diventare ciò che si è, ma anche essere ciò che si è diventati.

A un certo punto la mondanità della situazione impose all'intrattenitore di chiederci, per la curiosità del pubblico, la nostra opinione su un fatto di cronaca eclatante, il tragico incidente appena accaduto a Parigi in cui aveva perso la vita la coppia allora piú fotografata del pianeta: Lady Diana Spencer, principessa del Galles e madre del futuro re d'Inghilterra, e Amed Al Fayed detto Dodi, miliardario egiziano di cittadinanza inglese e religione musulmana. Non avevo nessuna opinione, né la ebbi in seguito. Di fronte al pubblico balneare fu effettuato un collegamento telefonico in diretta con un noto giornalista, e sentii parlare di «morte opportuna», di coincidenze e di dubbi sulla fatalità dell'accaduto. Sollecitato a dire, mi venne alle labbra solo qualche generalità sulla morte, sulla vita, sulla vita-morte, sull'indecidibilità di che cosa sia un «fatto», sull'ambiguità della nozione di «incidente», sulla meravigliosa e terribile vulnerabilità umana.

Ero appena tornato con un aereo a eliche da Nizza,

dove avevo partecipato a un convegno in «Onore a Emmanuel Lévinas», il primo dalla morte del maestro dell'etica. E dove, in mezzo a filosofi, avevo impersonato la parte del portatore d'acqua che ne rovescia piú della metà lungo il cammino (che per Lévinas è la generosa immagine dello scrittore). Non avevo letto nessun giornale. Solo un attimo prima di salire sul palco Taiten Guareschi mi chiese se avessi saputo. Che cosa? Ero stranito dal viaggio e dal sole. Cosí anche la notizia ebbe un suo potere di stordimento. Il maestro Taiten invece aveva dedicato alla morte (o alla vita) di Diana il sermone del mattino ai praticanti e monaci zen del monastero Fudenji, omelia buddhista sul karma e le illusioni: «La vostra vita è troppo importante perché sia felice, leggera, spendibile facilmente».

Nell'incidente di Parigi, avvenuto subito dopo mezzanotte nel tunnel de l'Alma (ovvero dell'Anima) che costeggia la Senna, un'altra persona era morta, una quarta era rimasta ferita. Il ferito era una guardia del corpo di Al Fayed, Trevor Rees-Jones. Il morto era l'autista della macchina, un certo Henri Paul, capo del servizio di sicurezza dell'Hotel Ritz di Parigi. E che a differenza degli altri risultava cosí anonimo da far sembrare il nome posticcio, quasi reticente, se non addirittura letterario.

Due giorni dopo ero a Parigi (a quell'epoca abitavo ancora lí), dove non avendo televisione seguii l'inchiesta sui giornali. Fino all'atteso e incredibile funerale della principessa in mondovisione, di cui lessi le cronache, compresa l'interminabile melassa sulla canzone di Elton John, subito best seller. Invece il suo compagno, Dodi, secondo il rito islamico della sepoltura, ebbe un funerale privato e immediato. Se qualcosa in questa vicenda mi interessava ignoravo ancora cosa fosse, finché focalizzai la mia attenzione conscia sul personaggio che, già sconosciuto ma sottratto al naturale anonimato dalla morte, divenne presto il perno dell'inchiesta e di ogni racconto – giornalistico, poliziesco, giudiziario, perfino politico. Parlo del francese, anzi del bretone Henri Paul, il continentale, l'europeo: «l'autista di Lady Diana», come si disse da allora impropriamente. Il responsabile dell'incidente.

Di fronte alla beatificazione degli altri e all'enormità di un evento che lo oltrepassava, la normalità di Monsieur Paul fu snaturata e violata al di là di ogni oltraggio. Per i giornali si trattò quasi subito di un ubriacone imbottito di psicofarmaci, irresponsabilmente alla guida della Mercedes che trasportava la principessa. In un secondo tempo, senza neppure smentire il suo presunto alcoolismo, si sparse la voce che fosse un agente segreto, o quanto meno colluso coi servizi, inglesi e/o francesi. La sua morte fu sommersa dalla spettacolarizzazione di quel mondo delle «notizie» che ha bisogno a tutti i costi di rendere conto – e tanto peggio se nel farli tornare, i conti, si macinano persone e si seminano imposture. Fui turbato e commosso leggendo che il suo funerale, piú volte rinviato, avrebbe avuto luogo un mese circa dopo la morte, essendo il suo corpo ostaggio di perizie e controperizie legate alla costruzione narrativa di una verità ufficiale.

Dall'inizio di settembre quindi scoprii dentro di me una sollecitazione e una simpatia verso la persona di Henri Paul, sola figura interamente, banalmente umana di quella tragedia divenuta gioco mondiale di Tarocchi, i cui personaggi erano loro malgrado simulacri – la Principessa, il Miliardario, il futuro Re e l'attuale Regina, la famiglia Windsor e i misteriosi «uomini in grigio» di Buckingham Palace, piú altri rappresentanti di una ristretta élite planetaria. Quella simpatia di-

venne poco a poco, come per molti altri, desiderio di
conoscere una vita in cui piú o meno inconsciamente
potevo identificarmi, cosí come avviene con persone
alla nostra portata, persone come noi mediocri. Non è
l'identificazione la molla segreta, forse necessaria, di
ogni desiderio di biografia? E che cosa significavano
quelle parole, «vita privata», che improvvisamente, dopo l'incidente, rimbalzarono su tutti i giornali?

Fu il filosofo Emmanuel Lévinas a scrivere che la vita ordinaria richiede piú coraggio di quella di un samu-
rai. Frase che andava al cuore del mio interesse per
Henri Paul. Mi interessai a lui, l'uomo dal nome cosí
semplice – giustapposizione di due nomi propri – da
sembrare romanzesco. Come se nonostante tutto il suo
nome per esteso non sapesse uscire dal recinto di anonimato che lo protegge e gli spetta – il «No trespassing» che difende una vita dall'intrusione dello sguardo omologante, dal «senso comune» (come in *Quarto
Potere* di Orson Welles). Come se il suo nome, Henri
Paul, fosse un'aureola capace di resistere alle voci, al-
l'*idiot wind* che sradica i corpi e le vite per renderle immateriali e a consumo di tutti, news del bocca-orecchio
democratico della nostra civiltà fondata sulle telecomu-
nicazioni. Ed è un ulteriore luogo comune (anche senza scomodare Heidegger) che le comunicazioni a distanza, invece di creare un sovrappiú di relazioni tra
gli uomini, attestino in realtà un'assenza di distanza e
un'ancor piú inquietante assenza di contatto. Come se
le comunicazioni comunicassero solo se stesse, nel deserto degli umani.

La vita, e in fondo qualsiasi evento della storia e della cronaca, è irriducibile a un'informazione lineare e
causale. Credo fosse in nome della complessità delle cose, degli eventi, delle persone, che giorno dopo giorno
prese forma il mio desiderio di raccontare H. P., pren-

derlo a carico nella scrittura e sottrarlo allo sfondo mediatico in cui la morte l'aveva precipitato. Raccontare
H. P. non come il perno di un racconto giudiziario o
giornalistico, ma per se stesso: un uomo normale che
faceva (forse) un mestiere speciale. Ho aspettato sette anni per licenziare questa storia. Credo che questo
significhi rivendicare la complessità e l'ambiguità dello scrivere nel suo gesto piú arcaico: narrare la vita,
una vita. Rifondare il concetto di *news* seguendo il sug-
gerimento del poeta Ezra Pound: «notizie che restano tali anche dopo averle lette». La letteratura, quel
modo del dire capace di rendere nuovamente i personaggi persone.

«Letteratura: andare alla ricerca di luoghi non ancora occupati dal senso». È un'altra definizione, questa
volta di Peter Handke. Lo stesso che scrisse un libro
di saggi dal titolo *La letteratura è romantica*. Scrivere,
qualunque cosa si scriva, è riconoscere che siamo man-
canti. «Romantico» vuol dire sapere di essere incompiuti e pieni di una strana nostalgia. Che il conflitto tra
il desiderio e i limiti, tra l'infinito e le forme, è inevitabile, lo si può solo contemplare, vivere e accettare.
A volte naufragando, sperando che il modo sia il piú
dolce possibile.

Ma come si conduce un'inchiesta? Che cosa è importante, se tutto è cosí sparpagliato? E che cosa è una
«bio-grafia»? Non sapevo e non avevo niente, di certo nessun mezzo speciale. In questo caso poi la biografia si tingeva di giallo. Sul giallo mi ci ero laureato, con
una tesi in filosofia. Ripescando nella memoria alcune
mie idee, il romanzo giallo sarebbe quel genere in cui
tutto ciò che è scritto si carica di significato e di sospetto. Dove, come nelle poesie, le parole danno un effetto estremo di *suspence*, un panico della significanza,

una saturazione del senso. «Tutto ciò che è notato è per definizione notevole», notava con lieve ironia negli anni '70 Roland Barthes: ciò che vale soprattutto nei gialli e nelle inchieste.

Eppure, come sanno i veri lettori di romanzi polizieschi, il piacere che si prova leggendoli non coincide con i momenti culminanti, con le peripezie o le rivelazioni del senso, la scoperta della verità; ma coi momenti morti, la bonaccia della storia, i fatti banali e quotidiani, le ripetizioni del già noto. La cura delle orchidee di Nero Wolfe. Le esclamazioni generosamente idiote del dottor Watson di fronte alle esibizioni logiche dell'invasato amico Holmes. Le partite a scacchi da solo di Philip Marlowe, le sue avventure erotiche malinconiche e inconcludenti. La mosca che vola contro i vetri nell'ufficio vuoto, prima che una seducente cliente faccia il suo ingresso. I pranzi a base di *tortillas* bisunte di Toby Peters nei gialli di Stuart Kaminski, quelli a base di lasagne surgelate e confezioni da sei di birra nei romanzi piú recenti, mentre alla Tv o alla radio scorre la cronaca della partita di baseball (o, perché no, di calcio). Le docce dopo una giornata movimentata, o le eterne noie al motore dell'automobile scassata, che costringono ogni vero detective a far visita all'amico elettrauto...

Quanto al problema della verità, della presunzione di verità, i gialli americani hanno insegnato che in fondo non esiste, che la versione finale della storia (lo svelamento) non è meno improbabile di tutte le altre versioni, le altre storie, quelle date dai testimoni o dai personaggi della vicenda, assassino compreso. Poiché tutti i personaggi di un giallo sono in cerca d'autore, l'investigatore privato, il *private eye*, è qualcuno a metà tra un narratore e un impresario teatrale, non uno scienziato dilettante come Sherlock Holmes. Il detective è un narratore disilluso e pieno di dubbi. Non ha molte presunzioni. E piú il giallo è sofferto, mostrando la sua infelicità quotidiana, il suo essere «romantico», piú è bello. Non può esserci una «fissazione» della verità. Forse nemmeno una fine (per questo, come la vita, il giallo è un genere seriale, e finito uno se ne comincia un altro).

In quel periodo leggevo molti gialli, facevo una dieta e avevo problemi economici e amorosi – ecco il mio sfondo. Leggevo altri libri inattuali, come se potessero farmi da viatico. Oltre alla filosofia mi feci guidare soprattutto da tre incontri: un esilarante romanzo di Richard Brautigan, parodia di un giallo, appunto. Un saggio di James Hillman sulle biografie. E un racconto breve e folgorante di Nina Berberova. Intanto proseguivo un'interminabile ricerca sulla responsabilità delle parole, sul concetto di «testimonianza» (oggetto di seminari che avrei tenuto di lí a poco) che accomunavo al «volto», di cui mi sarei occupato nell'ambito dell'arte opponendolo al «ritratto».

L'idea di investigare su Henri Paul, di raccontarlo, mi si rivelò inseparabile dal racconto della mia vita mentre lo cercavo e mi interessavo a lui. Non potevo ignorare che l'interesse per lui nasceva in certe circostanze della mia vita, anche drammatiche, che gli avevano permesso di emergere. C'è sempre una ragione misteriosa e vitale per cui vediamo o notiamo qualcosa e non qualcos'altro, ed è sempre utile rammentarlo, non rimuoverlo, anzi metterlo in gioco e raccontarlo. «Confession is good for ideas», aveva scritto un filosofo contemporaneo, e non c'è dubbio che le confessioni (quelle di Rousseau, ad esempio), segnano l'inizio dell'antropologia: per vedere l'altro, occorre prima sviscerare il proprio sguardo, i propri limiti oculari. È il «determinismo delle determinazioni» di cui parlano anche gli psicoanalisti: sapere che, mentre cerco di conoscere la vita di Henri Paul, cerco nello stesso tempo di conoscere le ragioni per cui mi interessa. Allora, mentre mi interessavo a lui facendone argomento di scrittura, il mio diario – inventario alla cieca delle mie esperienze private e delle mie riflessioni – era parte integrante, come lo sfondo o l'intelaiatura del racconto in cui lui avrebbe eventualmente preso forma, in luogo dell'altro sfondo, quello mediatico e pubblico in cui era emerso, la vicenda dei personaggi planetari di cui fu casualmente l'autista.

«Autista», quasi «guardia del corpo», «addetto alla sicurezza» (dell'Hotel Ritz). Ho già suggerito il paradosso di un responsabile zelante, professionista della privacy altrui, il cui privato dopo la morte viene manipolato, smembrato, dato in pasto al pubblico. Ma c'era qualcosa di ulteriormente inesplorato in questo servizio: chi conduce l'autista, chi lo guida? Chi difende il corpo della guardia del corpo? Chi è responsabile della sicurezza del «responsabile della sicurezza»? Chi risponde a chi, e di che cosa?

Chi testimonia per i testimoni? Ecco, non poteva non tornarmi in mente ancora una volta il distico di Paul Celan («Nessuno | testimonia | per i testimoni»). Al limite, mi risposi, solo altri testimoni, altri scriventi.

Cosí, lo confesso, H. P. fu per me davvero un autista, un conducente, un «duca»: un virgilio che, come in una divina commedia ubriaca (la mia) mi prese per mano e mi accompagnò lungo il tunnel dell'anima (la mia).

Dopo lo show di parole della Versiliana, quell'ultima sera d'agosto, dopo la cena e i convenevoli, il fragile senso di comunità dell'evento si squagliò come ghiaccio al sole, e ognuno si ritirò in rivoli sparsi. Lasciai il maestro e andai a bere coi miei amici e amiche assolutamente non-illuminati/e.

Il giorno dopo era il 1° settembre, e quella notte – l'ultima prima di rientrare a Parigi – provai una solitudine quasi perfetta (l'*I Ching* mi aveva promesso: «il Seguire, il Sereno»). Solo un riccio che sotto le mie finestre attraversò la stradina ancheggiando, come un topo grasso e pigro, e una telefonata di Paola A. per esprimermi il disagio vissuto la sera prima con Taiten, e la mia inadeguatezza di ospite. L'avevo sentito anch'io, e gli scrissi una lettera.

In essa parlavo del gusto di arrivare secondi, essere penultimi, non compiere completamente ciò che si compie, come se il farlo fosse un'arroganza. Parlai del mio non assumere le insegne (di monaco), o non farle diventare visibili. Pensavo che tutto questo avesse a che fare col non scegliere la totalità, ma l'infinito; e che significasse forse il disagio di avere un maestro come lui, e la mia elezione per un maestro come Lévinas:

«[...] queste parole vorrebbero porgerti almeno la mia consapevolezza del disagio condiviso la sera del 31 agosto, dopo il nostro atto di parola pubblica. Come se la parola divenuta privata si fosse squagliata come un gelato […] Il qualcos'altro è che non ho altro, nella mia vita, che quello di cui sei sempre piú spesso testimone, il lavoro dello scrivere o attiguo allo scrivere. Non ho molte altre parole per dirti che con le parole mi gioco la vita, come l'equilibrista sulla corda. Che non sono un optional, sono costretto a crederci come ai trapezi crede il trapezista, e come tu allo *zafu**. Non ho, in questo, residui, come non ne hai tu in quello che fai. Non ho altri spazi o dimore o lavori o identità in cui ritirarmi, come non ne hai tu. Da giorni vorrei scrivere sulla "fecondità", sull'essere penultimi. È una riflessione che penso dall'infanzia piú remota, quando avevo l'idea che il piú bravo degli arcieri fosse quello che arriva vicino al bersaglio, non in coincidenza del centro. Quello che arriva secondo alla corsa. Quello che non esibisce ciò che compie, che forse non compie, o compie senza compiere. Che sfiora costantemente l'inadeguatezza, l'indifferenza o il disprezzo altrui. Quello che quando splende è già morto, come le stelle spente che sono quelle che vediamo piú brillare. Nessun intento giustificativo nel salto tra quello che ho detto prima e quello che dico adesso, ma i nessi mi piacerebbe, secondo la tua disponibilità e la mia forza, poterli un giorno cercare insieme. È un pensiero che pensavo anche prima di imbattermi in Lévinas e nello Zen. Forse è un pensiero che abbraccia la morte».

(Solo molto tempo dopo qualcuno mi aiutò a realizzare che quelle parole esprimevano a loro modo il voto del *bodhisattva*, che consiste nell'augurarsi di essere illuminato per ultimo. Potrebbe essere il mio metodo, se ne avessi uno. Agli antipodi del cosiddetto scoop, raccontare una storia sotto gli occhi di tutti. Raccontare gli oc-

---

* È il cuscino che si usa per la meditazione in *zazen*.

chi di tutti. Partire per primo, arrivare per ultimo. Fare della ricerca della verità una bella perdita di tempo).

Qualche sera dopo ero a cena alla Closerie de Lilas col mio amico Louis-Bernard, canadese residente a Parigi da venticinque anni, giornalista e romanziere, gran bevitore e dispensatore di umorismo. La cena alla Closerie al fine settimana era un nostro rito, preceduta da un beverone al banco scherzando col barman e rimorchiando le donne, quando c'erano. Approfittando della sua esperienza, e soprattutto della sua ironia, gli dissi (era la prima volta che la formulavo) la mia idea di scrivere un libro su Henri Paul, il presunto autista alcoolizzato che aveva causato l'incidente in cui era morta Lady Diana. Magari una cronaca alla Sciascia, azzardai, tra la realtà e la fiction.

Che Henri Paul fosse un uomo emblematico, forse simbolico, lo dicemmo insieme: forte e fragile, mediocre come lo «spirito del tempo», cosí umano ecc. Un perfetto penultimo. Deus ex machina di un evento che lo trascendeva, spettacolare e mondializzato. Ecco, raccontare l'invisibile parabola del suo destino, l'idea era questa. Louis-Bernard, da giornalista, disse che mi avrebbe aiutato per trovare materiali.

Fu quella notte, a casa, che scrissi sul mio diario:

«Una delle non ultime ragioni per cui simpatizzo per Henri Paul è che nel suo ultimo giorno di vita, nella sua vicenda culminante, forse lui era ubriaco, anche se non era ubriaco. E aveva guidato a destra e a sinistra, qui e là, facendo del lavoro straordinario. Lo ammiro, per questo. Io per esempio adesso sono ubriaco, e non vorrei andare da nessuna parte, soprattutto non vorrei guidare né accompagnare nessuno, né tantomeno lavorare per qualcuno. Lui invece ne era capace».

Leggere i giornali che parlavano dell'inchiesta sulla morte di Lady Diana bastò a farmi sentire coinvolto in un segreto progetto. Non ero più un lettore ingenuo, partecipavo anch'io all'inchiesta, per quanto passivamente, in modo empatico e narrativo. Quanto a loro, i giornali non ebbero dubbi che i responsabili dell'incidente, in un concorso di colpe, fossero stati i fotografi (i «paparazzi») e in seguito l'autista, Henri Paul.

Con abituale sobrietà «Le Monde» aveva titolato così l'edizione datata 2 settembre e uscita il pomeriggio precedente: «La morte tragica della principessa di Galles. Il suo decesso a Parigi, nell'incidente di un'automobile seguita dai fotografi, suscita una polemica sul rispetto della vita privata». Ai fotografi non si rimproverava soltanto di aver braccato la celebre coppia, ma di avere indugiato, forse ostacolando i soccorsi, sul luogo dello schianto, continuando a far scattare i loro flash sui corpi privi di vita. «Scusaci, Principessa», titolò addirittura a tutta pagina un giornale italiano di sinistra, in una chiamata di correo dell'intera categoria. Curioso che fossero proprio i media a dare risalto all'incriminazione dei reporter per «attentato alla vita privata» – ciò che, per eccesso di difesa, avrebbe provocato alla Mercedes in fuga l'incidente mortale nel tunnel contro il fatidico tredicesimo pilone. Tutto appariva ingarbugliato e autoreferenziale: testimoni che si trasformano in detective (i «paparazzi»), i cacciatori in cacciati e messi all'indice. Sette reporter furono messi in stato di fermo e indagati. La questione merita di aprire una parentesi.

Il fotografo e cineasta Raymond Depardon, autore di un film documentario sul tema (*Reporters*, dove in una scena si vede anche Richard Gere negoziare con un paparazzo) suggerí che se invece di fotografi si fosse trattato di cameramen televisivi, nessuno avrebbe avuto da ridire. Le fotografie ci rendono voyeur, le loro immagini sincopate sono viste dal pubblico come aggressioni; ma lo stesso evento, filmato, ci apparirebbe normale. Di fatto è anche grazie ai paparazzi, dichiarò Depardon («Le Monde», 4 settembre 1997), se il sistema di comunicazione e la rappresentazione dei potenti, che impone un regime di immagini fatto di pose rigidamente controllate e selezionate, ogni tanto si incrina lasciando trasparire pezzi di verità cruda, soggettivi e casuali. La questione semmai è che non esiste altra via tra la foto ufficiale e quella rubata, tra la messa in scena fittizia e il furto violento dell'immagine.

Forse non è inutile ricordare che la parola «paparazzi», tornata cosí bruscamente in auge, venne coniata nel 1959 da Federico Fellini ne *La dolce vita*. Si dice venga dalla contrazione delle parole «pappataci» (zanzare) e «razzi» (per via del lampo del fotografo), o piú semplicemente dal nome di uno dei personaggi del film, Paparazzo. La parola designò comunque il fotografo in cerca di immagini sensazionali, magari pedinando persone famose (come fu il caso di Diana Spencer e Dodi Al Fayed nei giorni precedenti la morte), fino a entrare nell'uso comune col significato di «fotografo di attualità mondana». Nel 1962 un film di Louis Malle, *Vie privée*, con Brigitte Bardot, ne ripropose il tema. Nel settembre 1997 non mancarono proposte per inasprire la legislazione a difesa della «vita privata» e contro la stampa scandalistica, e un famoso avvocato dichiarò di avere già ammonito da tempo sulla possibilità che il fotogiornalismo avrebbe «fatto dei morti». Nel dibattito imperniato sui concetti di «privato» e «sicurezza», solo pochi denunciarono la plateale ipocrisia dei media, proprio nei giorni in cui a Perpignan si celebrava il festival mondiale di fotogiornalismo. I persecutori-perseguitati denunciarono una responsabilità collettiva (il successo della stampa cosiddetta *people* essendo specchio della società e del mercato, ecc.), e che il vero problema era semmai la gerarchia delle notizie e dell'informazione: «Due giorni prima della morte di Lady Diana ha avuto luogo il piú terribile massacro in Algeria, ma nessuno è venuto a interrogarci sul lavoro dei fotografi algerini», dichiarò Jean-François Leroy, direttore del festival «Visa pour l'image». In un dialogo con la giornalista Chantal de Rudder sul «Nouvel Observateur», il fotogiornalista Jacques Langevin raccontò la sua esperienza di testimone messo in stato d'arresto. Eppure, seminato da subito dalla Mercedes guidata da Henri Paul e deciso a rinunciare, arrivò nel tunnel tra gli ultimi, attratto dalle luci azzurre intermittenti della polizia e dei soccorsi, e nessun poliziotto inizialmente gli impedí di fare il suo lavoro. Fu solo dai pantaloni bianchi che da lontano riconobbe Diana dietro la portiera semiaperta della Mercedes. Rimbalzata, dopo lo schianto sul tredicesimo pilone, a sinistra della corsia, la macchina si trovava girata in senso inverso, addossata all'altra parete del tunnel. «Immagini macabre ne ho fatte molte altre. La morte è sempre oscena. Perché Diana avrebbe diritto a uno statuto particolare? La foto peggiore che mi è successo di prendere fu durante la spaventosa carneficina del Rwanda: dei bambini in agonia. E tuttavia quella foto l'ho fatta, perché nessuno possa ignorarla. Sono un testimone, mostro la vita e la morte degli uomini. Piú l'immagine è forte, piú è difficile per chi si trova dietro l'obiettivo. Quelle immagini di solito non sono neanche pubblicate. Nessuno le vuole. Quando l'orrore è autentico, reale, può fare riflettere sulla miseria del mondo o sugli incidenti stradali, e il pubblico preferisce chiudere gli occhi. Lo stesso pubblico che si precipita nelle sale buie dei cinema per pascersi di violenza e sangue».

La definitiva mitizzazione di Lady Diana prodotta dalla sua morte, non ispirava soltanto melasse giornalistiche a quantità industriali. Pochi sono quelli che si sono trattenuti dal commentarla. Si deve a Jean-Pierre Dufreigne, su «L'Express» del 4 settembre 1997, il paragone tra la fuga di Diana e Dodi sulla Mercedes nera la notte dell'incidente e quella sull'Alfa Romeo rossa di Brigitte Bardot e Jack Palance nel *Disprezzo*, il film con cui Jean-Luc Godard riscrisse nel 1963 l'omonimo romanzo di Moravia (nel cast, anche Fritz Lang). Le tragedie non sono mai troppo dissimili dai drammi borghesi e dai romanzi delle stazioni. Invece, il 14 settembre «Le Monde» riportava un articolo di Salman Rushdie dal titolo «Diana's crash», in cui il celebre autore, nel sottrarre l'evento della morte di Lady Diana tanto al genere della fiaba che a quello della soap opera, rendeva omaggio al collega James G. Ballard, autore del romanzo *Crash*, riattualizzato allora dall'adattamento cinematografico di David Cronenberg. Per il film, soprattutto in Gran Bretagna, fu invocata la censura per oscenità.

È in effetti un film molto sgradevole. Vi si alternano incidenti stradali e amplessi lividi e veloci, freddi e contorti come il metallo accartocciato delle macchine. Gli uni e gli altri, se riguardano persone celebri, sono mitizzati, come la morte di James Dean in uno scontro

frontale, che in *Crash* viene fatta rivivere hard core e
dal vero per un pubblico di appassionati. Dire incidenti stradali è però impreciso: *Crash* parla di velocità e di
urti, di autovetture e di umani. La qualifica di porno-
grafia, sosteneva Salman Rushdie, era stata materializ-
zata con tragica ironia dall'incidente automobilistico
«che era costato la vita di Diana, principessa del Galles, di Dodi Al Fayed e del loro autista ubriaco». «Viviamo in una cultura che banalizza l'erotizzazione e la
fascinazione dei prodotti della propria tecnologia, –
scriveva Rushdie, – e particolarmente dell'automobile. Viviamo anche nell'Era della Celebrità: l'intensità
dello sguardo che portiamo sui personaggi celebri li trasforma, anch'essi, in prodotti di consumo – trasforma-
zione che si è spesso mostrata abbastanza potente da
distruggerli». Il film tratto dal romanzo di Ballard fu
giudicato osceno per avere riunito i due feticci erotici,
l'automobile e la star, la sessualità e la violenza dell'incidente. «La morte di Diana, – continuava Rushdie, –
è un'oscenità dello stesso ordine», oltre ad essere assurda (morire per non essere fotografati). Anche per questo «quello spaventoso incidente [...] ci dice delle verità fastidiose su ciò che siamo diventati. Nella nostra
immaginazione erotica la macchina fotografica è forse
l'unica che possa rivalizzare con l'automobile. La macchina fotografica è un reporter che coglie l'evento per
consegnarcelo a domicilio [...] Nell'incidente fatale di
Diana, l'obiettivo fotografico, al tempo stesso reporter e innamorato, si aggiunge all'automobile e alla star,
rendendo cosí il cocktail di morte e desiderio piú forte di quello del libro di Ballard».

Seguivano considerazioni sul tema del desiderio della macchina fotografica (il suo fallico teleobiettivo pun-
tato sulla bionda Diana) e sul carattere sublimato di
quell'aggressione sessuale sfociata in tragico parossi-

smo. Piú interessanti le considerazioni sulla voga di rubare segreti della vita privata dei personaggi pubblici. «La verità cruda è che la macchina fotografica agisce in nostro nome. Se si comporta da voyeur, è perché il nostro rapporto con la bellezza ha sempre avuto a che fare con il voyeurismo. Se vi è sangue sulle mani dei fotografi, delle agenzie e delle illustrazioni sulla stampa, ve n'è anche sulle nostre. Quali giornali leggete? Vedendo le foto di Dodi e Diana nei loro futili passatempi, vi siete forse detti: questo non mi riguarda, e avete voltato pagina?» Che poi Diana sapesse essere complice dei paparazzi (come Richard Gere nel film di Depardon), e addirittura esperta come una semiologa delle immagini nella fabbricazione degli scoop che la riguardavano (Rushdie citava la foto svenevole di lei, languida d'amore e compassione, davanti al piú grande monumento all'amore del mondo, il Taj Mahal), questo è un altro aspetto della faccenda – il controllo dell'immagine pubblica del proprio privato. Ed è risaputo che le ultime foto di Diana e Dodi nel mare di Sardegna, apparse su tutti i giornali, furono concordate da Diana: prima con Mario Brenna, già fotografo ufficiale dello stilista Versace (la foto del bacio tra Diana e Dodi gli procurò in pochi giorni oltre sei milioni di franchi francesi), poi Jason Frazer. Ma nonostante ogni collusione, scriveva Rushdie, la battaglia coi «paparazzi» non cessa mai: perde chi abbassa la guardia. È una battaglia per il potere, fondata sul controllo delle immagini. «Fuggendo lo statuto di oggetto per quello di soggetto, lo statuto di prodotto di consumo per quello di essere umano [Diana] ha trovato la morte. Volendo essere padrona della propria vita, si è consegnata a un autista che non era neppure capace di controllare il suo veicolo. C'è in questo un'amara ironia».

Nonostante tutta la sua sensibilità e intelligenza, anche Salman Rushdie sacrificava come invisibile il privato-pubblico dell'autista, Henri Paul, di cui riconosceva solo l'ubriachezza e l'inaffidabilità. Tutto il resto era insignificante, come i cuochi di Cesare nella poesia di Bertolt Brecht (*Chi fa la storia*). Nell'evento Rushdie vedeva solo gli «archetipi»: i Windsor e gli Al Fayed, l'appartenenza e la non appartenenza alla società britannica, con tutte le connessioni politiche del caso. E il compiacimento del pubblico per l'immagine ripetuta fino all'ossessione, l'iperrealismo della Mercedes accartocciata sotto la luce giallastra del tunnel parigino.

All'epoca non avevo letto *Crime wave*, che è del 1999 (in italiano *Corpi da reato*) di James Ellroy, scrittore impareggiabile nel trattare il crimine e l'industria d'intrattenimento che esso alimenta. C'è in particolare un suo racconto, *Hush-Hush* (dal nome del giornale scandalistico che il protagonista Danny Getchell, «tossico con quarant'anni di scimmia sulla schiena», dirige condividendo l'ufficio con un dentista spacciatore), che vorrei ora citare. La storia si svolge tra gli anni '50 e i '90, e si chiude con la vendita all'asta delle lettere d'amore di Lana Turner a un gangster (per Lady Diana si è sfiorato qualcosa di simile). In mezzo, «rivelazioni» sulla sessualità di mezzo mondo, da Rock Hudson fino a Rin Tin Tin (che se la spassava con Lassie). La spiegazione del successo della stampa scandalistica secondo Ellroy-Getchell è la seguente: «Le persone provano per i personaggi un arrapamento ambivalente. Li adorano acriticamente. Li ammantano di adulazione adolescenziale e in cambio conseguono cazzi caustici. È deprimentemente dissociativo. È idolatria idiota. Laddove le fanzine alimentano le fiamme di una fatua fedeltà e corroborano la certezza che non ce la farai mai a fotterti i tuoi beceri beniamini, la stampa scandali-

stica rompe quel rinforzo e decostruisce e demitizza
con delirante determinazione quegli indifferenti idoli
che ti ignorano. È ripicca revisionista. Riduce i tuoi
non ricambiati amori al tuo amaro livello di lussurie
lambiccate. Rapina i ricchi e regali e li fionda al tuo
fianco nella fogna, finalmente consentendoti di concu-
pirli come tuoi corrispondenti». Verissimo. Tranne che
oggi, nell'era della retorica della «presa diretta», i giornali che mitizzano e quelli che smitizzano sono esattamente gli stessi, simultaneamente, e anche la pietà è una
preziosa lussuria da vendere al mercato – come mostrò il
funerale di Lady Diana.

L'ossessione con cui i fotografi si accanirono a Parigi in quello che sarebbe stato l'ultimo giorno di Diana,
resta tuttavia qualcosa di difficilmente comprensibile.
Nel via vai nevrotico della coppia tra l'Hotel Ritz, l'appartamento di Dodi sugli Champs-Élysées, la villa che
fu dei Windsor vicino al Bois de Boulogne, il tentativo di cenare in un ristorante e di nuovo il Ritz e l'ultima partenza per la casa (quale?), i fotografi, molti dei
quali in motocicletta, furono insaziabilmente alle loro
costole. «Come può una foto valere una vita?», si chiese dopo l'incidente uno di loro, Stéphane Darmon, che
con Romuald Rat fu tra i primi ad arrivare in moto nel
tunnel e constatare l'incidente, cercando poi di convincere i colleghi a tenersi a distanza. Altri, come un certo Christian Martinez, non esitarono a dare spintoni e
provocare alterchi, gridando ai poliziotti che «in Bo-
snia, almeno, ci lasciavano lavorare».

All'estremo opposto, nella confusione che poco a poco si formò nel tunnel dell'Anima, ci fu qualcuno del
tutto disinteressato e perfino ignaro dell'identità delle vittime. Parlo del giovane medico, che passava per
caso dal tunnel rientrando da una cena in provincia,
Frédéric Mailliez, fermatosi a prodigare a mani nude i

primi soccorsi. Se la testimonianza di questo eroe ordinario mi è rimasta impressa è perché ricorda da vicino l'etica del volto di Emmanuel Lévinas, per il quale non siamo noi a guardare l'altro, catturarlo, fotografarlo, incorniciarlo, ma è sempre l'altro che ci guarda, e quindi ci riguarda: è quando vediamo un naso, degli occhi, una fronte, un mento, e che possiamo descriverli, che ci giriamo verso un altro come verso un oggetto. «Non si guarda la gente come se fossero dei quadri», faceva dire Stendhal un secolo prima all'abate Pirard, ammonendo il giovane Julien Sorel alla vita in società (*Il rosso e il nero*). «Il miglior modo di incontrare l'altro, – ha scritto Lévinas, – è di non accorgersi neppure del colore dei suoi occhi. C'è la rettitudine del volto, la sua esposizione senza difesa. La pelle del volto è quella che resta piú nuda, la piú denudata». E il giovane medico Frédéric Mailliez, che nonostante l'eco assordante e la luce grottesca che modificava ogni colore dentro il tunnel non prestò attenzione a nulla tranne che ai feriti, non si accorse di nessun disturbo, e neppure sapeva a chi appartenesse quel volto biondo sanguinante e sofferente: «ero vicinissimo a lei, a pochi centimetri dal suo volto, le tenevo la testa diritta perché potesse respirare senza maschera a ossigeno, il suo volto era sempre di profilo ma anche se l'avessi guardata in faccia non l'avrei riconosciuta, ero troppo occupato da quello che stavo facendo».

Ma già dal 2 settembre «lo stato di ebbrezza dell'autista di Diana è al centro dell'inchiesta», titolò il compassato «Le Monde». E anche questo mi sembra ancora oggi incomprensibile: l'ostilità, o peggio la sicumera, con cui i media senza eccezioni aderirono, almeno all'inizio, al partito preso di un autista ubriaco.

Per molti giorni la farmacopea e il tasso alcoolico di Henri Paul dominarono i titoli. Anche senza sapere niente, era difficile non indignarsi dell'insieme di speculazioni legate al suo reale o presunto uso di Prozac, il farmaco altrimenti piú pubblicizzato al mondo dagli stessi giornali e riviste che ora lo demonizzavano. Per non parlare dello sbandierato alcoolismo. Per Henri Paul non valé il riserbo perorato dai media, né il rispetto della privacy. «Ubriaco come un porco», gridò a caratteri cubitali un quotidiano anglosassone in riferimento all'autista morto cosí crudamente sul colpo – spina dorsale fracassata, aorta spezzata, costole sfondate, gambe spappolate, genitali strappati. Molti furono anche gli articoli e le schede tecniche sulla Mercedes classe S280 dell'incidente, un'automobile «sicura e provvista di ogni comfort», tranne gli airbags laterali e il sistema di controllo ETS. Nessuno riportò il particolare che quella Mercedes avesse subito uno strano furto qualche mese prima, durante il quale molti pezzi meccanici e del motore furono asportati e che, nonostante le riparazioni, avesse ancora dei difetti, e precisamente al sistema di frenaggio ABS e alle cinture di sicurezza. A parte il vecchio Al Fayed, proprietario dell'Hotel Ritz e quindi direttamente coinvolto, solo la stampa egiziana avanzò in quei giorni la tesi del complotto, e quindi dell'omicidio.

Sorvolo sul mistero del ritardo con cui giunsero le ambulanze. Fu la Brigade Criminelle a condurre le indagini, non la normale polizia, un corpo speciale con grande senso dello Stato e del segreto. Per le autorità non ci furono dubbi, e la stampa si accodò contenta di offrire un nome e un corpo: il colpevole, come una volta il maggiordomo, era l'autista. Guidava a velocità eccessiva e aveva assunto droghe e alcool. Le prime analisi dell'istituto medico legale sul cadavere di Henri Paul furono effettuate nelle ventiquattro ore successive all'incidente, e la sera del 1° settembre fu diffusa la notizia del suo stato di ebbrezza durante la folle corsa. L'alcoolemia nel sangue superava dalle tre alle cinque volte – le percentuali mutavano a seconda dell'organo di informazione e del suo target – la soglia consentita dalla legge francese. Nuove analisi del sangue vennero successivamente effettuate, e il tasso di alcool variava tra 1,75 e 1,87 grammi – in media 1,8 – che secondo gli esperti avrebbero «modificato il suo comportamento dalla A alla Z, turbando irrimediabilmente l'efficacità dei suoi gesti, e diminuito l'udito e i riflessi».

A questo si aggiungevano tracce di sostanze chimiche e medicinali incompatibili con l'alcool. Che la quantificazione e la misurazione di questi dati fosse opinabile, e di fatto oggetto di controversie chimico-legali, merita un approfondimento specifico, per quanto noioso possa essere. E per quanto forse possa rivelarsi inutile, essendo oggi ragionevolmente fondato un dubbio radicale sulle analisi effettute post mortem su Henri Paul:

quel sangue analizzato probabilmente non era il suo.

Le autorità francesi hanno sempre opposto un netto rifiuto alle richieste delle altre parti in causa di poter avere un campione di sangue di Henri Paul al fine di effettuare analisi indipendenti. Non hanno voluto confrontarlo, nonostante le reiterate richieste della difesa, col sangue della madre, per identificarne con certezza il Dna. Né si spiega il rifiuto, mai argomentato, di effettuare ad esempio un'analisi dei capelli di Henri Paul, la piú completa e affidabile nel dare non la fotografia di un istante, ma nel ricostituire la storia di una persona sul piano delle abitudini alimentari e medicinali, sincronica e diacronica, tanto nel dettaglio dei componenti chimici che nella durata (per questo, pare, molti atleti e calciatori si radono accuratamente la testa e il corpo).

A quell'epoca nessuno disse, almeno non pubblicamente, che i risultati dell'autopsia, e particolarmente quelli dell'analisi del sangue, sono facilmente manipolabili secondo la temperatura. Soprattutto non fece abbastanza scalpore che nel suo sangue ci fossero 20,7 milligrammi di monossido di carbonio, una quantità che impedirebbe perfino di alzarsi da una sedia e andare in bagno, una quantità tale che potrebbe verosimilmente appartenere a chi avesse tentato con successo di suicidarsi col gas. E se in un primo tempo venne spiegato che il monossido di carbonio sarebbe stato inalato da Henri Paul a causa della rottura dell'airbag, da una parte l'evidenza vuole che i morti non respirino (ed Henri Paul morí sul colpo), dall'altra la Mercedes, intesa come industria automobilistica, escluse risolutamente che il monossido di carbonio facesse parte degli ingredienti dell'airbag. Fu cercata senza risultato una fonte per quel gas, perfino in casa di Henri Paul, nella caldaia, negli elettrodomestici. Tralasciando però l'u-

nica altra ipotesi credibile. Divenne infatti sinistramen-
te suggestivo apprendere che alla *morgue*, ovvero all'o-
bitorio, quella notte si trovavano molti altri cadaveri
freschi, tra i quali di certo uno morto di cirrosi epati-
ca da alcool e un altro soffocato dal gas. Ciò che suggerisce, e di fatto da molte parti ha veicolato, ipotesi e
scenari assai diversi da quelli ufficiali. Ma qui, adesso,
parliamo di memoria, di diffamazione contro qualcuno che non può difendersi. Anche parlando di sangue,
parliamo di vita privata, cioè di vita e basta.

Dunque furono ritrovate, nel sangue di Henri Paul,
le seguenti sostanze: Fluoxetina, in ragione di 0,12
mg/ml, Norfluoxetina al tasso di 0,18 mg/ml e della
Tiapride per 0,0006 mg/ml – sostanze che corrispondono a due farmaci repertoriati, Prozac e Tiapridal. Si
tratta di cifre che avrebbero dovuto restare segrete, ma
come è noto molti giornali le rivelarono fin dai primi
giorni di settembre del 1997, e non furono mai smentite. Successive autopsie rivelarono anche l'uso di Aotal, una sostanza che come il Tiapridal viene somminis-
trata in terapie di disintossicazione dall'alcool – il Prozac, com'è noto, essendo invece un antidepressivo. Del
labirinto di spiegazioni e speculazioni di una farmacopea che sarebbe stata materia di libidine per l'anato-
mopatologa Kay Scarpetta, personaggio della giallista
americana Patricia Cornwell, mi limito a fornire qualche accenno controverso, grazie anche al lavoro di investigazione svolto negli ultimi anni dal detective e
giornalista freelance Hugues Mondrian (alias Hugo
Nhart, di cui anni dopo sarei diventato amico).

Per quanto riguarda l'alcool, il tasso d'alcoolemia rivelato dall'autopsia era dunque tale che Henri Paul,
calcolando il giusto coefficiente di etilossidazione nel
fegato, avrebbe dovuto bere, a partire dalle ore 20 del-
l'ultimo sabato di agosto, l'equivalente di nove bicchie-

ri di whisky (133 g di alcool puro) e due Ricard; ed è un po', date le testimonianze raffazzonate, come se fosse stato calcolato tutto prima di sapere (o di produrre) i risultati. Secondo i medici e gli specialisti, avere nel proprio sangue una tale quantità di alcool, associata alle sopracitate molecole medicinali, sarebbe stato impossibile senza mostrare uno strano comportamento, per non dire uno stato comatoso. Ma è per via della costruzione del profilo di Henri Paul a partire da quelle sostanze che vale la pena soffermarcisi per difenderne la memoria (oserei dire il sangue).

Si sa che gli psicofarmaci presuppongono un uso continuativo e ciclico per avere qualche effetto. Ora, una tra le tante circostanze emerse dall'inchiesta colpisce piú di altre: la presenza di scatole vuote di farmaci psicotropi nel cestino dell'ufficio di Henri Paul all'Hotel Ritz la sera dell'incidente, quando è noto che lí cestini e pattumiere vengono svuotati e puliti piú volte al giorno. Senza considerare che sarebbe stato ben strano se Henri Paul, responsabile della sicurezza di quel palazzo e non certo privo di nemici e delatori, avesse lasciato in giro e a vista tracce di quel tipo di medicinali. Se a questo si aggiunge la totale assenza di tracce degli stessi farmaci nella casa di Henri Paul, e la totale assenza di testimonianze oculari quanto all'uso, anche sporadico o una tantum, di una qualsiasi compressa, è legittimo che, tra le tante ipotesi possibili, si sia avanzata quella che gli eventuali acquisti di farmaci da parte di Paul (documentati dall'archivio elettronico della Sécurité Sociale, per quanto i sistemi informatici di medici e farmacisti siano tutt'altro che inviolabili) fossero stati effettuati per rendere servizio a un amico o a un'amica. Sarebbe davvero cosí strano?

E tuttavia tutto questo non avrebbe nessuna importanza (chi di noi non ha mai preso un sonnifero o un antidepressivo?) se non si fosse trattato in realtà di altrettanti tasselli utili a comporre il mosaico dell'alcoolizzato cronico e depresso. Diagnosi a cui l'analisi dei capelli, appunto, avrebbe fornito una definitiva risposta.

Anche la deposizione resa dalla dottoressa Mélo, amica di Henri Paul dai tempi del liceo e suo medico occasionale, nonché moglie separata (all'epoca da sette anni) dall'altro amico d'infanzia di Henri Paul, Dominique Mélo, docente di psicologia a Rennes, fu usata dai media solo per propalare la tesi dell'alcoolismo. Eppure dice ben altro. Il *procés verbal* dell'audizione della dottoressa Mélo da parte del giudice d'Istruzione Hervé Stéphan al Tribunale di Grande Istanza di Parigi, il 16 settembre 1997 alle ore 10.45, è rimasto classificato come facente parte del processo contro i paparazzi (Arnal e altri) con l'imputazione di «Non Assistenza a Persone in Pericolo, Omicidio Involontario, Ferite Involontarie ecc.».

Dopo aver riferito di conoscere Henri Paul dal tempo della scuola a Lorient, di considerarlo «uno di famiglia» e di averlo visto l'ultima volta durante la vacanza collettiva a Cadaquès nel luglio '97, dove Henri Paul le apparí all'inizio «stanco e teso», per via della «grande pressione nel suo lavoro al Ritz poiché era solo nell'assumerne la sicurezza», la dottoressa Mélo ne delineava la personalità affettuosa e attenta agli altri, premurosa e riservata: «Potrei parlarvi di Henri per ore, – disse, – perché era un amico che apprezzavo enormemente e sul quale potevo assolutamente contare senza riserve». Per quanto riguardava il suo ruolo occasionale di medico, fu lei a prescrivere a Henri Paul, su sua richiesta, il Prozac e il Noctamide («aveva ritrovato, disse, un certo dinamismo nel lavoro e gioia di vivere anche se persistevano in lui momenti di tristezza e di senso di solitudine»), proponendogli in seguito di aggiungere dell'Aotal e del Tiapridal. «La connotazione etilica di questi due ultimi farmaci aveva per effetto secondario di rassicurarlo e di proteggerlo. Aveva l'impressione di essere trattato in modo preventivo». Mai però l'aveva visto bere in modo diverso dalla comune convivialità (a Cadaquès, in luglio, «ha bevuto come tutti gli altri, non in maniera irragionevole, né l'ho mai visto prendere farmaci [...] In generale beveva Perrier, Coca, birra e pastis»). «Riusciva ad assumere nel suo lavoro le responsabilità che gli incombevano ed era fidato ed efficiente, non si dimenticava mai nulla [...] Guidava lentamente e prudentemente». Infine la dottoressa Mélo, «ad ogni fine utile» e «in qualità di professionista della salute», dichiarò che «le visite mediche dell'aviazione sono estremamente serie e approfondite (ricerche di segni di esogenizzazione, palpazione del fegato, esame neurologico accurato) e che di conseguenza un medico abilitato a fare quelle consultazioni non avrebbe potuto non accorgersi di segni di impegnazione etilica. Henri aveva passato la settimana precedente la morte quel tipo di visita e gli era stato accordato il permesso di volare». Ma, di tutte queste dichiarazioni, la stampa diffuse soltanto la conferma che Henri Paul seguiva da mesi un trattamento medico ufficiale per disintossicarsi (dunque invano) dall'alcoolismo.

Il colpevole designato si rivelò insomma molto appetibile per i media, e il cliché dell'autista ubriaco ricevette spinta e legittimazione, coi succulenti paradossi del caso. (Tra i materiali a stampa che mi è capitato di archiviare, figurano perfino corposi dossier sul pericolo dell'ebbrezza alcolica al volante, oppure sul pericolo della sottovalutazione degli psicofarmaci, con polemiche e reciproche accuse tra medici e lobby di esperti sullo sfondo dell'incidente dell'Alma, ormai assurto a esempio e cliché, e dando naturalmente per scontata la colpevolezza dell'autista). Per rendere il quadro piú credibile bisognava trovare testimonianze dell'alcoolismo di Henri Paul nei baristi, nei bevitori, nei frequentatori di pub, e nei dipendenti del Ritz che avevano ricevuto punizioni disciplinari dal loro capo. Ma bisognava anche adeguare il personaggio al luogo comune del bevitore, e nulla di meglio di una disgrazia o di una depressione per completare l'immagine con una coerente cornice psicologica – una psicologia, naturalmente, che sta alla vita della mente come i quadri d'albergo stanno alla storia dell'arte.

Allo scopo di arricchire narrativamente il quadro composto dai media, dopo l'alcool e l'infelicità, a farne le spese fu l'amore. Se l'aspetto alcoolico della demolizione della persona alla lunga non stava piú in piedi – poiché la totalità dei testimoni, di svariati ambiti ed estrazioni sociali, certificò un moderato e non appariscente consumo di alcool in Henri Paul – ecco che a rinforzarlo intervenne la teoria della depressione amorosa, dovuta alla rottura con la donna amata. Ma se anche fosse stato cosí, non è allucinante che la propria intimità possa trasformarsi in prova di una colpa?

È triste e odioso che in questa storia il tema del bere – vino o birra, whisky o pastis – sia stato un filo conduttore legato al sospetto piuttosto che al piacere, trasformando la nostra società mediatizzata in un apparato di delazioni talebane. Le inchieste e le raccolte di informazioni andarono per un periodo nell'unica direzione di dare scorci voyeuristici del presunto alcoolismo di Henri Paul. Anche un libro tutto sommato «moderato» come quello di Christopher Andersen, *The day Diana died*, uscito nei primi mesi del 1998, nel capitolo relativo al colpevole designato, Henri Paul, si limita a mettere insieme una carrellata di testimonianze e illazioni di presunti compagni di bevute. Naturalmente, la presupposizione è che il consumo di alcool e la frequentazione di bar sia di per sé eloquente, e le domande veicolano già l'orientamento preferito delle risposte. Se poi l'intervistato è sorpreso al banco di un bar, o non ha motivo di nascondere il piacere di sorseggiare un Martini o un calice di Chardonnay, la sua testimonianza risulta immediatamente complice, quindi pregiudicata e utilizzabile nel profilo negativo del «sospetto». Si provi, per un attimo, a immaginare cosa succederebbe se la propria vita fosse ripercorsa e vivisezionata con questo metodo, dove tutto sarebbe disastrosamente, cioè tendenziosamente, interpretabile. L'idea che i propri atti piú spontanei, le dichiarazioni di innocente allegria, le condivisioni di bottiglie, aperitivi e bicchieri della staffa, quando non addirittura i propri aneddoti e i racconti di sbronze, possano venire interpretati nell'edificazione unilaterale del profilo di un alcoolizzato in carriera dà un'angosciosa vertigine proprio perché possibile e verosimile. (Personalmente preferirei senz'altro un'ammissione immediata e risolutrice, quella stessa che dà il titolo a un libro italiano che tratta del rapporto tra lo scrivere e il bere: *Confesso che ho bevuto*).

Anche la richiesta di farmaci, o quanto meno di ordinanze e di ricette, per di piú a scopo preventivo, credo possa capitare nella vita senza che per questo ci si debba identificare nelle svariate patologie descritte nei foglietti illustrativi dei medicinali. Confesso di averlo fatto. Confesso di avere posseduto anche ufficialmente farmaci di cui non ho fatto uso, ma da cui mi sentii miracolosamente (per quanto brevemente) guarito dai miei attacchi di ansia o pessimismo già all'uscita della farmacia. E ho amiche, emotivamente e cognitivamente dotate, cui basta tenere la confezione di ansiolitici nella borsetta per essere, appunto, tranquille. Che cosa è normale, che cosa non lo è? Ancora una volta, non è forse questione di sguardo, se non di curvatura della frase? C'è, quindi, qualcos'altro di terribile nella condanna senz'appello che i media comminarono a Henri Paul, famoso per caso: la messa all'indice del malessere, vero o eventuale; la colpevolizzazione dell'intimità e normalità del disagio, sia nella forma della depressione che in quella, a lui piú consona e pertinente, della paura di cadere in una depressione. E di cui l'alcoolismo, la paura di averci a che fare, non è che una variabile, uno dei tanti fantasmi collaterali.

Cosí, tornando al leggendario alcoolismo di Henri Paul, nessun organo di informazione rese pubblico l'esito autentico della perquisizione del suo appartamento, avvenuta alla presenza del suo amico piú fidato, Claude Garrec. Un giornale enfatizzò ridicolmente la presenza di una bottiglia di Martini mezza vuota trovata nel suo frigo, quando è accertato che Henri Paul non ne facesse uso. Nessuno invece rivelò che fossero state rinvenute duecentoquaranta lattine di Coca Light, che Henri Paul acquistava a confezioni di sei e se le faceva consegnare a domicilio. Ne beveva moltissime, e non per farsi dei Cuba Libre. Passi per i media: ma che polizia e magistratura avessero incoraggiato la costruzione di un'immagine pubblica cosí devastante è imperdonabile e crudele. O semplicemente sospetto. Durante la perquisizione ufficiale vennero repertoriate anche una bottiglia di Suze, del Porto e del Ricard in quantità normali, mentre in una credenza furono ritrovate una bottiglia di Champagne e un'altra di soda. Pare che uno dei poliziotti presenti abbia esclamato: «È come a casa mia, niente di piú». Ma sui giornali uscirono indisturbate menzogne sul ritrovamento di alcoolici in quantità industriale.

Il giornalista-detective Hugues Mondrian, nel luglio
1998, intervistò in proposito uno dei poliziotti incari-
cati dell'inchiesta, il tenente Eric G. Naturalmente
questi non rivelò né confermò nulla delle dosi di medicinali né di alcool riscontrati nell'autopsia, nonostante sui giornali fossero comunque trapelati dati discor-
danti. Disse di non poter tradire il «segreto professionale», il «carattere confidenziale» delle notizie, la
«riservatezza» dell'istruttoria, il «segreto della procedura penale francese», e infine «le informazioni di carattere privato suscettibili di attentare alla memoria delle persone». Appunto: ma la diffamazione e il linciag-
gio continuavano ad accadere. Alla domanda se si potesse
ristabilire la verità almeno sulla perquisizione in casa di
Henri Paul, senza per questo svelare i dossier dell'inchiesta, la risposta del tenente fu la seguente: «La giustizia e la polizia non devono rendere conto all'opinione pubblica [...] Noi non facciamo il processo alle voci e ai rumori, ma stabiliamo inchieste e processi verbali
trasmessi in seguito al giudice istruttore [...] E comunque, pensa forse che dire che c'erano duecentoquaranta lattine di Coca Cola sarebbe stato producente e avrebbe permesso di vendere giornali?»

Quanto alla mia vita privata in quel periodo, non erano per me giorni facili, ammesso che ce ne possano essere nella vita delle persone. Il fatto è che mentalmente ero davvero molto occupato. Aspettavo una sentenza di divorzio, e insieme aspettavo di liberarmi da un'altra storia che non portava da nessuna parte, oltre a produrre, come si dice, nuova e inutile sofferenza.

Da poco mi ero separato da mia moglie, e di conseguenza da mio figlio, che andava a scuola lí. Fu un divorzio d'amore, asserí enigmaticamente una psicologa. All'udienza al tribunale di Parigi ci tenemmo per mano come sposi. Di fatto lo subii, perché continuavo ad amare mia moglie.

Ma amavo anche e odiavo con identica forza un'altra donna, e ne ero ricambiato. Con lei non potevo e non volevo stare, ma non potevo nemmeno stare senza, come se mi mancasse un pezzo di pancia o l'aria da respirare. I nostri abbandoni, le nostre tenerezze, il caldo dei corpi e del cuore che vivevamo a tratti, li sconfessavamo sistematicamente come errori. Ma a ogni rifiuto seguiva piú forte il desiderio, fino allo spasmo, che solo la presenza e la fusione riuscivano a calmare, e cosí via. Il nostro principale strumento di tortura era il telefono, capace di schiantarci e annichilirci a vicenda, ma anche di darci requie e respiro. E il demone della speranza. Viaggiavo tra Parigi e la Versilia confondendo l'andata col ritorno (perché il mondo è rotondo, mi dicevo una volta). Interrogavo l'*I Ching* non solo sulle mie pene d'amore, ma ancora piú spesso sulle case. Dove dovevo abitare, e come, e perché.

A Parigi avevo un appartamento in affitto al quinto piano di rue Vaneau, tre *chambres de bonne* riunite in un intrico di travi e lucernari, con bagno e cucina. Sotto di me abitava un'anziana coppia – lui era un noto storico dell'Islam – e sotto ancora un allegro *médecin sans frontière* con famiglia. Erano tutti gentili, e potevo ascoltare la musica forte anche di notte, se solo avessi voluto. Da una parte mi affacciavo sui bellissimi giardini di Matignon, la residenza del primo ministro, dove al mattino vedevo i gendarmi fare ginnastica e *tai chi*, la sera a volte le luci di qualche ricevimento, e dove un capo di governo, Pierre Beregovoy, poco tempo prima si era tolto la vita. Dall'altra parte mi giungevano i rumori ovattati della strada e, pur vedendo soprattutto il cielo e i tetti di zinco e ardesia, la distanza dai palazzi di fronte mi permetteva di contemplare gli interni delle abitazioni, un po' come James Stewart, il fotografo convalescente ne *La finestra sul cortile*. Tutta la mia vita era allora una convalescenza, e quella degli altri umani era una vista calda e consolante. In estate e in primavera era dolcissimo la sera vedere il perdurare della luce, il tinteggiarsi del cielo di cobalto prima del buio, dopo aver attraversato tutte le sfumature rossastre del tramonto. Perché Parigi è soprattutto luce e cielo. Il resto, non meno importante, è cinema e caffè.

Avevo un'altra casa in Versilia, all'angolo retto tra Pietrasanta e Forte dei Marmi, circondata da pini marittimi alti e penzolanti. Anche lí il tramonto era uno spettacolo, il cielo coperto di righe colorate da mani di bambini coi pastelli. Avevo delle bellissime terrazze dove mi piaceva respirare l'umidità in ogni stagione. La spiaggia era a pochi passi, e si sentiva il rumore delle onde di notte, come un motore acceso. D'inverno era un cimitero di dinosauri – l'odore misterioso di legna bruciata, poche le luci accese tra le case disabitate e chiuse – e questo era l'aspetto che mi piaceva di piú, la solitudine che alimenta l'attesa, il miracolo appostato all'orizzonte – anche se allora io non lo sapevo.

Non so se mi rendessi conto allora che anche la vita di H. P., mio quasi coetaneo (aveva tre anni piú di me) si era svolta tra coordinate simili: la grande città, Parigi, e un'altra di mare, anzi d'oceano, Lorient, luogo di pescatori e marinai al centro della Bretagna. Pilota d'aereo dall'età di diciassette anni (era stato istruttore aeronautico e aveva fatto il militare nell'aviazione), il signor Paul, anche se non aveva mai navigato nelle acque, nella capitale vendette per anni delle piccole barche a vela (dei *quillards*, si dice) nel negozio Archipel, per poi dirigerne un altro chiamato Emeraude che vendeva catamarani. Lasciò il commercio marittimo nel 1985 per un lavoro in una società nel campo della sorveglianza, e poco dopo fu assunto al Ritz, grazie alla raccomandazione di un amico poliziotto. Un altro amico lo raccontò cosí: il poliziotto era entrato nelle grazie della direzione del palazzo consegnando in manette un cliente moroso, e fu ricompensato con una notte in albergo; lí sentí parlare di reclutamento e di servizio di sicurezza, cosí sparse la voce in giro e per Henri fu insieme un'occasione e una scommessa – lui che amava gli eventi a sensazione senz'altro piú della routine. Si ritrovò cosí nel 1986 numero due del servizio, con una ventina di persone ai suoi ordini.

Quanto al lutto amoroso, al pensiero fisso di un rapporto che non può andare avanti né essere messo da parte, oppure al rimpianto di un altro che è finito, con quel misterioso istinto che hanno i pazzi e in generale chi soffre di una patologia dell'anima, credo che io l'abbia annusato subito, senza sapere nulla. A quarantun'anni, forse Henri Paul sentiva il peso e la gravità del suo ritorno al celibato come un fallimento, dopo aver investito parecchio su una relazione che era finita da poco, come avrei saputo meglio in seguito. I giornali ci ricamavano su. In un quadro che giustificava il teorema dell'alcoolismo, l'unanime intenzione fu presentare la vita di Henri Paul come una cosa squallida e meschina, fino all'esibizione inconscia di un'aspirazione al suicidio. Un po' come in certi gialli particolarmente moralistici in cui i poliziotti descrivono il carattere suicida di un personaggio da indizi tipo la passeggiata solitaria sui viali o il non rifarsi il letto la mattina, oltre al disordine alimentare e affettivo. (Da toccarsi le palle: praticamente vi si descriveva la mia vita).

Aderirono al cliché anche bravi giornalisti: «Finito il lavoro, Henri, sempre vestito con il suo abito grigio, tornava nel piccolo appartamento affittato in rue des Petits-Champs, saliva i quattro piani di scale coperte da uno sfinito linoleum [...] immerse negli odori del ristorante cinese Chez Wong e chiudeva la porta. La sera del sabato, in genere, la passava seduto in uno dei bar o delle *brasseries* della sua zona, ordinando Perrier Hirondelle da sorseggiare insieme a un whisky White Horse liscio. Il tipo che i baristi parigini riconoscono come portatore di una pena». Poco importa che questo fugace e manierato ritratto (un necrologio di Enrico Deaglio su «Diario» del 10-16 settembre 1997), fosse vero o immaginario. Di certo era prevenuto. L'interno del suo *deux pièces* era lindo e impeccabilmente arredato. Henri Paul era un perfezionista meticoloso, le sue nevrosi di sicuro non combaciavano con le mie. Madame Wong, che gestisce il piccolo ristorante cinese sotto l'immobile in cui abitava, frequentato soprattutto da impiegati in pausa pranzo, era lí soltanto dal 27 luglio '97, troppo poco tempo perché con Paul si sedimentassero delle abitudini, ma abbastanza per apprezzare, come mi disse, lo spirito di quel signore simpatico e gentile vestito in giacca e cravatta i giorni feriali, e con jeans e maglietta durante i weekend e nel tempo libero. Nel suo quartiere, dove Henri Paul visse e lavorò sempre dal suo primo sbarco a Parigi, alla frontiera tra il I e il II arrondissement, tra place Vendôme (quella dell'Hotel Ritz) e le Halles, tra il giardino del Palais Royal (dove abitò e scrisse Colette) e la Bibliotèque Nationale (dove sognò e scrisse Walter Benjamin), tra la casa di Molière e quella di Diderot; in quelle vie vivaci e ricche di *passages* (i passaggi coperti che affascinarono appunto Benjamin) che prolungano il vecchio Marais, Henri Paul era conosciuto per la gioviale sobrietà e il dinamismo. Conta però il fatto che, tra le righe, la sua solitudine diventava la mia e viceversa, in uno slancio di compassione che sfiorava la sostituzione.

Fu una persona del quartiere, anzi un suo vicino di casa, a infrangere per primo pubblicamente il muro del silenzio e della criminalizzazione di Monsieur Paul. Frédéric Ploquin scrisse una lettera ad alcuni giornali, tra cui il «Parisien» e l'«Evénement du jeudi», che lo pubblicò nella settimana tra l'11 e il 17 settembre 1997. In essa descriveva con semplicità Monsieur Paul, «une personnalité du quartier»: «C'era un Francese nella Mercedes fracassata della principessa, – esordiva la lettera, – era anzi lui che teneva il volante. Si chiamava Henri Paul, ma si diceva "Monsieur Paul". Era il mio vicino. Gli si è fatto indossare ogni abito, senza troppo curarsi se gli andava oppure no. Normale, per qualcuno che era solo la quinta ruota del carro. Abitava in rue des Petits-Champs e figurava come un personaggio in tutto il quartiere. Lo si è detto alto e forte, ma non superava il metro e settanta e negli ultimi anni si era appesantito. Gli si è attribuito lo sguardo d'acciaio delle guardie del corpo delle regine, ma aveva una faccia tonda e occhi maliziosi, a cui i baffi avevano dato per un po' di tempo un'aria seriosa. Lo si è voluto vigile di lusso, ex poliziotto e paracadutista; eppure non ha mai maneggiato una rivoltella piú di quanto non gli sia capitato con un manganello. Monsieur Paul era un parigino come gli altri. Celibe senza bambini. Lettore di giornali. Giocatore di tennis occasionale. Proprietario di una Mini Austin nera, automatica, facile da parcheggiare in città. Che parlava l'inglese. Socievole. Libero [...] Monsieur Paul era addirittura la caricatura di un parigino, come nei ritratti che ne fanno i film inglesi. Tranne il vino rosso: preferiva la birra o il pastis. Sempre pronto ad accettare un bicchiere, si tratteneva volentieri al banco dei caffè piú animati del quartiere, la sera, per decomprimersi dopo una dura giornata. Ma non al punto da farne un ubriacone, questo no: Monsieur Paul camminava sempre con una postura eretta. Era arrivato nella capitale a vent'anni, con una maturità tecnica, una patente di pilota d'aerei e buonumore da vendere [...] Monsieur Paul non era veramente un autista. Era stato invitato sei volte sulle piste di addestramento della fabbrica Mercedes, che sa bene come promuovere se stessa. Ma le automobili non lo entusiasmavano, e nemmeno la velocità: la sua passione era l'aeroplano. Aveva 605 ore di volo all'attivo. Sulla strada era perfino piú prudente degli altri e non dimenticava mai di allacciarsi la cintura. Salvo che per scappare con Dodi e la sua principessa innamorata nella folle speranza di seminare i fotografi. Monsieur Paul non avrebbe rifiutato nulla alla coppia piú celebrata del pianeta. Aveva guadagnato la loro fiducia e non ha esitato un attimo quando gli hanno chiesto di tornare all'hotel, alle dieci di sera, sabato 30 agosto. La loro immensa ricchezza e celebrità non lo impressionavano, anche se segretamente godeva del privilegio di essere sulle poltrone in prima fila davanti alla scena [...] Monsieur Paul non andava mai al cinema. A fare cosa, poi? Aveva di meglio. Aveva, a grandezza naturale, il Ritz, colle sue star e i suoi sultani, le loro turpitudini e i loro piccoli piaceri. Quando è morto, in tasca aveva le chiavi del palazzo. Ma là dove è andato non ne avrà bisogno».

All'epoca in cui presi questi appunti non avrei mai pensato, nonostante la mia pratica di meditazione buddhista, che anche la vita privata della principessa del Galles, a cui tutto in questa storia risale, non era né poteva essere tanto diversa dalla nostra, dalla mia. Mi colpisce, leggendo anni dopo le memorie del suo amico e confidente, il maggiordomo Paul Burrell, scoprire che quindici giorni prima della morte Lady Diana fosse presa da slanci e suggestioni del tutto simili a quelli che provavo e ancora provo: cambiare casa, città, Paese, magari trasferirsi in California e ricominciare da capo. È buffo e tenero che la principessa, nell'estate del 1997, sognasse come chiunque altro di cambiare vita e fantasticasse l'America («Non è eccitante? L'America è un Paese dove tutti possono realizzarsi»). Sfogliava riviste di annunci immobiliari e scelse una casa sulla scogliera che apparteneva all'attrice Julie Andrews, mentre preparava le vacanze in Grecia con le amiche. Il fatto che a una di esse fosse improvvisamente morto il padre, e dovette cosí rinunciare, la spinse in agosto ad accettare nuovamente l'invito sull'enorme, lussuosissima barca di Dodi Al Fayed; da dove annoiata pare telefonasse a Paul Burrell mentre il suo ospite si rinchiudeva nei bagni di marmo da cui usciva tirando forte dal naso. Anche a Parigi non voleva e non doveva andare, semplicemente acconsentí, tardando di un giorno il ritorno a casa, a Londra. Una sosta, quella di Parigi, che interruppe il riposo dell'addetto alla sicurezza dell'Hotel Ritz, dopo la partita a tennis del primo mattino e la colazione al rustico Café Pélican, nella via omonima. Ma questa è un'altra storia, la storia principale.

La cosa piú bizzarra e forse piú sgradevole in questa vicenda fu l'aver visionato un mucchio di biografie e sedicenti inchieste su Diana; come quella, del resto la piú sobria, di Christopher Andersen, già autore di libri su Mike Jagger, Jane Fonda, Madonna e Jackie Kennedy (una vita per i vip). Ma non è colpa dei biografi se, come risulta chiaramente, il privato e il pubblico della principessa del Galles si mescolavano in una confusione dove nulla era al suo posto, in uno sciame umano di parrucchieri, vallette, confidenti, maghi, astrologi e sciamani (perfino un africano segnalatole da Nelson Mandela, che previde per Diana la morte e insieme la possibilità di un matrimonio con uno straniero); e ancora giornalisti, paparazzi, portavoce, e perfino il progetto, concordato poco prima di morire con la Warner Bros, di un film con Kevin Costner, il sequel di *Bodyguard* (uno dei piú amati da Diana), dove la principessa, sulla scia di Whitney Houston, avrebbe interpretato se stessa in una travolgente storia d'amore con la guardia del corpo.

Analogamente, se c'è qualcosa di osceno nella storia tra Diana e Al Fayed, tutto sommato allegra e sicuramente trasgressiva (dopo gli anni plumbei al cospetto dei Windsor), sono i loro ripetuti viaggi dai gioiellieri di mezzo mondo, ultimo dei quali Repossi, situato a Montecarlo presso l'Hotel Hermitage e a Parigi in place Vendôme. Come se certe persone si regalassero anelli, bracciali e diamanti come altri si offrono un libro, un disco o una cena in trattoria. Quanto al lusso e allo sfarzo insopportabile, i principi William e Harry, che conobbero l'ospitalità dell'amico della mamma ma erano avvezzi a costumi tutto sommato militari, strabuzzavano gli occhi perfino davanti alla ricchezza dei buffet.

Il personale è politico, si diceva una volta, e lo credo tuttora. Ma c'è una bella differenza. Significa essere organici alla realtà in cui si vive e alle idee che si professano, cercare di armonizzare almeno un po' quello che si fa con ciò in cui si vuole sperare. Significa qualcosa come la coerenza, e non escludere la propria nuda vita dall'attenzione, dallo sguardo, dal nostro bisogno di raccontare. La principessa del Galles, che divorava i romanzi sentimentali di Danielle Steel esposti in ogni chiosco di stazione, adorava quelli di Barbara Cartland e ascoltava i Dire Straits mentre il principe Carlo ascoltava Berlioz, nella vita privata sognava come qualunque segretaria o commessa di essere qualcun altra, facendosi pettinare come Linda Evangelista, immaginandosi come Sharon Stone nell'aspetto presente e come Jacqueline Onassis nell'immagine della posterità. Eppure era la stessa persona che girava il mondo impegnandosi per la messa al bando delle mine antiuomo, che baciava i malati di Aids e stringeva loro le mani senza guanti, che dichiarava che proprio per essere stata lei stessa perduta e reietta, si sentiva coinvolta dagli emarginati e dai reietti, coi quali, disse, «sentiva delle affinità». Citando poi la frase di madre Teresa: «non si possono confortare gli afflitti senza affliggere quelli che hanno ogni conforto». Ed era la stessa persona che, vero o falso che fosse, stava ponendo problemi alla corona inglese anche peggiori di quando nel 1992 si confessò in pubblico al giornalista Andrew Morton svelando scabrosi retroscena della vita di corte. L'ufficialità della relazione col playboy internazionale Dodi Al Fayed – produttore cinematografico, sospettato di altri commerci e con qualche decina di processi pendenti – nel quale lei vedeva probabilmente un innocuo, eterno fanciullo, anche lui perso come un «rolling stone», destava il sospetto dell'angoscioso scenario di un padrino musulmano al futuro re d'Inghilterra. E, insieme, la minaccia che futuro suocero di Diana divenisse il magnate tutt'altro che cristallino Mohamed Al Fayed, che già una volta fece cadere il governo inglese divertendosi a confessare corruzioni e tangenti ai suoi rappresentanti.

Il personale è politico, ed è la molla di ogni storia. Anche di questa. Non è mai chiaro dove cominci, né dove finisca la vita cosiddetta privata. Ho già evocato sopra la parola «nostalgia», e insieme l'abitare. È un caso che tutti i personaggi di questa vicenda fossero toccati da questa patologia, il desiderio di tornare a casa, e trafficassero, ognuno a modo suo, in illusioni?

«Ma l'arte sarebbe aver nostalgia anche a casa. È per questo che bisogna intendersi di illusioni». È una frase di Kierkegaard che ritrascrisse Benjamin nel suo infinito lavoro su Parigi (capitolo su *La traccia, l'intérieur*). Cosí, anche per il narratore di questa storia, nel 1997 il progetto di interessarsi alla vita di H. P. (non alla sua morte, come facevano i giornalisti) fu davvero una mossa perfetta nella strategia di un dissimulato distoglimento da sé e dai suoi invadenti problemi. La mia vita perdeva pezzi, ed ero affascinato dall'idea di divenire fantasma, qualunque cosa significasse questa parola.

Le immagini piú nitide della vita vera, oltre a mio figlio, e a parte il corpo e il calore di R., la sua voce, erano per me nel mondo esterno, i luoghi del mio ripetitivo planare. Il corridoio di platani su Viale Apua, che dai profili delle Alpi scende verso il mare; la loro pioggia di foglie gialle volteggianti; l'abbaglio dietro le cabine della spiaggia vuota e bianca mossa dal vento, il mare immenso pure bianco di spuma. Oppure il ponte degli Invalides all'uscita del boulevard de Malesherbes, con le statue d'oro e la Tour Eiffel sulla destra, vista dal finestrino del taxi al risveglio da un viaggio. Il lungosenna, le case bianche, la cupola d'oro del Dôme des Invalides; infine rue Vaneau tappezzata di finestre sui palazzi bianchi. Era il bianco il colore dominante delle mie percezioni del mondo esterno. E il bianco, lessi, era il colore del lutto.

Furono «ordini dall'alto», dichiarò la «fonte» vicina al giudice istruttore, a impedire le autopsie sui corpi di Diana e Dodi, contrariamente a quello di Henri Paul. Finché, dopo settimane di andate e ritorni tra l'obitorio e il tavolo del medico legale, dopo analisi e autopsie a ripetizione, alla famiglia fu concesso il diritto di riavere e onorare le spoglie di Henri Paul. Curioso: solo un giornale satirico, «Le Canard enchaîné», pubblicò un editoriale di tonalità moraleggiante – «Le foglie morte si raccolgono in appello» – mettendo in relazione la *danse macabre* del cadavere dello sconosciuto autista di Lady Diana, tra perizie e controperizie, e quello di Yves Montand, cui la corte d'appello di Parigi aveva da poco ordinato l'esumazione per effettuarvi test genetici in una causa civile di paternità. Ma se per il celebre cantante morto sei anni prima i giornali insorsero al grido di «Lasciate Montand tranquillo!», il signor Paul non provocò nessuna pubblica emozione, osservò il «Canard». Anch'io seppi del suo funerale solo il giorno prima che avvenisse, il 19 settembre.

Quello di Diana a Westminster, sotto la bandiera regale dei Windsor, come fu deciso all'ultimo momento, aveva commosso il mondo coi suoi effetti speciali, che altro non erano che quelli spontanei e impensati della gente comune, i fiori portati dai semplici cittadini nella meraviglia degli «uomini in grigio» addetti all'austera rappresentazione della morte nella regal casa britannica. Diana non faceva piú parte della famiglia reale, la cui regina si preoccupò soltanto, alla notizia dell'incidente e della morte, che si recuperassero i suoi gioielli. Politico accorto, fu il primo ministro Tony Blair a convincere il principe Carlo, quindi la regina e la famiglia di Diana, che l'organizzazione di un «funerale privato», come era l'intenzione originaria, sarebbe stato un grave errore: la gente non l'avrebbe accettato. Ma neppure un funerale regale sarebbe stato in linea con la tradizione. In mancanza di precedenti, quello che fu organizzato fu una specie di monstrum, un funerale privato-nazionale. La retorica generale dell'evento cui assistettero miliardi di persone non ha bisogno oggi di essere commentata. Il tono da tragedia greca fu assicurato dalla famiglia Spencer, in particolare dal fratello di Diana, che dopo averla ripudiata in vita fece un cosí vibrante discorso in cattedrale sulla responsabilità morale per i suoi figli che incantò perfino l'antropologo Claude Lévi-Strauss, autore su «Le Monde» di un articolo sul carisma dei fratelli materni nelle società arcaiche (ed evidentemente in quelle aristocratiche). Apice della santificazione, madre Teresa di Calcutta decise di morire la vigilia del funerale di Diana, dando adito anche ai disegnatori piú feroci di pubblicare vignette edificanti sull'incontro celeste tra le due donne, sopra una nuvoletta.

Dopo tutto quel sentimentalismo in mondovisione, e dopo un mese di pagine di giornali agghindate dalla solita fotina con lo sfondo della Mercedes accartocciata, se non altro per il suo funerale i giornali pubblicarono qualche foto di Henri Paul diversa dalle solite macabre riproduzioni degli scatti delle camere di sorveglianza dell'Hotel Ritz presi la penultima notte di agosto. Come quella tratta dalla sua ultima vacanza a

Cadaquès, in Costa Brava, con gli amici di sempre, sullo sfondo di una poltrona a colori.

Nel piccolo cimitero di Lorient – a Keryado, un lindo sobborgo – e nella chiesa di Sainte-Thérèse, fin dalle cinque del mattino si accamparono cronisti venuti un po' da tutto il mondo, che installarono le loro telecamere (BBC, CNN, NBC, RAI, Tv francesi, ecc.). La circolazione fu interrotta nel piccolo sobborgo, e al cimitero c'erano almeno cinquanta poliziotti di guardia, oltre all'esercito di giornalisti accreditati come ai festival di Cannes e di Venezia. Eppure era un funerale privato. Non era a difesa del valore della privacy che per settimane i media si erano battuti e cosparsi il capo di cenere? Una salma, a lungo trattenuta alla morgue, veniva inumata nel villaggio d'origine per il suo ultimo riposo. I giornalisti che interrogavano chiunque fosse vestito di nero o portasse la cravatta scura, ansiosi di avere notizie, una qualsiasi, sulla vita del morto, mostravano come tutte le parole e le pagine dedicate fino ad allora fossero vuote di senso.

Un altoparlante diffuse la Messa, che ebbe inizio alle 10.30, anche fuori dalla chiesa. L'omelia del curato Léon Theraud, che citò tra l'altro le parole della madre di Diana Spencer («non provo né collera né risentimento verso nessuno per la morte di Diana. Il mio cuore soffre per la famiglia di Henri Paul. Delle tre famiglie colpite, penso sia quella che sente la sofferenza piú terribile»), ricordò le qualità umane del defunto: «Era generoso e accogliente. Credente, discuteva volentieri di questioni religiose e spirituali, a volte in termini rudi. La sua risata continuerà a risuonare nel cuore dei suoi amici e famigliari». Il sacerdote invitò i rappresentanti dei media a riflettere sul trattamento del dramma del tunnel de l'Alma: «Questioni importanti sono poste un po' dovunque in una rincorsa del sensazionale». Non solo i giornalisti ne sono coinvolti, ma anche «i lettori e i fruitori. Tutti dobbiamo riflettere. Cerchiamo davvero sempre la verità – quello che, semplicemente, è vero?» «Cristo, – continuò, – denuncia ogni giudizio, rumore o menzogna che portiamo sugli altri senza verificare, senza tenere conto della complessità della vita».

L'amico psicologo Dominique Mélo (omonimo ed ex marito della dottoressa Mélo), lesse un testo di commemorazione: «I suoi amici oggi numerosi, di ogni ambiente sociale e di molteplici condizioni, testimoniano con la loro presenza la qualità umana particolarmente aperta agli altri del loro amico Henri Paul. Non si tratta, oggi, qui, di una riunione contingente intorno a un avvenimento di attualità, ma dell'affermazione di solidi legami che Henri Paul sapeva tessere in modo originale, a suo modo, con chiunque lo incrociasse, e questo da sempre, anche nel suo lavoro. Sono quarantuno anni della sua storia che noi perdiamo oggi».

Dopo l'omelia e il discorso fu diffusa *Bahia*, una canzone agrodolce di Véronique Sanson, che Henri Paul amava molto: parla di viaggi, d'altrove e d'amore. Alcuni giornali pubblicarono la foto accanto alla bara dei genitori di Henri Paul, un uomo alto coi baffi bianchi e una donna minuta vestita di nero, che aveva una decisa somiglianza con la madre di Pier Paolo Pasolini. Lo stesso giorno i giornali portavano la notizia che Trevor Rees-Jones, la guardia del corpo di Dodi Al Fayed, l'unico sopravvissuto all'incidente, era in buona salute, ma era affetto da una parziale amnesia, sufficiente però a non poter rivelare nulla sulle circostanze dell'incidente. «Trevor non si ricorda niente», titolava «France Soir» sotto il pezzo dedicato al funerale di Henri Paul, mostrando il faccione sorridente del ventinovenne inglese. «Grande delusione del giudice d'istruzione Hervé Stéphan».

Del cadavere di Henri Paul resta da aggiungere che il suo destino annunciato, per tradizione della famiglia e volontà del defunto, sarebbe stata la cremazione. «La terra ha già troppi morti e troppi veleni da smaltire», mi avrebbe detto Jean-Paul, padre di Henri, operaio in pensione con la passione per il lavoro nell'orto. Nel corso degli anni era però circolata la voce che il giudice istruttore avesse reso le spoglie di Henri Paul proprio a questa condizione, che il corpo fosse cremato, per rendere impossibile ogni ulteriore analisi e autopsia. Voce, a quanto ne so, priva di fondamento. Nondimeno andò proprio cosí. Ma all'epoca la famiglia non osava neppure sospettare i dogmi e le difficoltà di fare emergere nell'inchiesta, se non la verità auspicata, almeno un confronto, un dubbio, una pluralità di ipotesi. Cosí, anni dopo, la madre di Henri mi disse con amarezza che, forse, l'incenerimento del corpo fu loro concesso senza problemi proprio per questo, per non avere la possibilità di fare delle analisi.

Per associazione di idee, ai primi di novembre del 2003, nel giorno anzi dei Morti, il «Sunday Express» avrebbe titolato a caratteri cubitali di «Riesumare Diana», avanzando l'ipotesi, ripresa poi da altri giornali, che una riesumazione delle spoglie della principessa del Galles avrebbe permesso quell'autopsia che secondo il ministero della Giustizia francese sarebbe stata proibita dalle autorità inglesi. L'ordine alla patologa di turno sarebbe stato di imbalsamare la principessa, farla rapidamente rientrare in patria e consegnarla al *coroner* di corte – a cui ora spettava la decisione se riesumare il cadavere e riaprire un'inchiesta. Eppure la legge francese vieta espressamente di imbalsamare un cadavere se prima non viene effettuata un'autopsia, perché la formalina usata nella procedura inibisce qualunque test successivo. Naturalmente, ad alimentare in quel

periodo un nuovo clima di sospetto sulla morte di Lady
Diana, e a fecondare il terreno alle ipotesi di complotto, e quindi di assassinio, contribuí senz'altro la pubblicazione a puntate, sul quotidiano inglese «Mirror»,
delle memorie di Paul Burrell, maggiordomo di Diana,
e la lettera in cui la principessa preconizzava la propria
morte. Ma questa è un'altra storia.

Fu un pomeriggio d'autunno del 1997 che sembrava già inverno che, camminando, come in un lampo ri-
pensai all'incidente «mortale» avuto sette anni prima
con Cathy, mia moglie, il 26 ottobre del 1990. Ero io
al volante.
Dopo Milano facemmo sosta in provincia, credo, di
Varese (a casa del pittore Enrico Baj), con destinazione Ginevra – dove il giorno dopo avremmo preso un
aereo per Londra. Successe all'uscita del tunnel del
Gran San Bernardo, che forse per il traffico di camion
all'ultimo momento preferii a quello per me piú famigliare del Monte Bianco. Imboccammo la galleria lasciando alle spalle un cielo sereno e stellato, ne uscimmo sotto raffiche di pioggia e di nevischio. La curva era
lieve eppure la macchina perse il controllo e la montagna ci piombò addosso. Un attimo prima stavo cambian-
do cassetta, Bob Dylan probabilmente, oppure Bob
Marley, Tracy Chapman, cose cosí. Dopo lo schianto
rimbalzammo sull'altra corsia, verso il baratro, alla velocità ineluttabile che nella speciale percezione di quel
tipo di eventi è abbastanza lenta da contenere ogni pre-
figurazione e ogni memoria. «Sapevo che il nostro pre-
cipitare sarebbe stata un'esperienza unica e incredibile, prima della morte», avrebbe detto Cathy piú tardi.
Saremmo rotolati giú come in un film, come nei carto-
ni animati. Giunta sul ciglio del burrone la macchina
travolse il guardrail, sradicando un masso a cui era sta-

to saldato. La pietra si incastrò sotto la macchina, che restò cosí appesa sul bordo, il motore spento. Eravamo fermi. Silenzio. Dall'alto della strada si avvicinarono i fari di una jeep, poi una voce gridò, stupita che la macchina fosse stata bloccata da una pietra: «C'est une pierre qui les a sauvés!» («È una pietra che li ha salvati»). Poi ancora piú stupita che dentro l'abitacolo fossimo vivi. Il guardrail, aggiunse l'uomo parlando tra sé, era stato messo da pochi giorni, dopo che un'automobile era precipitata per ottanta metri. Avevo infranto il vetro con la testa, ma non sentivo niente (mi ero tolto la cintura nel tunnel, e mi ero proteso al primo urto per riparare Cathy con le braccia). Eravamo rintronati ma vivi, a parte il dolore alle costole e al collo.

Un'ambulanza ci accompagnò nella notte a Martigny. Sapemmo il giorno dopo (ma io ricordo di averlo saputo la notte in sogno) che il posto si chiamava Bourg-Saint-Pierre. Che ci aveva salvato davvero una pietra (*pierre*). E che la targa della macchina era ancora PR, nonostante avessimo da poco preso la residenza a Pietrasanta. Trascorremmo una lenta, dolcissima convalescenza tra le foglie rossastre degli alberi sulle sponde del lago di Ginevra, durante la quale fu umanamente concepito nostro figlio, nello stupore di essere vivi, di «continuare a seguire il ritmo delle stagioni» (dicevo). Dopodiché acquistammo una nuova automobile che assicurammo presso una nuova compagnia di assicurazioni. Fu di qualche giorno dopo, a casa, la scoperta che i documenti relativi alla polizza recavano scritto, senza nessuna giustificazione possibile, senza assonanze toponomastiche al vero, che il nostro indirizzo era *Vicolo dei Miracoli 1*. Provammo un lungo brivido (non di paura, non piú). Fu come l'occhiolino di un angelo in un film soprannaturale.

In quell'incidente non siamo morti – pensai camminando quel giorno a Parigi – anche se si potrebbe sempre dubitarne, e pensare che viviamo il sogno di due morti. Ma se non siamo morti, e siamo vivi, tutto ciò che viviamo è cosí meravigliosamente gratuito, e non ce ne rendiamo sufficientemente conto. Io non me ne rendo conto. È vita regalata, vita di grazia, grazia di vita.

Lo pensavo attraversando la strada nell'incrocio di Port Royal, mentre andavo a prendere mio figlio all'uscita da scuola, camminando nel fragore delle macchine che dal boulevard di Montparnasse entravano in quello di Saint-Michel, tra le luci e i neon, i negozi e le persone, le merci, schivando i corpi di altri vivi che attraversavano la strada in senso inverso.

Io che sapevo che cosa vuol dire avere fatto un incidente, essere sopravvissuto: era per questo che potevo e volevo testimoniare di chi non lo è, come H. P.?

Sognare di essere vivi e sognare di essere morti. Anche chi è vivo può sognare di essere vivo. Anche chi è vivo può non esserlo. A volte uno muore, ed era già morto, ecc.

Non era solo l'idea della morte (cioè, pare, il deside-rio di cambiare la propria vita), anche se la morte face-va capolino spesso nella mia complicata relazione: lei mi raccontava i suoi sogni, in uno dei quali non so piú chi di noi accompagnava l'altro alla morte; in altri mi immaginava, vestito di arancio e turchese, come un'ir-reale guida di montagna tibetana. Da parte mia, inve-ce, tutto quello che leggevo e pensavo in quel periodo mi turbava, perché a parte i gialli tutto quello che leg-gevo e pensavo riguardava la scrittura e l'erotismo. Da una parte il desiderio ricorrente di quel nostro fare l'a-more lento, intenso, di cui avevo memoria nel corpo nonostante ogni ripudio. Dall'altra, non avevo ancora rinunciato all'idea di scrivere una versione contempo-ranea del *Fedro* di Platone – che, si sa, parla di sesso, di morte e di scrittura. Alla cronaca dei giornali e ai gialli alternavo quindi libri strani, come quello sulla na-scita di un certo This, di cui ricordo un capitolo su «pla-centa, sangue e scrittura». Ecco un esempio degli ap-punti di lettura, densi e un po' ermetici, che ne scrive-vo allora sul diario (ottobre '97):

«Associazioni di idee tra Lévinas e Freud (la psica-nalisi) sul tema della colpa (responsabilità) e l'incesto (il "non-casto", ovvero non separato). E anche una fol-gorazione sul nesso tra l'Uno e la nascita: nascita come evento della separazione, della frattura, quindi della scrittura, che riproduce la separazione dalla placenta – che ne prende il posto, la *place*, mimandola o mimandone il rapporto. Anche questo è un modo di vedere la dialettica inesauribile tra il Dire e il Detto (o lo Scrivere e le frasi). Un dire cosí ampio che non sia mai esaurito da nessun detto. Dire per continuare a Dire.

Equivalente alla separazione della nascita come principio di narrazione, di racconto, è quello che lo scrittore-rabbino Ouaknin legge ebraicamente come traduzione del mito del "distacco" di Eva da Adamo tramite la costola ("separarsi", in ebraico, è lo stesso verbo per "raccontare"), ma in realtà riconducibile al peccato originale di ognuno sulla Terra – quello della propria nascita. Dire come nascere e separarsi, e quindi anelare a… (le teorie, le filosofie, le storie)».

Se scrivere è come scopare, è proprio vero che tutte le storie sono storie d'amore.

È quindi piuttosto coerente che a un certo punto in ottobre mi trovassi a Roma, anzi in un luogo desolato della provincia chiamato «Sassi Rossi», dove provai una terapia con la cosiddetta «samadhi tank», esercizi di nascita. Il programma era chiaro: disintossicarmi dalle donne, ma soprattutto da me stesso. La sera precedente, a una festa, avevo pomiciato con tutte le ragazze, amiche comprese, nonostante puzzassi di dipendenza sessuale da un'altra donna (ciò che lí, a «Sassi Rossi», si chiamava «racket affettivo»).

Nascere era piuttosto doloroso. In una stanza buia coperta di materassi dovevo passare attraverso ostacoli corporei per uscire dall'altra parte. Ricordo che quando riuscii, con un ultimo tremendo sforzo per non rimanere incastrato, mi sedetti trionfante nello spazio libero e aperto a gambe incrociate (come Buddha sotto l'albero dell'illuminazione, pensai). Per la prima volta

mi accorsi con gratitudine delle mie braccia: avevo provato un vero terrore, prima, nel sentirle imprigionate
(attaccate alla pancia?) Ora ero consapevole di averle,
le braccia (pensai agli «abbracci», al parlare «a braccio», l'idea di essere un «bracciante della parola»).

Le giornate cominciavano con esercizi fisici alle otto in punto su una terrazza sopraelevata, una ginnastica tibetana vecchia di millenni che finiva in una danza. Stavo bene, dopo. Poi la doccia, e poi la vasca di
galleggiamento, la «samadhi tank», chiusa da un oblò
come una lavatrice, dove galleggiavo in acqua altamen-
te salinizzata a temperatura corporea, al buio, come in
un grande utero.

Non so se c'entra, ma nei momenti liberi leggevo *Un
bel morir*, romanzo di Alvaro Mutis.

Dialogo telefonico con l'amico S.:
– Che cosa ti aspettavi da quella terapia?
– Di guarire.
– Guarire da cosa?
– Dal dolore.
– Cioè volevi morire.
Lo ringraziai per la sua soave lucidità.

Vidi Stefano i due giorni successivi alla «terapia»,
dopo la consegna di un premio per il tascabile al mio
libro sui maestri che mi fu consegnato a Latina (con un
lapsus lo chiamai piú volte «commemorazione»), e parlammo insieme alla radio lo stesso giorno del Nobel a
Dario Fo. Quella notte parlammo intensamente grazie
ad alcuni grappini, e mi sembrava che Stefano avesse
gli occhi lucidi quando disse che ero «uno scrittore apo-
lide», e che il mio «autoritratto» nel libro sui maestri era
«coraggioso». Mi commossi anch'io. Non perché par-
lasse di me, ma perché in quel periodo ogni parola che
mi riguardava mi sembrava postuma.

A Parigi ripresi le cene alla Closerie con Louis-Bernard, che tenevo aggiornato sul mio progetto di scrittura. Ma era Stefano il solo amico con cui riuscivo a parlare proficuamente della mia «mania». Per lui era chiaro che la mia crisi, anche se attizzata da R. (la «facitrice di orfani», la chiamai a un certo punto) la trascendeva largamente. Arrivai perfino a dire che in una società diversa (quale, islamica?) avrei risolto meglio quella vicenda, ovvero in una società in cui non ci fosse una netta distinzione tra sfera privata e pubblica come nella nostra – che significa in realtà rimozione collettiva del privato.

Pensavo di nuovo tutto questo sfogliando il libro di Viviane Forrester, *La violence du calme*, dove «calma» traduce «privato», il lato nascosto, invisibile, delle persone che vediamo popolare strade e negozi, la vita di tutti i giorni; che moriranno tutte, e che spesso soffrono, si disperano, però «privatamente». Idee simili le avevo già espresse in un racconto (*Il mondo della merce*); e mi accorgevo che era esattamente il nodo del mio interesse per Henri Paul: sottrarre a una falsa «pubblicità» il senso di una vita, senza timore di illuminarla.

Parte di questo libro dovevo dedicarla al privato, parola che saltava sempre fuori: vita privata, investigatore privato, occhio privato, poliziotto privato, storie private, essere de-privato, privacy (diritto alla), personale, *idiotés*, proprio, privato di sé, privato di tutto, privato di ricordi, ricordi privati, «follia privata» (André Green), stanza privata di un immobile pubblico, hotel (il lavoro di Sophie Calle), visite private, il privato nel pubblico (basta vedere un tavolo di ristorante), scrittura privata (lettere), confidenze, ecc. Ma almeno due o tre parole di questo elenco richiedono una spiegazione.

«Idiotés», che ha la stessa radice di idea, cioè sguardo, sapevo da quando ero studente che in greco traduce «privato», ed era quindi per me il prototipo di pensatore libero, da Cartesio a Deleuze, connettendo mirabilmente il filosofo al detective – il *private eye*. Idiota era il titolo di un testo del filosofo cinquecentesco Nicola Cusano, trasfigurato da Cartesio in Eudoxe nel suo *La ricerca della verità attraverso il lume naturale*. Quanto a Deleuze, beh, vale tutta la sua opera, pensatore privato contro l'istituzione (la polizia?) del sapere. Che poi idiota sia diventato nel linguaggio quello che è diventato, era anche questo piuttosto interessante.

La folie privée («La follia privata») era il titolo di un saggio che mi aveva molto colpito di André Green, considerato in Francia il piú grande psicanalista vivente. Ma di lui sentii parlare la prima volta all'epoca dell'internamento del filosofo marxista Louis Althusser, di cui fu rivelata la schizofrenia – che l'accompagnava in realtà segretamente da sempre – dopo l'uccisione per strangolamento della sua anziana moglie. Lessi con passione la visionaria autobiografia che Althusser scrisse in manicomio, e all'epoca presi un mucchio di appunti sull'incredibile, eppure probabilissima, coesistenza di follia (privata) e lucidità (pubblica). Se la follia è infatti comunemente ammessa negli artisti, non è cosí per i filosofi, identificati nell'immaginario collettivo come figure luminose, eredi di una Ragione intesa come Luce. Eppure, cosí come vi sono stelle spente, esiste anche una «luce nera». Il libro di Althusser era storia e confessione dei suoi «affetti» e della sua «fantasia», nel senso che questa parola aveva ancora nell'età classica: illusione, allucinazione. «In realtà, per tutta la durata di queste associazioni di ricordi, – scriveva Althusser, – è mia ferma intenzione attenermi strettamente ai fatti: ma anche le allucinazioni sono fatti». Filosofo ma interdetto per insanità mentale (l'omicidio della moglie si risolse in un «non luogo a procedere»), il suo testo interrogava radicalmente le questioni di «autore» e di «opera», e si voleva tentativo di «delucidazione delle radici soggettive del mio attaccamento specifico alla professione di insegnante di filosofia [...], alla filosofia, alla politica, ai miei libri e alla loro risonanza»; di come si fosse sentito «indotto a investire e a inscrivere le proprie fantasie soggettive nelle [sue] attività oggettive e pubbliche». Quanto allo psicanalista André Green, si era specializzato nello studio e nella terapia dei casi limite, border line tra psicosi e nevrosi, generalmente riconducibili alla patologia detta narcisista. Ma, a complicare le cose, è il fatto che il narcisismo sia all'opera anche e soprattutto nei tentativi di comprensione, vale a dire nell'esercizio della lucidità mentale. E la professione della psicanalisi ne è tutt'altro che immune.

L'altra parola è hotel, in relazione a Sophie Calle. Si tratta di un'artista parigina che ho molto amato e che andai a trovare poco piú che ventenne nella sua casa-atelier. Parlammo tutto il pomeriggio e mi cucinò due uova fritte. Aveva già prodotto alcuni lavori importanti, a metà tra la performance, la narrazione autobiografica e la mostra di fotografie. In un suo romanzo Paul Auster la plagiò per una cinquantina di pagine, ricalcando su di lei un personaggio femminile dalle idee geniali. Per uno dei suoi primi lavori si fece assumere come *femme de chambre*, ovvero cameriera ai piani, in un grand hotel di Venezia, allo scopo di fotografare gli interni delle camere e le tracce di intimità vissuta. In un altro fu lei stessa oggetto dell'obiettivo fotografico, perché assunse anonimamente un investigatore a cui chiese una relazione dettagliata dei suoi spostamenti, con relative immagini; e che in seguito confrontò al proprio diario. Infine, all'epoca in cui la conobbi teneva una rubrica su «Libération» dove ogni giorno un testimone diverso dava una descrizione del tizio di cui Sophie Calle aveva trovato l'agendina telefonica. Invece di restituirgliela la usò, telefonando a ogni nome presente per farsi parlare appunto di lui, il denominatore comune di quelle conoscenze trasformate in testimoni. Non credo occorra spiegare il fascino di quei gesti, descrizioni della realtà che non nascondono il loro sguardo soggettivo e arbitrario. Che mescolano il privato e il pubblico, l'esibizione e il pudore, la testimonianza e la lacuna, il mondo e il racconto. Non era ciò che in qualche modo stavo facendo, tenendo un diario della mia bislacca investigazione?

Tra le cose che non avevo testimoniato nel diario c'era la conversazione su Henri Paul che ebbi con Sergio Pautasso, critico letterario e traduttore di Georges Perec, al ritorno dalla cerimonia del premio e prima del suo treno per Milano. Seduti a un tavolino di Piazza Esedra, circondati di hooligans inglesi coperti di tatuaggi che ingollavano birra al sole (era il giorno della partita Italia-Inghilterra), parlammo di Truman Capote, di André Gide, del libro di Sciascia in morte di Raymond Roussel – suoi consigli di lettura per ispirarmi. Appena rientrato a Parigi comprai invece un libro di antropologia su temi erotici e «eccessivi» di Alfonso Lingis, filosofo americano traduttore di Lévinas, e un pacco di romanzi e poesie di Richard Brautigan, che mi davano beatitudine. Mi posi quindi il problema di come avvicinare conoscenti e amici di Henri Paul. Per esempio quel tale Claude Garrec, tipografo, amico intimo di Henri Paul di cui avevo letto il nome su alcuni giornali. Trovai l'indirizzo sull'elenco telefonico, gli telefonai, e dietro sua richiesta gli scrissi una lettera.

Dopo un novembre dispersivo e convulso di viaggi e di traumi (la mia croce e delizia), all'inizio di dicembre il libro della Forrester mi diede l'impulso per far finalmente qualcosa riguardo a Henri Paul. Telefonai al Ritz, il quale, ahimè, quanto a chiusura sembrava davvero una sorta di sotterraneo del Vaticano. Non sapevo che il padrone, Mohamed Al Fayed, che si proclamava già allora vittima di un complotto internazionale, avesse dato ordine a ogni dipendente di non aprire la bocca con nessuno, pena il licenziamento. Né d'altronde potevo sperare in un trattamento di favore, non potendo esibire alcunché dietro le mie spalle, che so, il «New York Times» o il «Corriere della Sera». La signora Cue, del service de presse, mi chiuse sgradevolmente ogni porta, perfino quella del farmi visitare l'hotel. Non la ringraziai, risposi solo «prego» quando alla fine, dopo un mio silenzio, mi ringraziò lei, e la salutai calcando la voce sul suo cognome (che in francese suona come «culo»). Feci altre telefonate a vuoto, e comunque ci pensai su.

Forse fu per consolarmi che decisi di rileggere nella traduzione francese quel romanzo di Richard Brautigan che fa la parodia del poliziesco americano. Lo slang dell'originale lo avevo provato anni prima: *Dreaming of Babylon*, «Sognando Babilonia». In francese invece si chiamava *Un privé à Babylone* – dove «privé» è l'investigatore privato. Ne fui deliziato. Il personaggio e l'atmosfera mi ricordavano Emmanuel Bove, però piú sballato. È la storia di un detective disadattato e di un'inchiesta al rallentatore, che inizia cosí.

All'investigatore squattrinato viene affibbiato telefonicamente un caso e un appuntamento per la notte in un posto bizzarro. Poiché deve presentarsi armato, mezza giornata è dedicata alla ricerca di pallottole per la sua vecchia pistola: decide di andarle a chiedere

in prestito a un suo conoscente che fa il custode all'o-
bitorio e ha sempre un'arma con sé. Non mi sfuggí che
i luoghi della storia, come l'obitorio e la tavola dell'autopsia, echeggiavano quelli dell'oggetto della mia inchiesta. A un terzo del libro però il detective è ancora
per strada alla ricerca dei proiettili, perché trovandolo
senza biglietto il conducente lo butta fuori dall'autobus a cazzotti. Ecco, io non mi sentivo da meno, cioè
non mi sentivo piú organizzato di lui, l'investigatore
che s'incanta a sognare Babilonia. Già, perché anche
per lui alla vicenda reale si alterna il sogno di Babilonia, un posto bellissimo in cui il detective incontra lungo il fiume Eufrate una ragazza dolcissima coi seni gros-
si, per giunta Democratica, di cui si innamora parlan-
dole di Roosevelt. Ad ogni capitolo l'investigatore privato
sogna e si risveglia a malincuore per vivere la sua storia disgregata, lunga come l'odissea di Joyce, ovvero
lunga un giorno. Ero assolutamente incantato dalle sue
frasi, e spesso mi sentivo anch'io avvolto dalla mia «nebbia di cactus» – che è, scrive Brautigan, la piú pungente delle nebbie – mentre sognante camminavo lungo la
Senna invece che l'Eufrate. Insomma il libro di Brautigan, destrutturazione esilarante del romanzo giallo
hard boiled, mi venne incontro come un compassionevole angelo custode. Se la sua storia, come la mia, era
piena di buchi, è perché i buchi sono la vera storia.

La casa di Henri Paul alla fine potei visitarla anch'io, meticolosamente. Intatta, la vidi come lui l'aveva lasciata quell'ultima sera del 30 agosto 1997 uscendo per andare a fare gli straordinari all'Hotel Ritz, pulita e ordinata al punto che si stupí perfino il padre di Henri, che non si aspettava di trovare cosí a posto la casa del figlio scapolo. Il quale forse, semplicemente, non aveva avuto tempo di creare disordine, al ritorno dalle vacanze. Ne esplorai ogni angolo e oggetto visibile. Mi mancarono gli odori, è vero, e forse altre impalpabili sensazioni dal vivo, ma vidi con i miei occhi tutto ciò che si rivelò ai poliziotti durante la loro perquisizione. Ciò che rese possibile questa epifania fu un semplice videofilm «fatto in casa», in tutti i sensi. Girato al cospetto di Claude Garrec all'indomani della morte dell'amico. Mi rivelò in tutta la sua miracolosa normalità l'interno di un uomo comune, testimonianza di un'esistenza comune. Senza cancellarne la singolarità.

Seguii la telecamera mentre inquadrava pedissequamente ogni centimetro quadrato dell'appartamento, indugiare sugli oggetti – come la baguette di pane ancora intonsa avvolta a metà nella carta plastificata. Era questo l'appartamento dell'autista, del signor Paul, del colpevole, dell'ubriaco. Del morto. Colpiva innanzitutto l'ordine e la pulizia. Sotto la credenza, nella cucina-soggiorno coperta da una moquette beige, si distingueva la confezione di lattine di Coca Light ancora nella plastica, e una lattina aperta sul piano di lavoro. Ma dovrei descrivere tutto con ordine, con metodo, con la stessa modestia delle riprese video. Con questa premessa, che pensai dopo aver guardato con emozione quello strano film muto.

In un bellissimo romanzo di Philip Roth – *Operazione Shylock*, del 1993 – forse il piú ricco di idee e spunti dello scrittore newyorchese, c'è a un certo punto una digressione sui presunti diari di Leon Klinghoffer, il turista ebreo americano che fu scaraventato con la sua sedia a rotelle oltre al parapetto dell'Achille Lauro da dei terroristi palestinesi. Per promuoverne la pubblicazione, allo scrittore fu chiesta una prefazione a quegli appunti di un americano medio, ottimista quanto basta, che provava meraviglia per ogni luogo che visitava, Israele soprattutto, e lo annotava sul suo quaderno con scarni superlativi costellati di punti esclamativi. Che diceva la propria emozione senza mai approfondirla. Che nuotava felice e soddisfatto nella piatta banalità delle proprie parole, testimonianza di ciò che percepiva e osservava – tranne l'orrenda fine nel mar Mediterraneo. «La spaventosa normalità di queste note. La piú che ragionevole normalità di K [Klinghoffer]. Una moglie di cui è fiero. Amici con i quali ama stare. Un po' di soldi in tasca per fare una crociera. Fare quello che vuole a modo suo, con semplicità. La vera e propria incarnazione, questi diari, della "normalizzazione" ebraica». Cosí Philip Roth.

Ma Klinghoffer era stato ucciso, ed era stato ucciso perché ebreo. Ora, il fatto che per un ebreo, da secoli o da sempre, «non esiste un territorio neutrale» – nemmeno la banale crociera dove è perfino consentito non imparare le lingue, dove si viaggia senza viaggiare, in circolo, senza andare propriamente da nessuna parte –

non è l'ultimo degli insegnamenti inestimabili che dobbiamo agli ebrei, e che in definitiva approdano a questo: l'ebreo è l'uomo, è ognuno di noi, cosí come la Shoah è un crimine contro l'umanità, non solo contro un popolo; perché ognuno di noi può essere straniero senza per questo partire, e restare, uguale e diverso, con gli «altri»; perché ognuno di noi può essere al tempo stesso non solo uguale e diverso, ma anche impercettibilmente, irriducibilmente diverso. Chiamiamo quindi «ebreo» quella modalità di relazionare e di stare al mondo che ci fa pretendere una requie pur sapendo che una requie non sarà mai assicurata senza una buona dose di illusioni. Senza immergersi in quella catena di inconsistenze appese a un baratro che chiamiamo cerimoniali o vita quotidiana. Il fatto è che, osserva Philip Roth, «si leggono i diari di K. col quadro completo davanti agli occhi, cosí come si legge il diario di A. F. [Anna Frank]. Si sa che morirà, e in che modo, perciò lo si legge a rovescio, dalla fine. Si sa che lo getteranno in mare, perciò tutti i noiosi pensieri che ha – che sono la somma dell'esistenza di tutti – assumono un'eloquenza brutale, e K. diventa all'improvviso un'anima viva la cui sostanza è la gioia di vivere. Gli ebrei senza nemici sarebbero noiosi come tutti gli altri? Questi diari lo fanno pensare. Ciò che rende straordinarie tutte queste innocue banalità è la pallottola nella testa».

L'emozione di assistere alla «spaventosa normalità» dell'appartamento di H. P. non era forse dello stesso genere?

La cucina è in legno, col lavello in acciaio circondato da piastrelle bianche. Il lavello è posto sotto una finestra. La cucina intesa come vano è separata da un muretto divisorio che si allarga in un tavolo dal resto della stanza, tipo banco da bar. Di fianco al lavello c'è un mobile a ripiani che contiene vasetti e cibo. Sulla cucina propriamente detta, il piano cottura dalla superficie nera e impeccabilmente pulita (sembrerebbe elettrico), è posto un lindo pentolino grigio. Sul piano di lavoro accanto, dove si nota la lattina di Coca Light, su un piatto ci sono tre banane, una mela, un'arancia. E poi, tubetti di spezie, di sale, di condimenti. Una bottiglia grande di plastica d'acqua minerale Contrex. Caramelle al latte. Sopra il forno a microonde c'è la baguette intatta e altri cartocci, forse di cibo. Sul frigorifero bianco sono attaccati dei disegni con delle tartarughine magnetiche. Uno è di quelli da colorare (raffigura una bambina bionda che spazza per terra con la scopa), l'altro è fatto inequivocabilmente da un bambino. Vi sono poi sempre una quantità di letterine magnetiche a colori, in parte disordinate mentre in basso altre letterine formano due nomi, Alexis, Antoine. Sul tavolo-bancone, che via via si arrotonda, sono appoggiati il telefono e dei fogli. Dall'altra parte del divisorio (e siamo di fronte alla porta d'ingresso della casa) c'è una tastiera elettrica Technics coperta da un panno nero, e in basso dei pedali; accanto, un altro mobile nero coperto di oggetti: un candelabro, vari soprammobili, tra cui si riconoscono degli elefantini di legno e pietra, le tre scimmiette «non vedo non sento non parlo», un vaso blu, due aeroplani di legno stilizzati, una scatola, candele da tavolino, un pot-pourri, e, sulla parete, un gioco che consiste in un pannello su cui premendo si posson lasciare delle impronte (il contrario di uno specchio, ho pensato, un calco, un facitore di impronte). C'è molto nero. Anche lo sgabello davanti alla tastiera è nero, e quelli al tavolo di cucina. Come neri sono il giradischi e il porta cd a stelo: dall'alto in basso si notano molti dischi di Beethoven (concerti soprattutto) e Brahms (sinfonie) ma anche Mozart, Weber, Mendelssohn, Bach, Wagner, Sauguet, Debussy,

Schubert, Rossini, Strawinsky. Bianco è il computer, sopra l'apposito tavolino, con sopra un aeroplanino rosso. Davanti al computer una sorta di volante: la cloche di un aereo. In una piccola libreria a muro sono impilati vari programmi di computer nelle loro scatole. Accanto ai vari Windows e Excel, molti sono quelli di simulazione di volo: Simulator Designer... (il resto non si legge), Microsoft Flight Simulator, Flight Assignment ATP (ovvero Airline Transport Pilot). Sulla tastiera, sopra il panno nero, ci sono delle cuffiette rosse (evidentemente H. P., eccellente pianista fin da ragazzo, suonava in casa con le cuffie) e uno spartito: E. Granados, *Allegro de Concierto*, Obra de Concurso en el Conservatorio de Madrid, *piano seul*. C'è un altro oggetto posto sul panno nero, un fascicolo apparentemente pubblicitario, o comunque una pubblicazione a stampa; la telecamera ne inquadra la scritta sovrastante: «Mefiez-vous de la presse!» («Non fidatevi della stampa»). Al soffitto, una lampada con ventilatore.

La telecamera esce oscillando dal soggiorno e percorre un breve corridoio in cui sono parcheggiate delle valigie, un'altra moquette beige, poi la camera da letto con letto a due piazze con sovracoperta scura e rigata, un grande televisore nero, una sedia con una camicia verde scuro appesa allo schienale, la parete di un armadio e una cassettiera nera sulla cui superficie ci sono vari oggetti elettrici o elettronici, radioline, altri strumenti, e un'altra scansia a muro con vari oggetti cartacei.

Il bagno ha mattonelle di ceramica verde acqua, c'è una vasca standard con il rubinetto della doccia appeso, un'altra maglietta verde chiaro appesa ad asciugare, e a questo punto comincio a sentirmi indiscreto e a disagio, l'occhio della camera si avvicina alla mensola sotto lo specchio, sopra il lavandino anch'esso verde acqua, dove vedo una bottiglia di profumo Antaeus di

Chanel, un deodorante Mennen, e schiuma da barba della stessa marca, un'altra radiolina. Una mano apre lo sportellino bianco a fianco della vasca, è l'armadietto dei medicinali. Accanto a oggetti normali e indistinti leggo i nomi delle scatole di farmaci, Maalox, quello per i bruciori e le gastriti, e ancora Influril, Nifluril, Salipran e Aspegic, analgesici e antinfluenzali. Finalmente usciamo dal bagno, e, pare, anche dall'appartamento vero e proprio: vedo un pavimento di cotto rossastro, vedo un tappeto per i piedi, indovino che siamo sul pianerottolo. Una porta si apre cigolando su una stanza diversa, in fondo alla quale la parete è ricoperta di sportelli simili a persiane: sembra un lungo armadio ma sono porte finestre che si affacciano sulla strada. Forse è la stanza degli ospiti, ma è anche uno studio e un salotto, separato dal resto. Una poltrona, un sofà e un divano ricoperti dallo stesso tessuto scuro e vagamente tartarugato circondano un tavolino basso, dove si riconoscono un portapenne, un portalettere, delle carte, dei fiammiferi, un portacenere di legno che reclamizza il Cutty Sark, una biblioteca nera piena di libri (la telecamera chissà perché non si avvicina, ma un giorno rivedrò quel mobile e i libri che contiene nella casa di famiglia), e in un angolo, per terra, delle racchette da tennis nella loro custodia e una chitarra. Il mobile bar, che si apre dall'alto, mostra quattro bottiglie, solo una delle quali mostra l'etichetta: Martini.

Testimoniare non è solo un atto giudiziario o poliziesco. È relazionare un'esperienza, è racconto. Non è sinonimo di informare, far sapere, perché ogni testimonianza comporta in sé il rischio o la possibilità di essere falsa, di essere finta, di essere inutile, di essere letteratura. Ma la stessa opacità che la invalida come testimonianza giuridica la fa risplendere a volte di un significato piú vasto e profondo. Come il *Diario di Adam Czerniakow*, studiato dagli storici, che dal mondo inghiottito, d'oltretomba, delle rovine del ghetto di Varsavia, ci riporta come i messaggi del naufrago affidati alla bottiglia le cose di tutti i giorni, le banalità assolute, sapendo che ogni vita ordinaria sarebbe cessata per sempre. Scopriamo cosí una qualità elegiaca nell'affermazione apparentemente inutile dell'individualità, dell'ordinarietà, della quotidianità. I ricordi. Il caso del diario di Adam Czerniakow colpisce per lo stile sobrio, secco, il sangue freddo di una scrittura stesa tutti i giorni in un mondo votato alla morte. C'è in essa, è stato osservato, «una strana modernità», che «si accorda obliquamente e misteriosamente al mondo senza scopo in cui viviamo». Come le crociere del turista Leon Klinghoffer. O come la casa ordinata di Henri Paul.

Decisi che il libro su Henri Paul avrebbe dovuto essere anche il mio libro su Parigi, narrazione della mia *rêverie* lí, l'amore, la solitudine, la maturità, l'ozio, il lavoro, il divorzio ecc. (tutti temi carveriani, notai: per certi versi la storia di Henri Paul avrebbe dovuto scriverla Raymond Carver). E di nuovo pensai che il mio diario era un materiale importante. Dovevo cercare di renderlo piú descrittivo: per esempio fare l'elenco di quello che vedevo e pensavo quando camminavo da solo (le cose migliori le pensavo camminando), un elenco semplice, frasi brevi nel loro naturale disordine, che è sempre un ordine. Le vetrine, i vestiti, le camicie, i libri, le locandine dei teatri, i frammenti visivi di interni di ristorante, le luci, i piatti che a volte scorgevo dai vetri, le patate fritte, le cozze, le crèpes e gli hot dog fumanti agli incroci e ai semafori, i banchi illuminati delle ostriche, dove per tutta la notte gli inservienti si spaccano le mani per aprirle, gli addobbi natalizi che lo stesso giorno, davanti a tutti i ristoranti a Montparnasse in perfetta sincronia, vidi allestire e montare – grandi pini natalizi e operai in tuta che li addobbavano di palle colorate e dorate. Il fatto che in quel periodo fossi in dieta, e non mi concedessi capricci né cedimenti di gola (senza troppi sforzi, ricordo) mi dava un buon distacco per descrivere la merce e i consumi. Henri Paul era un uomo qualunque. Come scriveva Viviane Forrester, tutta

quella gente che si vede per strada, che schivavo camminando sui marciapiedi, è visibile solo quando consuma. In
pubblico, ci mostriamo solo nell'atto di comprare o di
mangiare. Non si sa nulla della nostra vera vita, pensieri,
amori, dolori, gioie, ansie – di quella famosa vita privata
di cui avevano parlato i giornali. *Privata* di cosa?

Il mio agopuntore disse che dovevo riposare la testa. La sua terapia funzionò, voleva portarmi l'energia piú
in alto (ce l'avevo ai piedi) e appena mi mise gli aghi cominciai a piangere, prima come una commozione poi a
dirotto, e poi senza interruzione cominciai a ridere a
crepapelle, non riuscivo piú a smettere, e mentre lui parlava al telefono in una stanza io ero disteso nell'altra
con le guance piene d'aria che mi esplodevano in risate
fragorose. Fosse stata la scena di un film, sarebbe stata
trascinante. Mi impressionò il discorso su «reni-fuoco»,
qualcosa di ancestrale che sarebbe causa (ed effetto) di
ogni mio problema, anche della lateralizzazione sinistra
del dolore di ossa e articolazioni, anche della mia ansia,
ecc. Mi impressionò molto come medico. Aveva vissuto
lunghi anni in Asia. Mi prescrisse semplicemente di bere
molta acqua.

Quella sera comprai da Tschann il libro di poesie di
un poeta praghese che viveva a Parigi dal 1968, Petr
Kràl, perché fui attratto dal titolo: *La vie privée*. Lo aprii
a caso: «Nell'anonimato grigio delle giornate di saldi».

Lo aprii di nuovo, tornando verso casa:

«Diciamo che siamo soli. Eppure qualcuno ci segue
da vicino | anche nell'appartamento deserto | qualcuno
che già prepara frettolosamente la tavola, la copre con
una tovaglia nuova | quando ancora nel letto ci sbaraz-
ziamo dei veli umidi del sonno, angeli sfuocati | [...] qual-
cuno che riconosciamo dal silenzio | col quale, quando
rientriamo, accoglie il nostro».

Una sera andai al cinema a vedere un film di Atom
Egoyan, *The Sweet Hereafter*, che mi era piaciuto anche
se avevo dormito un quarto d'ora. Era la storia di un incidente visto come un evento indecidibile, e di conseguenza una meditazione sulla colpa. La colonna sonora
del film e soprattutto la canzone *Courage*, cantata da una
donna che aveva una voce bellissima che sembrava venire dalle viscere, la ascoltai spesso anche a casa. Al cinema ero andato con D., dopo aver mangiato insieme a
casa mia e aver fatto l'amore, seguito da un mio forte
imbarazzo perché facendolo pensavo a R., che aveva appena chiamato. Mi succedeva di pensare ad altro anche
facendo altre cose.

Un'altra sera dovevo andare a sentire Luce Irigaray
alla libreria Tschann, ma non lo feci perché le sue parole mi avrebbero riportato al dialogo ideale con la donna dei miei sogni; e la mitologia dell'essere due, mentre ero solo e nessuno, mi dava assolutamente l'ango-
scia. Invece (a proposito di fallimento?) all'aeroporto
pochi giorni prima avevo incontrato Achille Occhet-
to, che sembrava piú accasciato di me. Gli dissi che in
passato avevo provato affetto per lui; e che nella politica (come nella vita) ci sono sconfitte, come la sua
del '94, che sono meglio di certe vittorie (la mia apo-
logia del linguaggio spoglio di un mio vecchio articolo
sull'«Unità»). Rievocai due suoi comizi a Parma molto belli che avevo ascoltato da ragazzo, all'epoca di
Craxi e Berlinguer.

All'inizio non ero cosí sfaccendato. Per un lungo periodo il mercoledí era occupato da un appuntamento
irrinunciabile, le lezioni e il «seminario ristretto» del
professor Jacques Derrida, il celebre filosofo («un gi-

gante», l'aveva definito Althusser prima di morire).
Per anni fu il mio sponsor ufficiale a Parigi, e mi permise di dirottare col suo invito i fondi del mio dottorato sulle «lettere», da cui si aspettava, scrisse, grandi cose. Gli consegnai dopo anni un libro che parla di «vita postuma» e di «sopravvivenza»; lo incantò la copertina, il particolare dell'immagine del braccio di Marat morente che sporge dalla vasca da bagno impugnando la lettera di Charlotte Corday – una lettera che uccide. Fu Derrida a spianarmi la strada di un pensare senza requie, a farmi amare Paul Celan, a farmi riflettere sulla solitudine schiacciante del «cogito» e della filosofia, e su quella piú drammatica del «testimoniare» – un dire rischioso di superstiti, dire che si sa quello che si dice, un dire che deve giurare e garantire di se stesso e della propria lucidità, pertinenza, capacità di dire il vero (e quale vero?) Fu lui a permettermi infine di lasciarlo. Se frequentarlo contribuiva in qualche modo a saldare la mia solitudine urbana di quel periodo, e forse la mia intransigenza, a un certo punto smisi di frequentarlo, insofferente alla sua maestria virtuosistica e al suo teatro della teoria. Disertai quell'anfiteatro sempre piú affollato e colmo – anche di fotografi e operatori televisivi di varie parti del mondo. Una delle ultime volte lo interruppi con una domanda quasi sovrappensiero: c'è davvero differenza tra tematizzare e problematizzare? Come se esistesse un modo neutrale di entrare in argomento, di «entrare nel merito». Non pensavo che quell'appunto facesse l'effetto di un soffio di vento su un castello di carte, non volevo scompigliare nulla. La sua reazione davanti all'uditorio mi parve eccessiva, filosofò per piú di un'ora per sostenere quella differenza, dunque contraddicendola. Un giorno d'inizio ottobre ci vedemmo al caffè, e dopo la chiacchierata la temperatura scese all'improvviso, cosí lo ac-

compagnai lungo boulevard Raspail alla vana ricerca di un negozio che vendesse pullover nei paraggi dell'École des Hautes Études. Ecco un ricordo dolce, di quella normalità inutile, alla Klinghoffer, senza altri attibuti, come le testimonianze che non hanno nulla da rivelare. Che è, forse, l'unico modo di tematizzare senza problematizzare, dire senza la pretesa di argomentare, senza merito né scopo. Senza concetti. Continuai semplicemente a camminare per strada, anche senza cercare negozi di pullover, il mercoledí pomeriggio come gli altri giorni, senza fermarmi all'École des Hautes Études.

Per un periodo ebbi un'amante giapponese, capelli naturalmente corvini e pelle bianchissima. Adoravo vederla con un vestitino rosso e molto corto, andare con lei e vedere delle mostre, vederla girare nuda in casa mia. Amavo la serietà del suo volto, un po' meno il suo sorriso, e forse è anche per questo, scherzò un amico, che la facevo piangere. In realtà non resse alla mia divagante inconcludenza, voleva un uomo per la vita, e smisi poco a poco di frequentarla.

Spesso, quando camminavo per strada, guardavo con stupore i volti civilizzati e occhialuti, le guance rasate e rosee dei clienti ai tavoli dei ristoranti, come se mostrassero dietro una bacheca la loro bianca civiltà. Tornando a casa la notte provavo il fastidioso brivido del venditore di poesie, un uomo dall'età indefinibile e gli occhiali chiari che restava appostato come un avvoltoio disoccupato e senz'ali dal lato della strada opposto all'Hotel Lutétia, di fronte alle vetrine di Arnys, negozio e sartoria di lusso, all'angolo di rue Récamier. Se mi ricordavo in tempo di lui attraversavo la strada. Lo guardavo ormai solo di nascosto, ogni volta pensando al mistero un po' sordido della sua vita, stanco di pensare tra me e me a una rispo-

sta soddisfacente alla sua domanda cosí imbarazzante
da farmi sprofondare: «ça vous intéresse la poésie?»,
sussurrata con ghigno sibilante che prolungava le esse, oscillando sulle gambe nervose coi fogli in mano,
guardandosi intorno con la testa, il corpo nervoso avvolto in un vestito grigio o nero troppo ampio. Quando scomparirà, pensavo, al suo posto ci sarà uno strano vuoto, come un dolore, come l'estrazione di un
dente. Perché ogni cosa e ogni persona, a Parigi, anche la piú dolente e superflua, occupa una posizione in-
sostituibile, e non potevo pensare senza un senso as-
surdo di catastrofe alla modificazione di quell'insonda-
bile equilibrio.

A volte fantasticavo di pubblicare i miei diari, raccontare agli altri i miei fallimenti e la mia navigazione
di naufrago con accenti grotteschi, come la vita quotidiana del detective di Brautigan. I mille incontri casuali, da Francis Bacon al Flore a Forattini a Roissy (che
discesa pazzesca in pochi anni). Erano lontani i tempi
delle cene a casa nostra a base di ostriche dell'Île de
Ré, quando senza volere mia moglie e io ci trovammo
personaggi di un libro sugli abitanti piú festosi di Saint-
Germain-des-Prés. Ma non provavo alcuna nostalgia.
Piuttosto, per quanto suoni banale, mi veniva il grop-
po in gola ogni volta che lasciavo mio figlio sulla soglia
della sua nuova casa nel quattordicesimo, dove anche
la piú logora poltrona, per non dire i quadri e i dischi,
mi davano una nostalgia insopportabile. Ora i miei fo-
togrammi di vita erano piú strampalati. Come un improbabile Renzo Arbore che davanti a un bar inverna-
le mi parlò compito mentre un fotografo ci fotografa-
va, dicendomi la paura di esibirsi all'Olympia con la
sua orchestra caciarona. O la cena, per certi versi terribile, in cui fui coinvolto al cinese di rue de Tournon
da un famoso scrittore italiano che mi aveva telefonato

per invitarmi alla sua conferenza, con un codazzo di persone a seguito. L'autore raccontò storielle anche simpatiche su certi poeti portoghesi, su Macao, la Cina e simili, ma di fianco a me c'era un giovane scrittore cosí presuntuoso e cinico che sembrava uno dei personaggi di *Nodo alla gola* di Hitchcock. Fu dopo un aneddoto esotico sulle tartarughe, spelate ancora vive, che il giovane scrittore (nonché traduttore dell'autore italiano) disse che le tartarughe senza il guscio sono «la cosa piú ridicola» al mondo, e scoppiò a ridere da solo. Anche senza dovermi identificare in una creatura torturata e moribonda, la frase dava l'esatta immagine della crudeltà, e decisi in quell'istante di andarmene. O, ancora, il clochard che nel Marais mi aveva attaccato un lunghissimo, lucidissimo bottone sul cannibalismo della società capitalistica avanzata, la sua autofagia. Ed ero d'accordo con lui, mi stava davvero convincendo, se non avesse aggiunto poco dopo che nel quartiere qualcuno aveva appena mangiato alcuni passanti, tra cui un suo amico.

Ebbi insomma la fantasia di raccontare le avventure di una solitudine stanca, la mia, dove Parigi in realtà non era nulla, solo la vita quotidiana di un io che tra gli altri incontrava – negli interstizi del suo magma interiore, psichicamente vischioso e forse indicibile – nomi e deittici riconoscibili, come la palla di un biliardo incontra altre palle o sponde. Ma i rimbalzi veri erano altri.

Il tema e la forma del documentario sintetizzavano tutto quello che mi interessava nella letteratura, nel cinema e nell'arte. Ho evocato sopra Sophie Calle, ma un ruolo speciale ebbe su di me il lavoro di Christian Boltanski, artista della commemorazione e del volto che amavo e amo tuttora. Passai ore a contemplare le sue foto in bianco e nero, tutte di volti anonimi di morti. Il loro ingrandimento, che svela la grana della carta e abolisce ogni contesto rendendoli assoluti, intensifica nello spettatore l'immediatezza fisica dell'incontro con quei volti. Il sentimento che ne deriva è lancinante, chi li vede ha davanti a sé il proprio prossimo. «Dove finisce l'arte, dove comincia la vita?», si chiedeva infatti Boltanski. Un episodio a latere del crollo delle torri di Manhattan nel settembre 2001, ovvero i volti dei morti e dei dispersi appesi sugli alberi e i muri in un lungo accorato «chi l'ha visto?», riattualizzò di recente lo stesso effetto estetico ed etico delle sue mostre, dalla «Classe di Bambini di Digione del 1955» al «Liceo Ebraico Chase di Vienna del '31», oppure la serie degli «Svizzeri morti», ottenuta ingrandendo le foto degli annunci funebri su un giornale elvetico di provincia (perché «ebrei morti», disse Boltanski, suonava troppo ovvio, mentre non c'è nulla di piú normale e neutrale degli Svizzeri). Se nelle fotografie, e soprattutto in certe circostanze, risultiamo tutti uguali, è perché ogni Olocausto è del genere umano, non di qualcuno in particolare. Ogni morto è il nostro prossimo, cosí come ogni vivo. Boltanski, aveva scritto Adam Gopnik sul «New Yorker», è forse il primo ad avere scoperto qualcosa che si trovava allo stato latente nelle fotografie piú comuni e ordinarie, quelle dei compleanni ad esempio, e che in altre circostanze le rende struggenti. La stessa epica elegiaca che si trova nelle foto degli annunci mortuari dei giornali di provincia, sull'ultima pagina della «Gazzetta di Parma» ad esempio, per citare un giornale che mi è famigliare dall'infanzia. Se si ingrandiscono quelle foto di morti, togliendo il nome e i riferimenti all'identità individuale, abbiamo la stessa commozione delle mostre di Boltanski. E forse la stessa pateticità della Sindone, volto e testimonianza. Va da sé che sentivo la stessa sollecitazione vedendo sui giornali il volto di Henri Paul.

Poiché tutto il lavoro di Boltanski è biografia e au-

tobiografia, rafforzava la mia idea di un libro fatto di
«testimonianze». Ma trovai anche meravigliosamente
consolante la lettera che egli scrisse, in un periodo di
profonda disperazione, a critici e ad altre personalità.
Con una scrittura infantile, lasciando piccoli errori di
ortografia, dichiarò di essere arrivato al limite, che non
ce la faceva piú; che si era sempre comportato retta-
mente, che tutto quello che di male avevano sentito di
lui era falso; che era disperato, che aveva bisogno di
aiuto, e che gli rispondessero il piú presto possibile.
(Beh, ero disperato davvero, mi ha detto anni dopo
Boltanski, volevo buttarmi dalla finestra, e se non fossi
stato un artista l'avrei fatto di sicuro; invece ho scritto quella lettera, e l'ho moltiplicata in sessanta copie, come un'o-
pera d'arte. Quando uno vuole uccidersi, può sempre fare
il proprio ritratto mentre si uccide, cosí non ha bisogno di
farlo veramente). Mi insegnava che anch'io dovevo e volevo scrivere, dovevo credere alle mie idee e dar loro una forma, senza avere paura delle cose nuove. Devo anche questo
a Boltanski: l'idea che potevo lavorare anche su materiali di
scarto, o addirittura sull'impossibilità di fare qualcosa. Che
si può lavorare su tutto.

Il libro su H. P. sarebbe stato il mio requiem su Parigi? In realtà questa città continuava a incantarmi, e
certi giorni mi sembrava cosí bella che mi sentivo rinascere. Come quando, contrariamente al solito, usci-
vo il mattino presto, per esempio quando dovetti reca-
pitare nell'ultimo giorno utile il plico col piano dei seminari per il Collège de Philosophie, in rue Descartes.
Camminai cosí dopo tanto tempo tra la casa in cui abitò
Cartesio (la lapide cita una sua lettera sulla felicità di
abitare in due Paesi, tenere i piedi in due scarpe), e quella pochi metri piú in là in cui tra le stesse mura morí Ver-
laine e visse Hemingway (la lapide riporta una frase di *Fie-
sta*). Erano queste sovrapposizioni, anche, che facevano

Parigi. Quanto alla vita di Henri Paul, anzi le sue «vite parallele» (titolo di «Le Figaro»), mi dava forza questa frase di Max Frisch: «provarsi storie come abiti», indossare le vite degli altri. E se un romanzo avrebbe dovuto comportare la sospensione del *disbelief*, l'incredulità del lettore, la biografia di Henri Paul non ne aveva bisogno.

Il lavoro di addetto alla sicurezza di un hotel che faceva Henri Paul mi ricordava uno dei primi racconti di Chandler, credo in *Blues di Bay City*. Il fatto che passassi gran parte del tempo a leggere gialli mi si rivelava ogni volta pertinente: una pacchia, e senza nessun senso di colpa. Mancava solo che prendessi una leggera influenza, e sarei potuto restare a casa spaparanzato a leggere romanzi gialli ascoltando jazz. Ciò che in effetti feci in modo di prendere, e me ne stetti tranquillo per un po'.

Finché una sera simile a tutte le altre squillò il telefono. Avevo già parlato, per cosí dire, con tutte le mie donne, mia madre compresa. Avevo parlato col mio amico ginevrino Nicolas Bouvier, contento del titolo italiano che avevo pensato per il suo libro sul Giappone (*Il suono di una mano sola*, cioè la scrittura, come risposta a un antico rompicapo zen). Con Frédéric de Towarnicki, il mio zio parigino, di cui avevo fatto uscire da poco in italiano il libro dei suoi ricordi su Heidegger nell'esilio della Foresta Nera. Con Vito Riviello, poeta lucano che elargiva allegria in rima dal suo antro di via del Babuino a Roma. Avevo parlato con i miei amici anziani, scrittori e malati. E io, ero sempre giovane o già anziano? – mi chiedevo incantandomi a guardare il sole declinare sui tetti di zinco, anche se il cielo tratteneva una luce chiarissima – ancora una volta accorgendomi del tramonto mentre stavo contemplando l'aurora. Finché appunto il telefono suonò, ed era Claude Garrec, l'amico di Henri Paul. Gli era piaciuto lo spirito del mio progetto di libro che aveva letto nella lettera, disse, «rendere giustizia alla memoria di

Henri Paul». Mi invitava a incontrarci per parlarne poi a pranzo lí dove lavorava, l'Office Parisien, vicino alla Bourse e a place des Victoires, a due passi da dove abitava Henri Paul: martedí 16 dicembre, lo stesso giorno in cui, a Parma, sarei dovuto essere alla proiezione con Wim Wenders del suo film *The end of the Violence*.

In un'intervista apparsa su «Le Figaro» (a firma di Jean Michel Décugis), avevo letto che «il miglior amico di colui che guidava la macchina di Lady Di e Dodi Al Fayed rifiuta di credere alla sua sola responsabilità». Claude Garrec dichiarò di non poter accettare che Henri Paul fosse designato responsabile del dramma: «È il capro espiatorio ideale. Non crederei mai alla sua colpevolezza. E continuerò a dirlo. Anche contro le conclusioni dell'inchiesta e contro tutti, se occorre». A una domanda sugli indizi contro di lui, dalla velocità della macchina al tasso di alcoolemia riscontrato in Henri Paul, fino alla diagnosi di alcoolismo, egli rispose: «È una soperchieria. È troppo facile trasformare qualcuno che beve due o tre bicchieri in un alcoolizzato. Troppo facile trasformare qualcuno che ha un attacco di malinconia (*un coup de blues*) in un depresso cronico. Il processo a Henri Paul è stato concluso prima ancora che avesse avuto inizio. A partire dall'istante in cui si è trovato quel tasso di alcool nel suo sangue, ci si è accaniti contro di lui. Per i paparazzi è stata una vera manna. Avevano interesse a dire che Henri Paul filava a 180 km/h, mentre non si conosce nemmeno la velocità esatta dell'automobile. Non posso credere che Henri abbia potuto immettersi sotto il ponte a quella velocità. Tanto piú se non fosse stato in possesso delle sue piene capacità. Era una persona responsabile». In tutti i casi, aggiunse, «ci sono molte zone d'ombra nell'inchiesta. Per me esiste un elemento esterno. Un flash dei fotografi? Una rottura dei freni? Un'altra macchina? La famosa Fiat Uno, per esempio, non è mai stata trovata... E perché poi è stato rinvenuto nel sangue di Henri un tasso anormalmente alto di monossido di carbonio, dal momento che è morto sul colpo? Tutto resta aperto. Forse qualcuno, preso da rimorsi, un giorno verrà a testimoniare... Non posso ammettere che quest'uomo, che era il mio miglior amico, resti nella memoria collettiva come un ubriacone, addirittura un omicida. Alcuni giornalisti giapponesi mi hanno detto che è cosí che nel loro Paese viene considerato. Penso a Henri Paul 365 giorni l'anno. La notte mi sveglio pensando a lui. Il mio morto non è Diana, è Henri. Un lutto è sempre difficile da vivere, ma quando si tratta di un lutto famoso, è spaventoso. La ferita non riesce a richiudersi. Non lo auguro a nessuno».

(Cosí come in altri giornali, in quella stessa pagina del «Figaro», in un riquadro, si informava dell'audizione, avvenuta il giorno precedente da parte del giudice d'istruzione Hervé Stéphan che conduceva l'inchiesta sulla morte di Diana, dell'ex agente segreto britannico Richard Tomlinson, membro «in disgrazia» dell'MI6, il servizio di spionaggio di cui Tomlinson «denunciava i metodi». Rivelando tra l'altro che, all'epoca dell'incidente, «l'MI6 stava preparando un attentato a Parigi contro un'alta personalità politica straniera»).

L'Office Parisien, una tipografia, accoglie il visitatore con un banco di legno e alcune macchine fotocopiatrici. L'ufficio di Garrec, contabile, è in una stanza sul retro in fondo a un corridoio. Era arredata da un tavolo e un paio di mobili ricoperti di giornali e riviste. Molte erano dedicate all'incidente nel tunnel dell'Alma.

Garrec mi parlò dell'amico con calma devozione. Tra

le prime cose che mi mostrò c'era il certificato dell'ultimo esame (con visita medica, psico-fisico-attitudinale) per la conferma della patente di volo professionale, cioè con la strumentazione elettronica. Lo passò il 28 agosto. Due giorni prima di morire, Henri Paul poteva continuare a volare. Se i giornali e l'inchiesta sull'incidente in cui perse la vita Lady Diana ruotavano intorno al presunto alcoolismo di Henri Paul, quel pezzo di carta era senz'altro una prova importante a suo discarico. (In futuro, nel corso dell'amicizia che tra noi si sviluppò, vidi piú volte Claude Garrec spiegare e ripiegare quel foglio di carta ormai usato, nello stesso gesto di amorevole, incondizionata fiducia nei confronti dell'amico).

Henri era «une personnalité brillante et attachante», mi ripeté piú volte, uno a cui ci si affezionava facilmente. Henri era «una gag permanente». Il suo aspetto dominante era l'eccesso, la provocazione, la volontà o il desiderio di sorprendere (come certi timidi, pensai, che vogliono conquistare cosí gli sconosciuti). «Se lei avesse preso sei ostriche, lui ne avrebbe prese dodici». Amava stupire con rivelazioni improvvise sui suoi viaggi («Sono appena arrivato da...» e giú il nome di un posto meravigliosamente esotico). Misurava con franchezza l'effetto delle proprie parole («Te l'ho detto per stupirti»). A Cadaquès, il luogo delle loro ultime vacanze insieme, nell'estate del '97, un giorno non era venuto in gita con lui e gli altri amici per restare a giocare a scacchi sul bordo della piscina dell'albergo con un turista austriaco. E durante la partita gli aveva chiesto: «Ma la capitale dell'Austria è Berlino, no?» Amava provocare, sí, per vedere la reazione che suscitava, e andava in estasi quando qualcuno accettando il gioco sapeva rispondergli, tenergli testa, provocarlo a sua volta alzando magari la posta. Era capace di dire che era a Parigi mentre era a Lorient e viceversa. Chiedeva al telefono che tempo facesse, poi magari subito dopo faceva una sorpresa. Una faccia tosta, una persona audace e che imponeva rispetto, ma anche un uomo buono e generoso. Era allo stesso tempo «pesante» e «molto fine». Ma per quanto riguarda il suo lavoro, era assolutamente discreto. Garrec mi raccontò l'episodio dell'ambasciatrice degli Stati Uniti Pamela Harriman, che morí di un attacco cardiaco nella piscina del Ritz. Henri Paul si occupò del caso con tale delicatezza e rigore da ricevere le felicitazioni del Dipartimento di Stato americano in una lettera ufficiale al direttore generale del Ritz nel giugno 1987. Ma di tutto questo non disse nulla nemmeno agli amici piú intimi.

Garrec mi piacque, e la fiducia tra noi si stabilí senza sforzi. Mi intenerí la sua sincerità, che non aveva esitato a mettere in prima linea quei tratti di carattere dell'amico – eccessivo, provocatore, quasi spaccone – che lo esponevano al cinismo delle accuse, e che altrove lo avrebbero reso sospetto.

Il giorno che Henri Paul andò a prendere Diana e Dodi all'aeroporto di Le Bourget, dopo la partita a tennis del fine settimana con Garrec, gliene parlò come di un'incombenza qualsiasi. Quella sera del 30 agosto, probabilmente, non avrebbe potuto rispettare l'abitudine di cenare come ogni sabato a casa dell'amico, con la moglie e la figlia di quest'ultimo.

Era uno di famiglia, mi disse Garrec, era stato suo testimone di nozze. Portava in casa la sua disarmante allegria. Aveva un buon rapporto con le persone anziane, anche con sua madre. Una volta le chiese: «Come sta?» «Oh, Henri, le rispose, ho un piede nella tomba». Sei mesi dopo, a casa, le chiese: «Come va il suo piede?» Lei non capí. «Ma sí, quello che era nella tomba». Non aveva nessun complesso, nessun senso di in-

feriorità verso i potenti della Terra, e una cultura generale che Claude giudica importante. Era al corrente
di tutto, sempre molto documentato. Anche in questo,
dice Garrec, era sorprendente. «A volte stava a casa
da solo a leggere, per puro piacere, ma anche a volte
come per una sorta di dovere» (questo stupore nei confronti di chi legge per piacere mi fece involontariamente sorridere. Ma perché darlo per scontato, in effetti?)
Da ragazzo era un musicista di talento, suonava il piano e il violoncello. Amava soprattutto il primo concer-
to per piano di Chopin. Appassionato di scienza e tecnica, di motori e soprattutto di aviazione, Henri Paul
era abbonato alle riviste «Science et Vie», «Infopilote»
(sul volo), «Flyng» (idem), «Motorevue», ecc. «La sua
Disneyland era Futuroscope», un parco tecnico-scienti-
fico vicino a Poitiers, dove andava a volte. Il suo grado
di istruzione arrivava solo al BAC C (specialità la mate-
matica), il piú comune, nonostante le capacità attestate.
Leggeva tutti i giornali, dal «Figaro» a «Libération».
Politicamente è probabile abbia votato a destra, ma poteva avere posizioni di sinistra, secondo i casi. «Sarebbe stato di un partito anarchico, se esistesse», concluse
Garrec con l'aria di spiegare tutto.

Il suo humour, ripeté, era permanente, e il 1° aprile
lo scherzo assicurato. «Avevamo sempre qualcosa da dire, storie di cui parlare, barzellette da raccontare. Rice-
vevo una sua telefonata tutti i giorni. Ero fiero di averlo come amico». Molte persone in effetti sarebbero felici di
avere un amico come lui, disse, buffo, generoso, colto, pronto a
ridere e a scherzare.

Eccessivo, sí, e a volte frettoloso, impaziente. Amava volare in Concorde, e se c'era una lunga coda al cinema era capace di proporre un biglietto da 50 per avere la precedenza.
Viveva velocemente, e forse anche per questo, per avere il
tempo di fare e conoscere mille cose. Quando non lavorava

non si radeva neppure, vestiva con jeans e scarpe da barca
sfondate. Aveva un look un po' marinaro. Andava con
facilità verso gli altri, e li aiutava.

Il fruttivendolo arabo sotto casa sua lo adorava, e
diceva sempre che era diverso da tutti gli altri clienti.
Sicuramente Henri gli aveva offerto parole e riflessioni. Sapeva anche essere duro e pungente, gli piaceva
«testare» le persone. E allora poteva anche essere odia-
to, soprattutto da chi era stato vittima pubblica del suo
senso dell'umorismo.

Avrei voluto vedere i libri di Henri Paul, la sua biblioteca. Pensai che mi avrebbero rivelato molto, forse piú di tante parole. Ma i libri, come ogni effetto personale, erano stati da poco trasferiti a Lorient dalla famiglia. Presi nota della locandina di un film posta
nell'ufficio di Garrec, la quale aveva stabilito una piú
o meno involontaria interferenza con un'altra foto che
ritraeva Henri Paul. Quel legame esprimeva qualcosa
di intimo, e forse molto dello sguardo affettuoso che
Garrec portava su di lui. Il film, girato da Georges
Lautner nel 1963, era *Les tontons flingueurs*, con Lino
Ventura, Bernard Blier e Francis Blanche, ritratti sulla foto con aria da amabili duri. In Francia è un film comico di culto, ma non è mai arrivato in Italia. Su uno
sfondo *hard boiled* alla francese, è una commedia i cui dia-
loghi, in un serratissimo, intraducibile *argot* farcito di giochi e allusioni, sono di un umorismo disincantato e spaccone. La foto di Henri Paul posta a fianco, a comporre
un dialogo ideale con la locandina del film, lo mostra seduto con aria sorridente e smarrita, malgrado il fisico
energico e consapevole. Sopra c'è scritto: «Le tonton flingué». «Flinguer», nello slang parigino, vuol dire «spara-
re». «Gli zii sparatori» è d'altronde la traduzione letterale del film. «Flingué» vuol dire allora «sparato»,
«fatto fuori», anche in senso metaforico. Come H. P.

Garrec si considerava dunque solo un angolo, o un lato, di un quadrato o quadrangolo di amici (i «tontons flingueurs») che esisteva da vent'anni, e di cui uno era Henri Paul. Un altro era Jean-Noel Carriou, un artigiano miniaturista specializzato, disse Garrec, nel fabbricare piccole barche in gesso che poi dipingeva, e viveva in Bretagna. Infine, forse per me il piú interessante, Dominique Mélo, psicologo e docente all'Università di Rennes. Con altri amici, invece, da anni Garrec e Henri Paul avevano la consuetudine di mangiare insieme ogni mercoledí al ristorante Le Grand Colbert, a due passi da casa di Henri.

Andammo a sederci in un *bistrot* del quartiere in compagnia dell'altro socio della tipografia, il signor Prunier, anch'egli amico di Henri Paul, e li ascoltai parlare ancora famigliarmente di quell'amico cosí scherzoso. Un po' dubbioso dovetti esserlo io, a un certo punto, ma mi proposi di elaborare in un altro momento le sensazioni e i pensieri che tutto questo mi aveva suscitato. Notai che dopo un po' ripetevano alcune mie locuzioni, come «vita ordinaria e insieme straordinaria».

Capii anche questo dalla conversazione con Garrec, che Henri Paul aveva la capacità di compartimentare gli ambiti della propria vita, ivi comprese le sue relazioni. Per salvaguardare cosí quel nocciolo profondo della sua personalità che coincide forse con ciò che vogliamo segreto e irraggiungibile dal biografo; ciò che, quanto piú si vuole unico, tanto piú è in comune con le altre persone.

Dietro le parole affettuose dell'amico ritrovavo quelle piú descrittive che nella deposizione al tribunale rese la dottoressa Mélo. Henri Paul era «un uomo segreto, che non rendeva partecipi gli altri dei suoi stati d'animo, che non parlava della sua vita professionale o privata; era pudico poiché non si apriva oppure lo faceva in modo tale che solo i piú intimi potevano interpretare i suoi sentimenti; era timido e lo mascherava a volte con atteggiamenti provocatori, quando si trattava della commedia umana, esprimendo con parole in presa diretta quello che pensava in quell'istante; era generoso poiché aveva sempre un pensiero o un gesto da offrire; era delicato e offriva doni che corrispondevano alla nostra personalità e non per stupirci; era intelligente e colto senza mostrarlo, o solo con delicatezza, perché si interessava a tutto: alla scienza, alla politica internazionale, all'aviazione, e alle persone in generale».

Non provai invece nessuno stupore, ma una conferma che mi prendeva allo stomaco, nell'apprendere che «un anno e mezzo fa o poco piú Paul è stato lasciato dall'unica donna con cui ha vissuto e a cui era molto legato». Non amava soltanto la donna, una bionda minuta che conobbe al Ritz, dove lavorava in un ufficio come segretaria. Amava moltissimo anche la bambina di lei, verso la quale visse per alcuni anni il ruolo di padre premuroso. E fu probabilmente l'eccesso di protezione, rivolto tanto alla bambina che alla madre, a mettere in crisi la sua giovane compagna. Un giorno lei se ne andò. Restarono però in contatto, soprattutto per via della bambina. Se fosse tornata, lui l'avrebbe accolta a braccia aperte, aggiunse Garrec. Si telefonavano spesso, anche se lei era tornata a vivere in Bretagna. Era già successo una volta che lei lo lasciasse, e anche per questo lui aveva traslocato, nella stessa strada, dal numero 5 al 33. Ma da quest'ultima rottura restò innegabilmente ferito. Anche durante la vacanza a Cadaquès Henri non mancava di esprimere agli amici la delusione e il dolore.

La prima volta che Claude Garrec incontrò Laurence fu quando Henri si fece accompagnare da lei a una cena del sabato sera, nel '92-93, dicendo che avrebbe portato «un amico». Tipico di lui, dire una bugia per fare la sorpresa. La bambina di lei all'epoca aveva cinque anni. Garrec la ricordava come una donna passiva e infantile, vagamente ribelle ma fiacca, senza progetti. Non gli era mai sembrata una coppia bene assortita, disse. Di sicuro «lei non era adatta a lui, non era del suo livello culturale», non corrispondeva ai suoi interessi e alla sua apertura al mondo. Per un periodo «lei frequentò dei punk», o qualcosa del genere. Esprimeva atteggiamenti di rottura e di astio verso la borghesia, disse Garrec, però inconcludenti. Sapevo quanto Garrec mi stesse parlando di se stesso, della sua visione del mondo. Mettendo da parte ogni mio contro-giudizio, mi limitai a sentirmi grato della fiducia che mi dava. Mi ripeté la delusione di Henri. Il suo desiderio di amore e di dedica che avevano qualcosa di donchisciottesco. Era del segno del cancro, nato il 3 luglio 1956.

Claude Garrec mi diede varie coordinate di persone da contattare, e mi promisi di farlo prima della mia prossima partenza per l'Italia. Naturalmente, la persona che piú di tutte avrei voluto incontrare era Laurence P., la donna amata. Gli amori sono sorprendenti, e rivelano quello che gli amici non colgono. Dicono la natura profonda delle nostre sublimazioni, le nostre intime utopie travestite da dediche: sostituire una destinataria al destino. Piú tardi, con un nuovo bottino di articoli e di fotocopie, camminai su e giú per la rue des Petits-Champs, tra riferimenti a Paul – la sua casa, il bottegaio arabo, il cosiddetto bar delle lesbiche di rue Chabanais, La Champmeslé, il *bar-à-vin* Willi's, ecc. – e altri riferimenti piú storici agli scrittori romantici, a Walter Benjamin, a me quando studiavo alla Bibliothèque Nationale. Comprai delle cartoline alla libreria della Galerie Colbert, che raffiguravano la famosa sala della Biblioteca il cui magnifico soffitto incantava

Benjamin, distogliendolo dai libri – e figurarsi l'effetto che faceva su di me.

Il capo di Henri Paul al Ritz era M. Jean Hocquet (se si scrive cosí). M. Franc Klein era invece il P. d. G. del Ritz, dunque la persona piú altolocata con cui parlare. Il suo assistente era M. Claude Roulet. Dovevo almeno riuscire a farmi fare una visita guidata dell'Hotel Ritz, ma la vedevo dura (e le maglie avrebbero continuato per anni a restare strette al Ritz, date le innumerevoli cause civili e penali ancora in corso).

L'*épicier arabe* – il droghiere Asdim Laroussi, che conosceva bene Henri Paul – stava dormendo nel retrobottega. C'era solo il ragazzo che serviva i clienti, a cui dissi di essere un amico di Henri Paul, ricevendone in cambio un sorriso. Non se la sentiva di svegliare il padrone, perché era rientrato molto tardi la notte, e gli diedi assolutamente ragione. Il bar delle lesbiche era chiuso, perché apre nel pomeriggio. La padrona, una certa Josie, era andata al funerale di Henri. Lui lo frequentava spesso, a riprova della sua «apertura mentale», avrebbe forse detto qualcuno. In realtà era sotto casa, e aveva l'aria invitante, un posto perfetto per riposarsi e bere un bicchiere al banco in un'atmosfera di sobria intimità. Proprio di fronte alla Champmeslé, al n. 1 di rue Chabanais, sulla facciata una targa di marmo ricorda che vi avevano abitato il pittore e critico d'arte E. J. Delécluze (1781-1863) e il *littérateur* E. N. Viollet Le Duc (1781-1857), padre del celebre architetto Eugène Viollet Le Duc, che ivi nacque nel 1814. Vi si trovavano spesso, concludeva la lapide, gli scrittori del «gruppo romantico liberale», tra cui Merimée, Stendhal, Paul-Louis Courier. La notizia mi confortò: gli ultimi nomi rimandavano per me ai numi tutelari di una scrittura narrativa che aveva accorciato la distanza tra la letteratura e la vita degli uomini, e che su su arrivava fino a Truman Capote, fino a Sciascia (che li adorava), e al mio desiderio di raccontare Henri Paul. Fu Paul-Louis Courier a scrivere un pezzo sull'arte della parola come pratica atletica (le parole come braccia, come lancio del disco). A volte tutto tornava in modo tale che sembrava fosse Henri Paul a parlare del mio anonimato, non viceversa.

Al n. 40 di rue Richelieu, praticamente dietro l'immobile in cui viveva Henri Paul, un'altra lapide ricordava la casa in cui morí il commediografo Molière il 17 febbraio 1673 con questa sua frase, che mi colpí come una raccomandazione: «Je veux qu'un soit sincère, et qu'en homme d'honneur on ne lâche aucun mot qui ne part du coeur».

Henri Paul arrivò con la sua utilitaria all'Hotel Ritz. Erano le 22.08 del 30 agosto 1997 quando gli inutili sguardi delle telecamere del Ritz iniziarono a registrare quella serie di immagini fredde e sgranate che le televisioni e i giornali di tutto il mondo ci avrebbero propinato per ore e per anni come un blob: Henri Paul che entra ed esce dall'hotel, da solo o con Trevor Rees-Jones, da solo o con Dodi e Diana, e ancora da solo, ecc. Le immagini di Henri che esce e sorride con la giacca scura dalla porta girevole, che rientra e che esce di nuovo, come una danza o una gag. Le immagini della manovra di parcheggio della sua Mini – un parcheggio rapido, normalissimo, se non fosse che la ripetizione ossessiva nel video lo faceva apparire lungo e impacciato. La porta girevole divenne l'emblema di un gioco di ripetizioni simile a un tic, che rendeva ogni corpo ridicolmente goffo e colpevole. La porta girevole: metafora dei media, delle loro notizie, che valorizzano solo ciò che è già valorizzato da altri media, altre notizie. Porte e notizie che girano a vuoto. Ripetizioni delle immagini, fino allo stordimento. E ancora: le immagini di Henri Paul coi baffi e gli occhiali nel corridoio freddo e giallastro dell'Hotel Ritz, pose fissate di una postura per forza di cose innaturale, anch'esse ripetute fino alla nausea, come per dire: che cosa stava tramando? Scatti presi dalle telecamere di sorveglianza, seppiati e tremolanti, *voilà*, ecco le foto dell'«alcoolizzato» imbottito di psicofarmaci…

Dal mio diario, 16 dicembre 1997, ore 18: «Tornato
a casa a piedi alle quattro e mezza, gelato. Il vento mi
sferzava dolorosamente testa e corpo. Sosta al Ritz, dove ho preso un caffè al bar Vendôme e ho fregato un portacenere, un momento di riposo un po' irreale e fuori dal
tempo. Nonostante avessi aspettative mitologiche mi è sembrato del tutto simile ad altri alberghi che conosco, tipo il
Palace a Gstaad. C'è qualcosa di volgare nella cura vana di
evitare la volgarità, e la ricchezza è quasi sempre volgare.
Comunque questo è seguito all'incontro con Claude Garrec, che si è mostrato disponibile e si riserva di parlare con
la famiglia di Henri Paul mostrando loro la mia lettera (non
hanno voluto incontrare finora nessun giornalista). È un
uomo di piccola statura, capelli lisci e castani, occhi teneri
e sinceri. Mi ha fotocopiato qualche documento su Henri
Paul (ne ha l'ufficio pieno). Per Henri Paul, dice, provava
amore – anche se non significava attrazione fisica. Gli
luccicavano spesso gli occhi mentre parlava. Lo conosceva da quando avevano diciotto anni, e a Parigi avevano
condiviso un appartamento. Visto il palazzo in cui abitava Henri Paul, non in *pierre de taille* ma bianco di intona-
co. Stava al quarto piano, scala D(roite). La sua buca
delle lettere è quella in alto a destra. Visto e riconosciuto
il bar Willi's, dove andava a prendere l'aperitivo con Garrec. Anch'io ci andavo a volte, uscendo dalla Biblioteca.
Dalla sua casa in rue des Petits-Champs, che diventa rue
Casanova (Danielle, non Giacomo, una martire della Resistenza) per Henri Paul era facile e diretto camminare fino al Ritz in place Vendôme. Per questo adesso sono qui
seduto al bar. I bar in fondo sono quello che mi interessa di piú: luoghi di sosta. Ne avrei una sfilza da visitare. Ma questo bar ha qualcosa di diverso, sembra
un palcoscenico durante una prova generale, prima di
una prima che non verrà mai, sembra il regno del falso [...]».

Henri Paul fece una sosta al bar Vendôme quella sera, e l'annosa questione forse ancora dibattuta è se il liquido giallastro che contenevano i due bicchieri che consumò in quell'attesa, in compagnia di Trevor Rees-Jones e di Kes Wingfield (altra guardia del corpo di Dodi Al Fayed) contenesse un alcool a base di anice oppure succo di pompelmo o di ananas. Il barman, Patrice L., sostenne che si trattava di Ricard, cosí come un altro impiegato rimasto anonimo (entrambi sono da tempo irraggiungibili, e non lavorano piú al Ritz). Aggiunse che il direttore, Monsieur Klein, gli aveva chiesto di mantenere la versione del succo di frutta, «per il bene della famiglia reale». Kes Wingfield, anch'egli come Rees-Jones un ex agente segreto, mantenne la versione del succo di frutta allungato con acqua. Mentre lo scrivo, mi sembra un po' ridicolo raccontare queste cose. Ma in quell'hotel la delazione era di casa, e nessuno quanto Henri Paul ne era al corrente; difficile pensare che si esponesse al rischio di critiche e ricatti trasversali da parte dei suoi sottoposti, verso i quali non era sempre tenero.

Mi sembrava quasi di avvertire l'elettricità nervosa di quella sera, in attesa che Dodi e Diana decidessero il loro inutile da farsi. Sul loro va e vieni di quella sera, alcuni anni dopo, presentando il libro delle sue memorie di guardia del corpo, Trevor Rees-Jones dirà che il suo ex datore di lavoro, Dodi, era «un uomo ansioso e introverso», che voleva sempre sapere e controllare tutto, e che quella sera del 30 agosto «cominciavamo a perdere la pazienza, non avevamo nessuna idea del luogo in cui andavamo». Henri Paul aveva l'abitudine a questo tipo di stress, e un legame sempre piú stretto con Dodi. Quell'indaffarata vacuità era il suo ambiente. Il suo lavoro era anche quell'alternarsi cerimonioso di pieno e di vuoto, spesso inconsistenti, a volte dissimulati l'uno nell'altro. Ma quella sera, ad ascoltare le ultime rivelazioni, il Ritz non pullulava solo di fotografi e delatori, ma anche di stra-

ni «uomini in grigio», come quei due che, arrivati al mattino e trattenutisi anche con Henri Paul, si sarebbero dilegua-
ti dopo l'incidente per essere poi visti ad Ankara, Turchia,
e riconosciuti in seguito come agenti segreti britannici.

Henri Paul, che era lí a fare gli straordinari su richiesta del figlio del padrone, si affacciava ogni tanto all'esterno del Ritz a salutare i fotografi e i giornalisti, che lo cono-
scevano. Naturalmente dice qualche battuta, scherza un po'
con loro, aiutandosi anche coi gesti. Puro intrattenimento,
aspettando gli ordini del boss. Alcuni dei fotoreporter diran-
no di trovarlo un po' sovraeccitato, altri che «sembrava quasi pa-
voneggiarsi», ma nessuno espresse dubbi sulla sua lucidità. Fu
Henri Paul, su richiesta di Dodi Al Fayed, a organizzare l'u-
scita dal retro con la doppia macchina, due Mercedes in contemporanea per confondere i paparazzi. Non una grande idea,
certo. Ma era davvero cosí importante evitarli? Chi davvero
era su di giri e in preda a un'ansia contagiosa, come risulta
da tutte le ricostruzioni della serata, è Dodi, che in quel
frangente ricevette una misteriosa telefonata al portatile cui rispose che avrebbe richiamato di lí a poco, e sarebbe stata la sua ultima telefonata, fatta dall'automobile…

«[…] eppure questo posto di lusso ha gli stessi rumori di tutti i posti di lusso, con clientela cool internazionale. Il servizio è buono, ma non piú che altrove.
Non mi sento particolarmente a disagio, ho un passato di sopportazione di questi posti. Ci sono un pianoforte
a coda e un'arpa. Henri Paul da giovane suonava il pianoforte, aveva molto talento. Nella sua vita ordinaria, dicono
tutti gli amici, era "straordinario". Una donna vestita di
scuro e con look etereo sta accordando l'arpa. Volti sorri-
denti intorno, tutti se ne vanno senza apparentemente
pagare. Clienti. La voce che piú mi arriva è l'inglese americano.
Risate. Una vetrata lascia vedere un cortile alberato. Qui lavorava Henri Paul, attraversava i corridoi e i saloni come un ope-

raio la sua fabbrica. Ora la donna suona l'arpa, e i suoni un po'
liquidi avvolgono il brusío. Dovrò tornarci».

Prima di uscire il cameriere mi portò discretamente il
conto del caffè (trenta franchi), e riuscii senza dare nel-
l'occhio a infilare il portacenere nella tasca del paltò, che
aggiunsi agli altri della mia collezione. Nella spiazzo di
fronte al Ritz (e di fronte all'attiguo ministero della Giustizia) c'era un'esposizione all'aperto di sculture il cui autore era verosimilmente coreano, in tutti i casi asiatico –
marmi scuri, alcuni sembravano dei pugni chiusi, o comunque era questa l'idea che suscitavano. Ignorai le famose gioiellerie di fronte all'hotel, sull'altro lato della piazza. Andai a vedere rue Cambon, sul retro del grande palazzo adibito ad albergo, e immaginai la partenza sgommante
della Mercedes la notte del 30 agosto. Immaginai per un attimo l'itinerario che la condusse fino al tunnel de l'Alma, passando per Concorde e il lungosenna, con un paio di moto e
un'automobile di fotografi che la seguono, sempre piú distan-
ziati. Immaginai la telefonata di Dodi Al Fayed, che in questa storia appare erroneamente come una comparsa, ma di cui i testimoni ricordano un gesto con la mano nei confronti dell'autista,
come per dirgli di accelerare, di piú, di piú, e fu a quel punto, poco prima del tunnel, che Trevor Rees-Jones, seduto al posto
della morte ma esentato dal farlo in quanto guardia del corpo, si allacciò, unico a farlo, la cintura.

In giro c'era aria di passeggio da shopping prenatalizio, nonostante il freddo pungente. Piú tardi, stanco e infreddolito, mi rifu-
giai un attimo da Smith's, il *bookshop* inglese, un angolo di Londra di fronte al parco delle Tuileries. Le riviste e i libri che mostravano Diana in copertina erano ancora una quantità impressionante.

Sull'omonimo spiazzo dell'Alma, sopra il luogo dell'incidente, dal 1° settembre c'era una montagna di fiori e di bi-
glietti per Lady Di. Rue Cambon invece è una via abbastanza stretta, e aveva l'aria un po' losca della stradina sul retro.

Quella sera, per evitare e forse depistare i fotografi, Henri Paul e la celebre coppia, con una guardia del corpo di lui, escono dunque dalla parte posteriore, rue Cambon. Una volta in macchina, dopo place de la Concorde, non vanno verso le Tuileries e gli Champs-Élysées, come sarebbe normale data la loro supposta destinazione (l'appartamento di Dodi vicino agli Champs-Élysées), ma per la strada di scorrimento veloce che costeggia la Senna. Percorrono rapidamente il rettilineo, Cours de la Reine. Imboccano il primo tunnel ad oltre cento all'ora, ne escono a quasi centocinquanta. Nel secondo tunnel, quello sotto il ponte dell'Alma, nel corso dell'inchiesta si scoprirà che quella notte ci sarà di tutto e di più: una Peugeot nera, una decina di moto, una Uno bianca, una Citroën, ecc. Varie testimonianze parlarono in seguito di un flash abbagliante che sarebbe scattato al loro passaggio. La loro auto si schianta contro un pilone di cemento, lasciando lievissime tracce di frenata. Anche questa incongruenza ha richiamato l'attenzione di alcuni. E il fatto bizzarro, se non inspiegabile, rivelato successivamente, che quella notte le telecamere a circuito chiuso dentro il tunnel erano girate dalla parte sbagliata, e quindi inabili a riprendere l'incidente. Qualcosa è successo prima dello schianto, oppure qualcosa non è successo.

Delle migliaia di articoli che descrissero l'incidente, rubandosi a vicenda parole e frasi, confesso di averne esaminato un grande numero. I piú onesti dichiaravano, ancora dopo molto tempo, che fosse impossibile stabilire con certezza le circostanze esatte dell'incidente, spesso auspicando il ritorno della memoria dell'unico superstite, Trevor Rees-Jones, ex agente segreto inglese ed ex guardia del corpo di Dodi Al Fayed – ma è noto che la memoria degli ex agenti è costantemente sotto tutela e revisione. Sui giornali la velocità della Mercedes guidata da Henri Paul, piú ancora che il suo tasso di alcoolemia, ogni volta risultava diversa, ma col tempo sempre piú lontana da quei centottanta e passa chilometri orari che le vennero attribuiti. Già a fine settembre, alla domanda «a che velocità andava la Mercedes?», le risposte erano che, anche se il contachilometri dell'automobile distrutta era rimasto bloccato a 196 km/h, e i testimoni parlavano di centocinquanta, la polizia aveva stabilito la velocità a non oltre 130 km/h.

Molti dei testimoni parlarono di una Peugeot 205 nera che avrebbe preceduto la Mercedes, evocando l'ipotesi che quest'ultima avrebbe perso il controllo tentando di sorpassarla, prima di incastrarsi, alle ore 0.24, contro il pilone n. 13. Frammenti di uno specchietto retrovisore laterale vennero trovati sensibilmente indietro rispetto al luogo dell'impatto, lasciando supporre che l'automobile avesse urtato un altro veicolo prima dello schianto. Dapprima si pensò alla moto di un fotografo, in seguito, analizzando altri frammenti, alla misteriosa Uno bianca di cui si parlò a lungo (eclissando la Peugeot nera), e che fu cercata nel dipartimento di Parigi e in quelli adiacenti. Ma avrebbe retto una Fiat Uno all'urto, per quanto leggero, di una Mercedes lanciata a quella velocità, lasciando soltanto qualche pezzettino di vetro?

È certo che l'autista della Mercedes avesse bruciato un semaforo rosso a place de la Concorde per seminare i paparazzi, in linea con l'atteggiamento ironico e provocatorio che Henri Paul avrebbe tenuto quella sera nei loro confronti. E di un altro elemento, noto alle indagini fin dai primi giorni e su cui rimbalzarono molte voci, non si ebbero smentite né approfondimenti: il lampo di un flash suscettibile di aver abbagliato l'autista. L'«Evénement du jeudi» (11-17 settembre 1997), in una prima ampia ricostruzione dell'evento, diffuse la notizia di un cliché fotografico in cui si sarebbe distinto nettamente il gesto di Trevor Rees-Jones di abbassare l'aletta parasole per proteggersi dal lampo. Esiste davvero questa foto? E se sí, sarebbe stata scattata all'ingresso del tunnel oppure dentro? A meno che il gesto dell'unico superstite fosse stato quello, accertato, di allacciarsi la cintura di sicurezza subito prima dell'ingresso nel tunnel. Se verificato, il flash che avrebbe accecato l'autista avrebbe costituito una valida spiegazione dell'incidente. O di un attentato.

Lascio da parte tutte le speculazioni legate alla presunta ubriachezza dell'autista, e quelle sulla responsabilità dei «paparazzi» inseguitori. E il ritardo dell'ambulanza, tanto nell'accorrere sul luogo dell'incidente, tanto nel trasportare il corpo ferito di Lady Diana all'ospedale (un'ora e dieci minuti per quasi cinque chilometri, nel cuore della notte). Solo nel corso dell'inverno si avvertí un certo prudente cambiamento di tono negli articoli che riflettevano l'indagine: per i piú un tono di difesa, meno arrogante e piú imbarazzato. Tra i tanti articoli, scelgo quello del «Figaro» del 29 dicembre 1997, che cosí titolava: «Diana: un'inchiesta eccezionale per uccidere la voce dell'attentato». A parte la pessima assonanza di senso tra il contenuto dell'articolo e l'uso del verbo «uccidere» per smentire una «voce», il sottotitolo, o catenaccio, «giustiziava» effettivamente ogni dubbio della *vox populi*: «Quelli che vorrebbero vedere la mano dei servizi segreti nel dramma del Pont de l'Alma rischiano di essere delusi: l'eccesso di velocità e l'alcool al volante restano le cause piú banalmente evidenti della morte di Lady Di, di Dodi, il suo compagno, e del Sig. Paul, l'autista». Strana prosa, capace di mischiare rapidità burocratica e ridondanza, coprendo l'informazione col commento. Chi erano, mi chiesi, «quelli che vorrebbero vedere la mano dei servizi segreti»? Rappresentativo di un genere diffuso, il lungo articolo esordiva con la contemplazione dei fiori e delle numerose lettere e foto che continuavano a essere lasciate intorno al monumento della «fiamma» sulla piazza sovrastante il ponte e il tunnel dell'Alma, ormai deputato alla memoria di Diana. La foto che illustrava la pagina riprendeva dall'alto del ponte le automobili che si immettevano nel tunnel. L'articolo tesseva poi gli elogi della Brigade Criminelle diretta dal commissario Martine Monteil, e quelle del prefetto di polizia di Parigi Philippe Massoni, di cui appresi la presenza nel luogo del dramma la fatidica notte, quando avrebbe dichiarato: «A situazione eccezionale, occorre reagire in modo eccezionale». Non è chiaro a cosa facesse riferimento, ma la frase si prestava a ogni interpretazione. Ricordando che la Mercedes S280 era stata noleggiata dal Ritz alla società Etoile Limousine, che aveva subito un furto e che era stata spogliata dell'equipaggiamento elettronico, l'articolo si soffermava sulla situazione imbarazzante del proprietario del Ritz, il vecchio Al Fayed, che oltre ad avere perso il figlio era suscettibile di essere condannato. Si ironizzava quindi sulla *task force* dei suoi investigatori, diretti da un anziano di Scotland Yard, tale John McNamara, a cui si aggiunse un ex celebre commissario di Quai des Orfèvres, Pierre Ottavioli, per eseguire una contro-inchiesta. Si ricordava infine la Uno bianca, di cui un poliziotto altolocato descriveva «il lungo e fastidioso lavoro» di ricerca, tanto piú inutile in quanto «la responsabilità dell'autista di quella macchina non era neppure prevista», e l'incidente era dovuto senz'altro all'ubriachezza e allo stress di Henri Paul, l'autista della Mercedes. Insomma, un lavoro ingrato. La tesi dell'attentato che figurava nel titolo, e la mano dei servizi segreti, figurava brevemente solo in fondo all'articolo, scartata da una semplice constatazione dello stesso poliziotto: «Sarebbe bastato che Dodi e Diana portassero le cinture di sicurezza per scampare alla morte». E dunque!

«Quella dell'attentato è un'idea ridicola», concluse.

L'inchiesta, di cui già nei primi mesi del 1998 il giudice annunciava la chiusura per ottobre dello stesso anno, fu davvero, come titolò il quotidiano «l'Humanité», «fuori norma», trattata come se fosse «un affare di stato»: centinaia di piste verificate o da verificare, un migliaio di testimoni, e il fatto inaudito di un prefetto di polizia che si sposta nel luogo di un incidente stradale. Già, perché ancora dopo anni un alto esponente investigativo, fonte prossima al giudice istruttore, intervistato anonimamente da «L'illustré», in uno speciale dal titolo *Diana, le dossier secret* (31 agosto 2002), a firma di Arnaud Bédat, dichiarava la ferma convinzione che non si fosse trattato che di un incidente stradale, «un accident de la circulation», anche se per arrivare a questa conclusione fu fatto un dossier di tremila pagine contenente centinaia di interrogatori. «Un incidente dovuto alla perdita del controllo dell'autista Henri Paul per evitare una Fiat Uno», la cui presenza era stata stabilita con identificazione certa dei frammenti. Anche la velocità della Mercedes era stata stabilita con precisione: tra i 121 e i 123 km/h. Faceva impressione tuttavia il candore con cui la fonte dichiarava il fallimento delle indagini quanto all'autista e/o proprietario della Fiat Uno, che restava sconosciuto nonostante la ricerca sistematica e la piena conoscenza delle caratteristiche del veicolo. Il fatto che non si fosse spontaneamente costituito sarebbe derivato dal timore di pagarne le conseguenze, pur avendo all'epoca dei fatti guidato nel tunnel irreprensibilmente: «Se l'autista della Uno si facesse conoscere, – dichiarò, – le parti civili si costituirebbero immediatamente contro di lui». Soprattutto, pensai, dopo aver letto queste dichiarazioni di un pubblico ufficiale.

Alla domanda del giornalista sul fotografo James Andanson, il cui corpo fu ritrovato carbonizzato nel maggio 2000 in circostanze a dir poco misteriose, e proprietario di una Fiat Uno che secondo molti si trovava nel tunnel, la «fonte» rispose che, effettivamente, la sua automobile corrispondeva a quella cercata, ma Andanson quella sera non era a Parigi. Insomma, nessun «mistero Diana», disse, né servizi segreti inglesi, né francesi, né americani, né Mossad, né sultano del Brunei, anche se «il pubblico spesso fatica ad ammettere la crudele banalità della verità». Quanto al flash nel tunnel, la presenza dei fotografi faceva sí che di flash ce ne fossero stati parecchi, e nulla permetteva di accreditare, disse, che un flash prima del crash fosse stato determinante. Le dichiarazioni dell'ex agente segreto inglese dell'MI6 (ovvero spionaggio all'estero: l'MI5 essendo invece controspionaggio interno), Richard Tomlinson, che raccontò quanto l'incidente di Diana assomigliasse in tutto a quello immaginato dai servizi inglesi per assassinare il dittatore serbo Milosevic in un tunnel a Ginevra, compreso il flash per accecare l'autista, furono liquidate dall'anonimo rappresentante dell'inchiesta come senza fondamento, «supputazione gratuita», sintomo del bisogno di provare la propria esistenza da parte di un ex agente. Trovava infine «legittima» la volontà della famiglia Paul di rifiutare le conclusioni dell'inchiesta del giudice Stéphan rimettendo in questione l'analisi del campione di sangue del figlio Henri, perché anche Henri Paul, disse, era stato «un capro espiatorio», «ucciso una seconda volta dalla stampa». Anche se non aveva nessun dubbio quanto all'alcoolemia nel suo sangue.

I giornali avrebbero parlato ancora diffusamente dell'inchiesta, pur senza aggiungere nulla di nuovo, all'epoca della convocazione, il 5 giugno 1998, di tutti i personaggi coinvolti al palazzo di giustizia di Parigi. Solo Trevor Rees-Jones declinò l'invito e non si fece vedere dai giudici istruttori Hervé Stéphan e Marie-Christine Devidal. Fu un confronto generale mirato in realtà a scagionare definitivamente i nove fotografi incolpati di omicidio colposo, che ebbero un «non luogo» a procedere. L'intera responsabilità ricadeva dunque sulle spalle di un uomo solo, Henri Paul, figlio di un operaio in pensione e di una ex istitutrice. Di conseguenza, anche su quelle ben piú poderose di Mohamed Al Fayed, padrone del Ritz che affittò la Mercedes, datore di lavoro di Henri Paul e antico duellante contro la famiglia Windsor, instancabile sostenitore di un complotto internazionale contro Dodi e Diana.

Le voci di un complotto, cioè di un attentato, vennero rilanciate, come ricordavo, nell'autunno del 2003.

Una nuova ondata di articoli mettevano ora in primo piano quegli aspetti della vicenda – contraddizioni e omissioni grossolane, quando non falsificazioni – che fin dall'inizio erano sotto gli occhi di tutti, ma che evidentemente non erano *trendy* o erano scarsamente commerciali. Che a scatenare una nuova offensiva mediatica fossero il *feuilletton* delle memorie di un maggiordomo è un bel rovesciamento delle regole del giallo classico inglese, quasi un contrappasso. Ma soprattutto il libro di Burrell conteneva una lettera inedita di Lady Diana in cui la principessa dichiarava di sentirsi in pericolo e di temere la propria morte per via di «un "incidente" con l'automobile, un problema di freni e una grave ferita alla testa».

La sua morte, aggiungeva, sarebbe stata un sollievo e una liberazione per l'ex marito e la famiglia reale tutta. Il brusío per commmentare tale scoop fu unanime e globale, anzi globalizzato. Interessante il commento di Robert Lacey, biografo della famiglia reale inglese. Autentificando a sua volta la scrittura della missiva, «rivelazione e profezia straordinarie», dichiarò all'agenzia Reuters che «ormai la gente dirà che Diana aveva predetto la sua morte, ciò che aggiungerà alla sua aura qualcosa di magico, soprannaturale e profetico». Finché, all'inizio del 2004, una riapertura dell'inchiesta sulla tragedia dell'Alma, fino ad allora ridicolizzata, fu annunciata proprio in Inghilterra, sotto la direzione del *coroner* di corte Michael Burgess. La notizia fece di nuovo il giro del mondo dei media. Anche se il pubblico ignorava che quella stessa inchiesta, pur ufficialmente aperta, sarebbe operativamente iniziata dopo circa due anni.

L'accorato ricorso della famiglia Paul – Jean e Gisèle – al palazzo di giustizia di Parigi nel febbraio 2002, per rimettere in questione il risultato delle analisi del sangue del figlio Henri, non fece invece notizia. Né i ripetuti, sprezzanti rifiuti da parte del giudice di turno. Né la reiterazione della stessa domanda. Eppure l'incidente dell'Alma, la morte di Diana, di Dodi e dell'autista per caso, in astratto appassionava il pubblico di ogni classe sociale. Nel corso del tempo alimentò tante e tali ipotesi da frastornare coloro che, per reali legami di affetto, pretendevano una verità semplice a cui affidarsi. Ma nel labirinto di rivelazioni e sorprese, di epifanie, mutamenti e inutili colpi di scena, che faceva del tunnel dell'Anima qualcosa di simile al bosco dell'*Orlando Furioso* (metafora della vita, come si impara a scuola), sono altri i dettagli che mi restavano impressi. «Tiens», guarda, mi disse un pomeriggio di qualche anno dopo Jean-Paul, il padre di Henri, seduti sulla veranda della casa a Lorient, «non ci fu mai restituito il portafoglio di nostro figlio dopo la sua morte. Chissà, forse fu una delicatezza, da parte della polizia, forse era troppo evidentemente insanguinato...»

Ma una notte di fine autunno di quel 1997 stetti male io, e sperimentai cosí anche il soccorso pubblico. Pensai di morire, ero andato al cinema a vedere l'ultimo James Bond.

La memoria delle sensazioni che vissi quella notte a Montparnasse mi tornò in mente per un pezzo. Soprattutto quelle dentro l'ambulanza dei «pompieri» – i *premiers secours*, la SAMU. E, prima ancora, l'attesa nel dolore nella hall del cinema, il corpo piegato, le mie grida alla maschera («quando arriva l'ambulanza?»), l'idea che fosse quello il mio ultimo momento. La visione di mio figlio, la visione del mio sparire, una morte dolorosa e cosí poco degna, cosí colma di ansia, una morte a cui non ero assolutamente pronto. Nella sala ampia e soffice continuava elegante l'ultimo film di James Bond (*Il domani non muore mai*, credo si chiamasse, anche se suonerebbe piú appropriato il titolo dell'anno precedente, *La morte può attendere*). Io sudavo freddo sul lettino nella strada di fronte al cinema, il paltò addosso e la maschera d'ossigeno sul volto. Paura di morire soffrendo, il cuore spaccato. Poi piano piano la calma, l'umiliazione, la rassegnazione e la resa, il via vai di infermieri e di medici che mi facevano le stesse domande, adesso nell'altra ambulanza, quella vera, che aveva preso il posto della prima e teneva il motore acceso. A uno dei medici che aveva il *kippa* sulla testa alla fine augurai in un sussurro, storpiando chissà perché la parola, «buon hanukka». Mi fecero l'elettrocardiogramma con le gambe a metà fuori dal portellone e una parte del corpo nuda, e potevo guardare le luci fuori quando giravo la testa. I rumori della città erano dolci, soffici e inaccessibili, quella parte della città cosí animata la notte e dove spesso camminavo tra la folla. Poi la manovra lenta dell'ambulanza, scorrendo dai vetri i negozi famigliari, quello di dischi, quello di libri a metà prezzo, le *brasseries*, il ristorante cinese, le insegne dei cinema, le luci rutilanti, i neon…

Qualche giorno dopo ebbi l'idea di un racconto di cui quella sarebbe stata l'unità di luogo, il racconto dei pensieri della persona che si trova in quella situazione, inerme, all'improvviso, una notte, mentre per rilassarsi si era offerto la prima visione dell'ultimo James Bond. Come esergo avrei messo una vecchia poesia del mio amico Carlo Bordini, quella che dice: «Io sono | Mike Shane | ho le spalle larghe | sono forte | sono capace | di decidere | […] non ho paura | le donne | zac! | ai miei piedi | questo pensai | bevendo | un cappuccino». Racconto di una situazione esistenziale piú ampia, ma delimitata dallo spazio di un giorno, di ciò che ha fatto sí che uno la sera o la notte si trovi lí, co-

sí, come è accaduto a me – qual è la vita privata di questa persona ? – la sua vita affettiva, professionale, la vita nuda, quotidiana, i suoi gesti, i suoi scambi verbali,
i suoi silenzi, i desideri, le paure. Ma il racconto era già
questo, «La vera storia di H. P.», o, ancora meglio,
«H. P. e io».

A costo di ripetermi, all'epoca di questa storia non mi interessavano né il giallo né l'intrigo, né tanto meno Lady Diana. Non mi interessavano i segreti né il loro svelamento. Mi interessava conoscere la vita di un uomo.

Il 30 agosto 1997 Henri Paul era dunque di riposo, ma fu richiamato al Ritz per accogliere l'arrivo di Diana e Dodi. Avvertí gli amici: ancora degli straordinari. Perché anche quella sera, chissà perché, Dodi Al Fayed chiese la sua presenza, fino alla richiesta di fare l'autista per lui e la sua compagna.

Fu poco prima delle 22 che Henri si affacciò per l'ultima volta dalla sua amica Josie, la barista sotto casa della Champmeslé, solo per dirle che non poteva fermarsi nemmeno per un bicchiere. Stasera *je bosse*, lavoro. Quindi riprese la sua Austin Mini posteggiata lí di fronte, e andò a parcheggiarla davanti al Ritz.

Il giorno che mi decisi a varcare la soglia del bar, aperto dopo le ore 16 (nei miei primi tentativi sbagliavo sistematicamente orario), mi sedetti su uno sgabello di legno di fronte al lungo e comodo banco di bar, e mi guardai intorno. Josie Duclos, capelli grigi a caschetto su un volto fresco e tondeggiante, stava seduta al suo sgabello rialzato dietro la cassa. Dalla mia parte del banco due clienti diversissimi tra loro, anche se dall'età avrebbero potuto essere padre e figlio, parlavano con la lingua lievemente impastata. Bevevano vino e birra. Mi sentivo a mio agio e volevo scoprire perché. Il muro dietro il banco è in pietre a vista, e delle molte bottiglie allineate le luci mettono in evidenza alcuni dettagli, rendendoli violetti e fluorescenti. Il soffitto è scuro, e il locale continua dopo una paratia in legno in uno spazio con tavolini rotondi, dove avvengono anche piccoli spettacoli e concerti. Ai lati, ghirlande di lucine rosa intermittenti. Sulla parete di fronte al banco, locandine di spettacoli di teatro e cabaret, primi piani di donne. Ordinai un cognac, e guardai a lato delle bottiglie una collezione di civette in vari materiali, dal peltro alla porcellana, disposte in ordine di grandezza. La piú piccola e la piú grande, mi dirà piú tardi Josie, che serve dietro al banco, gliele regalò Henri Paul. Ma restai a lungo in silenzio ad assaporare il liquore e le chiacchiere dei miei compagni di sgabello, prima di manifestare la mia presenza.

Il cliente piú giovane era un africano di circa venticinque anni (la sua età uscí dalla conversazione), l'altro era magro e piccolo di statura, il volto scavato, pullover e pantaloni scuri, e sembrava uno dei personaggi disoccupati del film *I lunedí al sole*. Parlavano infatti di lavoro. Parlarono dei giovani – l'uomo piú maturo era comprensivo e paterno – mentre l'altro stava evidentemente indugiando in orari di lavoro: doveva fare consegne in automobile a un indirizzo che non conosceva. Mi venne quasi da ridere quando il ragazzo chiese delucidazioni sulla pena prevista per chi guidasse in stato di ubriachezza (la legge sulla patente a punti anche in Francia doveva entrare in vigore qualche anno dopo). Che proprio io fossi testimone di una conversazione sul bere e il guidare mi sembrava una provocazione. Finché il ragazzò decise di andarsene, salutò tutti a voce alta e mi diede platealmente la mano (non avevo mai aperto bocca). L'uomo e la barista ripresero a parlare di lavoro, che «una volta si faceva e non se ne parlava, mentre oggi è un argomento di conversazione, forse perché il lavoro non esiste più». Parlarono dei giovani e dei meno giovani. Parlavano di se stessi.

Henri Paul, mi dirà più tardi Josie, si sedeva al bancone sul primo sgabello all'entrata, il più delle volte la sera, prima di cena. Beveva una birra leggendo il giornale, a volte un bourbon. Era una persona intelligente e simpatica. Sapevo, mi chiede Josie, che aveva studiato il violino e il piano e li suonava in modo eccellente da ragazzo? No, lì nel suo locale non suonò mai, troppo discreto. A parte il sabato, in jeans e scarpe da barca, durante la settimana era sempre perfettamente elegante, abito scuro o nero con cravatta. Si prestavano a volte dei libri, successe anche l'ultimo agosto. Lui le passò un libro di ecologia di Michel Ragon, *Quand les coquelicots refleuriront* («Quando i papaveri rifioriranno»: a Henri lo avevano regalato Claude Garrec e sua moglie), che racconta i diversi percorsi di alcuni contadini in un villaggio dell'Ovest della Francia. Lei diede a lui un giallo di Laura King. Ricorda quando l'ultima sera, come accadeva spesso, la sua Mini Austin nera era posteggiata davanti alla vetrina del bar. Se fumava? Aveva ricominciato da poco, non più di sei mesi prima, dopo aver smesso per quasi dieci anni: sigarette sottili, Fleurs de Savanne. Sí, un po' di tristezza in lui era visibile negli ultimi tempi. Dopo la separazione da Laurence P. veniva ogni tanto anche in compagnia di un'altra amica, Sylvie L. Se era solo un'amica e nient'altro? Beh, spero fosse qualcosa di più, in tutti i casi lui la corteggiava. Era bionda anche lei. Adesso mi viene un ricordo, dice. In agosto, prima di partire in vacanza per la Spagna, aveva portato lí alla

Champmeslé tanti regali impacchettati. Ad esempio alla sua cameriera Dominique, che aveva dei gatti, offrí un quadro che raffigurava dei gatti. A Josie un libro sulle piante. Di fronte ai doni dissero: ma non è mica Natale. Beh, rispose Henri, quest'anno lo festeggiamo sei mesi prima. È un ricordo che la turba, dice Josie. Come se avesse assistito a una premonizione. Parliamo brevemente anche di morte. Henri aveva perso un fratello, tanti anni prima. Quando guardo la Tv, disse una volta a Josie, vedo sempre mio fratello. Cosa? In che senso? Le spiegò che le ceneri del fratello erano dentro un'urna, a sua volta appoggiata sopra la televisione, nella casa dei genitori a Lorient. È vero che era un uomo capace di piangere, e che gli capitò di farlo anche qui, in questo bar? Perché no, dice Josie. Era un uomo molto sensibile, parlavamo di tutto. Una volta le parlò della madre, che aveva avuto (e poi superato) una malattia molto grave. Sí, era molto affezionato a Laurence. Era molto affezionato alla sua bambina. Capitava che portasse qui anche loro, naturalmente. Ma quei brani riportati nei libri-inchieste, le testimonianze di clienti che lo avrebbero visto affogare nell'alcool il dispiacere amoroso, stupendosi che «quell'uomo grande e robusto piangesse sulle spalle di una lesbica», a parte la volgarità di quello stupore e di questo linguaggio, sono menzogne. Sí, ho anch'io l'impressione che gli autori di questi libri inventino un sacco di cose per riempire le pagine, dice Josie. L'unica volta che gli ho visto delle lacrime era per sua madre. Altrimenti la discrezione di Henri era formidabile. Josie non sapeva nemmeno quale fosse esattamente il suo lavoro. Odiava i telefonini – una volta li fece spegnere tutti. L'ultima sera che lo vide, può confermarlo, era del tutto sobrio. Al contrario, una guardia del corpo di Al Fayed le confidò successivamente che quella sera furono lo-

ro, gli altri, ad avere bevuto molto, Diana e Dodi. La
generosità di Henri. Era sempre il primo ad acquistare oggetti, o dischi, o T-shirt, in vendite di beneficen-
za. Una volta offrí di pagare gli occhiali nuovi a un'impiegata che li aveva rotti, e che neppure conosceva. Insomma, era un *mec bien*.

No, disse, altri bar non me ne vengono in mente. Il
Bourgogne? Sí, adesso quel bar non c'è piú. Era frequentato soprattutto da arabi, il padrone era arabo. Il
barista, che in realtà faceva l'idraulico, era il fratello
della moglie del padrone. Piú che altro però faceva il
magnaccia. Henri ci capitò solo qualche volta durante
il periodo di chiusura della Champmeslé. Se qualcuno
ha scritto che ci andava spesso, è che furono loro a farsi avanti per avere pubblicità. C'è chi ha timore e resta in disparte, all'estremo opposto c'è chi ne approfit-
ta per trarne dei vantaggi. Piuttosto, aggiunse, se magari una sera le viene voglia potrebbe andare a vedere
il Cancun, sulla rue Saint'Anne, è un *bar-à-hotesses*, come ce ne sono tanti nel quartiere. Henri nell'ultimo periodo ci andò un paio di volte, il direttore è un corso,
Monsieur Robert...

Mi piaceva parlare con Josie in quel locale in penombra, appollaiati entrambi ai due lati del bancone. Dopo quell'incontro ci tornai ogni volta che mi trovavo
nel quartiere, a bere un bicchiere e fare due chiacchiere. Josie era un barman perfetto. Un giorno che eravamo soli le dissi la mia teoria sulla parentela tra i barman e gli scrittori. Entrambi conoscitori della natura
umana, baristi e scrittori sono accomunati dall'osservazione delle passioni e delle debolezze umane, senza
giudicarle. Ovviamente, ciò che fa testo è la qualità di
entrambi.

C'è un racconto di Hemingway che è importante nella mia formazione. Si chiama *A clean, well lighted place* («Un posto pulito e illuminato bene»), e come spesso nella sua magnifica prosa si tratta di un dialogo. Due barman, uno giovane e impaziente e l'altro piú anziano, parlano di un vecchio cliente che ogni sera ritarda l'orario di chiusura trattenendosi col suo cognac a tavolino. Il barman anziano insegna al giovane non solo il rispetto per quel cliente, ma ad apprezzare con gratitudine l'implicito riconoscimento che il loro bar è un bel posto dove stare, ci si sente bene ed è bello indugiarvi per chi è solo, perché è pulito e illuminato bene.

In un romanzo di Max Frisch, zurighese, grande viaggiatore e sperimentatore di mondi, il barman è alter ego dello scrittore che cerca storie da indossare; è spalla e confidente, come un Don Chisciotte e un Sancho Panza che si scambiano volentieri i ruoli. Ma se lo scrittore è come il barman e viceversa, si capisce l'imbarazzo che il peso dell'alcool assume in questa storia, dove niente è al suo posto. All'improvviso è accaduto qualcosa che fa sí che bere aperitivi, vino o quant'altro, e frequentare un bar, diventino cose di cui vergognarsi e giustificarsi, qualcosa di imputabile e di cui si è obbligati, quando meno lo si aspetti, a discolparsi o render conto. Un incubo, come ho già osservato.

Fossero questi i valori dominanti, l'intera narrativa su Maigret di Simenon verrebbe per esempio mandata al macero. Ma sarebbe forse il destino di tutta la letteratura. È noto ai lettori che non c'è inchiesta del commissario Maigret che non si ispiri a un alcool e che ad esso sia fedelmente dedicata, fino alla soluzione del caso. Ci sono inchieste al cognac, inchieste al bourbon o alla birra, inchieste al Bordeaux o allo Chablis, ecc. L'alcoolico in Maigret non è solo strumento gnoseologico, ma via empatica all'identità e all'intimità dei personaggi coinvolti, vittima e assassino compresi, di cui il commissario, come Max Frisch, indossa le vite come abiti. Qualunque sia, l'alcoolico è parte integrante della consapevolezza di trovarsi nel mondo, quel senso dell'essere, essere-umani-sulla terra, senza il quale non avrebbe senso nulla del suo operare e indagare, del suo conoscere e scoprire, poiché la soluzione dei suoi «casi» non è che un elemento di una piú generale, compassionevole illuminazione.

Piuttosto, lo scrittore Max Frisch segnalò l'alcoolismo come «malattia professionale degli scrittori» nel contesto di un'argomentazione assai diversa, e che alza con notevole malizia la qualità e la posta del discorso. Ognuno vede soltanto quello che conosce, osservava Frisch rilanciando la psicologia della percezione di Ernst Gombrich, ovvero ciò di cui conosce le parole per dirlo. Ma ciò di cui ignoriamo il nome, è come se non esistesse. Il fatto è che, scriveva Max Frisch, gli scrittori hanno in sé talmente connaturato e spinto all'estremo questo bisogno di passare ogni esperienza al setaccio della possibilità di riferirlo per iscritto, di raccontarlo, che la tensione cui in questo modo si sottopongono, lo spasmo di tradurre in parole il vissuto, ne spinge la maggior parte all'alcoolismo.

Resta il discorso sui bar. Contemplare il mondo seduto al tavolino è per me da sempre uno dei piaceri della vita, e insieme una delle attività piú proficue: un lavoro invisibile indispensabile alla scrittura e allo studio. In fondo, le ragioni per cui ho amato Jean-Paul Sartre come filosofo sono le stesse per cui altri lo hanno denigrato: era un filosofo da bar («da juke box», titolò con disprezzo un necrologio italiano). Basta sfogliare *L'essere e il nulla* per trovare esempi di metafisica che iniziano con: «Pierre e Jean si trovano al bar, e chiedono al cameriere, ecc.». Il celebre detto di Aristotele risulterebbe piú chiaro se riformulato cosí:

«L'uomo è un animale da compagnia», cioè da cortile. Ma il cortile è il bar.

Due anni prima di questa storia, alla fine del mio dottorato, avevo composto questo quasi-haiku: «A Parigi ci sono i filosofi, che stanno seduti nei bar. | Io sono seduto in un bar a Parigi. | Sono dunque un filosofo». Con la variante: «A Parigi ci son molti bar, dove | i filosofi stanno seduti. | Io sono un filosofo a Parigi. | Sono seduto al bar?» Se avessi scoperto che Henri Paul stava volentieri seduto al tavolino, non avrei avuto dubbi a completare il sillogismo: Henri Paul era un filosofo.

Dunque Henri Paul abitava di fronte alla Bibliothèque Nationale, nel cuore del quartiere che Benjamin descrisse nel celebre libro *Parigi capitale del XIX secolo*, quello sui *passages*. Ma cosa è un *passage*?

C'è un brano, tratto da una Guida illustrata di Parigi della prima metà del secolo scorso, che per Benjamin era «il locus classicus per l'esposizione dei passages, non solo perché da essi prendono le mosse le divagazioni sul *flâneur* e sul tempo atmosferico», ma anche «da un punto di vista economico e architettonico»:

«A proposito dei boulevards interni abbiamo spesso menzionato i passages che vi sfociano. Essi, recente invenzione del lusso industriale, sono corridoi coperti di vetro e dalle pareti intarsiate di marmo, che attraversano interi caseggiati, i cui proprietari si sono uniti per queste speculazioni. Sui due lati di questi corridoi, che ricevono luce dall'alto, si succedono i piú eleganti negozi, sicché un passage del genere è una città, un mondo in miniatura nel quale chi ha voglia di fare acquisti può trovare tutto quello di cui ha bisogno. Durante i rovesci di pioggia improvvisi, i passages diventano l'asilo di tutti coloro che la pioggia coglie di sorpresa, consentendo una passeggiata sicura, anche se circoscritta, da cui traggono profitto anche i commercianti».

Passage du Choiseul, galerie Vivienne, galerie Colbert, passages des Deux Pavillons, passage du Perron, passage Véro-Dodat ecc., sono alcuni dei nomi dei «corridoi» che circondano la casa di Henri Paul e la Bibliothèque Nationale. Il passage des Deux Pavillons era addirittura sotto la prima casa di Henri Paul, al n. 5 di rue des Petits-Champs, dietro la quale si accede al giardino di Palais Royal. La sua stessa casa era un *passage*. Fantasticai sulla suggestione che la segretezza di questi percorsi poteva suggerire al provinciale Henri Paul, di cui si continuava a mormorare che fosse implicato nei servizi segreti. Comunque sia, furono queste gallerie che suggerirono a Benjamin, il massimo studioso del passaggio all'età contemporanea, un metodo di indagine «dialettico e non dialettico a un tempo» capace di collegare tutto a tutto, la poesia sull'anima del vino di Baudelaire all'imposta sul vino varata nella sua epoca, la scomparsa dell'aura dei poeti e il feticismo della merce profetizzato da Marx, ecc. La concatenazione come metodo. In particolare lo studio sui *passages*, simulacri urbanistici di un mondo in estinzione come la «passante» della poesia di Baudelaire e delle piú tarde fotografie di Cartier-Bresson, fece dire allo storico Marc Bloch che, con il suo lavoro, «la storia mostra il suo distintivo di Scotland Yard». Questo perché il suo metodo, annotava Benjamin con orgoglio, era piú simile alla fisica atomica che non al «c'era una volta» del racconto storico classico: «storia che si sforza di mostrare le cose "come sono andate veramente" (scriveva nei "Primi appunti") è il piú forte narcotico del XIX secolo». Ciò che spiega anche lo strano fascino che la citazione poliziesca esercita in questo contesto, e che suggerisce una somiglianza di famiglia tra il metodo filosofico-storico di Benjamin e il contemporaneo romanzo poliziesco *hard boiled*.

I *passages* furono il prototipo dei «grandi magazzini»,

però di lusso. Non solo. Furono anche l'inizio dell'iper-realtà della merce, il circolo autoreferenziale del consumo della merce e della sua pubblicità: se «il commercio e il traffico sono le componenti della strada, all'interno dei *passages*, la seconda componente è venuta meno; il loro traffico è rudimentale. Il *passage* è soltanto strada sensuale del commercio, fatta solo per risvegliare il desiderio [...] Le cose vendute nei *passages* sono ricordi. Il «ricordo» è la forma della merce nei *passages*. Si comprano solo ricordi della merce e del *passage*».

I *passages* furono anche l'origine del «regime della specialità» (della merce), che Benjamin paragonava alla pittura di genere. «Con la produzione di articoli di massa, nasce il concetto di specialità. Va indagato il suo rapporto con l'originalità». Dunque sono all'origine della moda: erano nei *passages* i primi negozi di moda (*magasins de nouveautés*). E anche se Véro e Dodat, che danno il nome a uno dei *passages* piú celebri, erano due salumieri, nel corso del tempo il prototipo della merce venduta nei *passages* fu la bambola – come il famoso, e secondo me agghiacciante, negozio per collezionisti di antiche bambole – di proprietà, si dice, di Catherine Deneuve.

Non è un caso che i *passages* cosí definiti sopravvivano nei grandi alberghi, come appunto l'Hotel Ritz. È ciò che scoprii in una mia successiva passeggiata nell'immenso albergo. Se dall'ingresso principale si procede in direzione del bar Hemingway, famoso per i cocktails e aperto a partire dalle 18.30, si attraversa l'edificio lungo un interminabile corridoio stretto tra vetrine di merci preziose. Quando ci provai la prima volta mi sembrava che non finisse mai, e ascoltai il suono leggero e ovattato dei miei passi sul tappeto rosa sterminato. Nessuno mi aveva fermato o chiesto qualcosa mentre avevo attraversato i primi saloni, né lungo il *passage*, e neppure quando uscii a fare sosta in un cortiletto interno e laterale e fumai una sigaretta tra il cinguettio degli uccelli e gli zampilli d'acqua di una fontanella posta tra bianche statue neoclassiche e piante di ogni tipo. Alzando la testa avevo guardato le finestre interne delle camere e delle suite, cercando di vedere qualcosa. Rientrai nel corridoio e provai a districarmi tra la merce ai miei lati. Nessuna foresta di simboli, ma confesso che tra le poche cose che riconobbi dietro le vetrine, cioè che mi dicevano qualcosa, posso citare soltanto dei cappelli Borsalino, le cravatte di Hermès coi soliti animalini o pupazzetti, e alcuni piatti e tazze decorate a mano da non ricordo piú chi.

Il *passage*, ha mostrato Benjamin, è il primo luogo della moda. Nemesi della moda, come pure del lifting, è la morte. Benjamin consacrò numerosi frammenti nel libro su Parigi al nesso (che fu già sotto l'attenzione di Leopardi) tra la moda e la morte, tra la moda femminile e il cadavere, e sulla frammentazione e decomposizione del corpo dei *mannequins*. Difficile non pensare allora, per chi ne sia al corrente, all'impasse che all'ospedale Pitié-Salpitrière, dove sotto un lenzuolo giaceva il 31 agosto 1997 il corpo nudo e senza vita di Diana, fu vissuta riguardo alla vestizione e presentazione delle sue spoglie. Le cronache informate riportano l'ansia che l'inevitabile ostensione del cadavere di Diana fece sorgere nei suoi prossimi, data l'assenza di un qualsiasi abito della principessa (il vecchio Al Fayed aveva dato subito disposizione di far rientrare ogni suo oggetto personale a Londra). Fu forse l'unico vero contrappasso destinato alla principessa. Lei che fu intima dei piú grandi stilisti del mondo, destinataria di ogni sorta di regali vestimentari e a cui solo due giorni prima Dodi, vedendola apprezzare un piccolo capo di cachemire, aveva comprato l'intero

campionario dei colori (quasi tutti quei cachemire restarono avvolti dal cellophane); lei che era conside-
rata la donna piú elegante del pianeta, non aveva nulla da mettersi per mostrarsi al mondo nella sua ultima,
ferita inermità, per coprirsi il corpo costellato di lividi
e tagli mortali. Fu la moglie dell'ambasciatore inglese
a offrirle all'ultimo momento un vestito nero da cocktail dal suo guardaroba parigino.

Se il quartiere di Henri Paul era il quartiere dei *passages*, esso era anche per antonomasia il quartiere dei *flâneurs*, gli oziosi vagabondi di cui ero omaggio e parodia nei miei peregrinaggi urbani a caccia di testimonianze. Non era sempre simpatico, incontravo paure irrazionali e sgarbate diffidenze. Ma quello nella mia memoria era soprattutto il luogo che frequentai a lungo, senza troppo badarci, nel corso dei miei studi dottorali, quando l'opera di Benjamin occupava un posto marginale ma importante nella mia ricerca sulle lettere, sulle comunità degli assenti. Quel quartiere fu quindi lo scenario neutro eppure pieno di affezione del periodo in cui piú intenso e tuttavia aurorale fu il rapporto sentimentale con R., la mia destinataria.

Sembravamo due amanti russi all'inizio del secolo. Lei mi chiamava alle cabine telefoniche sui marciapiedi. E ricordandolo lí, nelle stesse strade, il giorno che incontrai Claude Garrec, mi vennero dei brividi. «Probabile che vi siate incrociati», aveva detto lui riferendosi a Henri Paul. In una delle mie soste nei bar intorno, visto che calpestavamo gli stessi marciapiedi, attraversavamo le stesse soglie. Teatro delle sue pene d'amore e delle mie, sovrapposte nel tempo (per non parlare di quelle, infelicissime, di Walter Benjamin). Ma adesso pensavo alle mie telefonate struggenti. Associazione di idee per associazione di idee: qualcuno si ricorda come si telefonava una volta?

In fondo sono pochi anni, ma sembra passato tanto tempo. E quando ci si accorge del tempo è sempre in termini di scomparsa, di lutto nei confronti di esperienze finite e irreversibili. Come è il caso delle cabine e dei telefoni pubblici.

Non conoscevo Internet (pochissimi lo usavano), e non mi sfuggiva si trattasse di un'eredità dell'industria bellica e di spionaggio, un dispositivo di controllo. Non avevo un telefono portatile. Ho già accennato, credo, alla generale assenza di distanza che caratterizza le nostre vite globalizzate. Beh, il telefonino lo avrei preso l'anno dopo per poter chiamare mio figlio dopo la separazione da Parigi, visto che viaggiavo spesso e i telefoni pubblici o non li trovavo o li trovavo rotti. Va da sé che col tempo lo avrei utilizzato malamente come chiunque altro. Ma la differenza tra il prima e il dopo del telefonino è per me cosí importante che vorrei fare due esempi.

Il primo è in un mio breve racconto intitolato *Milano*, che parla di qualcuno che va a Milano a cercare lavoro e telefona dai bar per chiedere degli appuntamenti, ma gli rispondono sempre e solo le segretarie delle persone importanti che lui domanda, e cosí deve richiamare, e intanto i baristi di Milano lo guardano storto perché fiutano che lui è un mezzo disgraziato, e oltre ai gettoni o alle monete deve sempre ordinare un caffé o un bicchierino, a seconda dell'ora, e cosí via, sudando e vergognandosi. Una storia oggi incomprensibile a chi è nato col telefono portatile.

L'altro apologo è piú intimo. Riguarda quel viale Apua alberato che dal paese scendeva dritto al mare e a casa mia, e che percorrevo cosí spesso. Quasi all'inizio, venendo da Pietrasanta, c'era una Coop col parcheggio e un telefono pubblico. Una notte, dopo aver fumato un'erba particolarmente buona nel terrazzo di un'amica, poco prima dell'alba mi congedai per andare a casa, e solo guidando nel buio mi resi conto di quanto fossi stonato, e quella che prima era una beatitudine condivisa adesso mi rendeva orfano e solo, e non capivo cosa ci facessi lí e mi sentivo incapace di muovermi. Fermai la macchina e telefonai dalla cabina, dissi a C. come mi sentivo e che avevo nostalgia di essere ancora lí con lei, forse a fare l'amore, forse soltanto a ridere e planare insieme. Non so quanto restammo al telefono a gettoni a sussurrare, lei aveva una voce come la mia, si sentiva sballata come me e viveva la stessa mancanza. «Sono alla Coop», le dissi. E già questo ci faceva ridere, telefonarle a duecento metri da casa sua.

In futuro, con gli amici, il fatto di «telefonare dalla Coop» diventò quasi proverbiale. Un anno fa, di passaggio in quel luogo dove non vivo piú, ci siamo resi conto con mestizia che non ci saranno piú telefonate dalla Coop. Nessun luogo o genio del luogo sarà piú associato a due voci che si congiungono a distanza. Perché il telefonino annulla non solo la prossimità e le distanze, ma anche lo stato in luogo. Trasforma i luoghi in moti perenni – per questo non si chiede «come stai», ma, senza curiosità, «dove sei». Nessuno manca a nessuno, perché non c'è il phatos della presenza e dell'appello, del rinvenire, del farsi trovare, del dire sí, pronto, sono qui, dove hai immaginato che fossi: «mi manchi».

In uno dei *passages* parigini piú celebri si trova il ristorante Le Grand Colbert, cui si accede dalla galleria omonima e dalla rue Vivienne, a fianco della Bibliothèque Nationale. Sapevo che ogni mercoledí a ora di pranzo si riunivano intorno a un tavolo rotondo Henri Paul e i suoi amici. Decisi di andarci a mangiare anch'io un mercoledí.

Varcata la grande porta a vetri, tra le colonne rivestite di rosso che sostengono ognuna un grappolo di otto lampade a palla, riconobbi vicino all'ingresso il tavolo del club degli amici: Claude, Robert (suo cognato e socio nella tipografia), un certo Jacques (un amico *flic*, poliziotto) e Henri stesso. A volte altri amici di passaggio si aggiungevano, come Dominique Mélo, psicologo, che però faceva volentieri, in estate, qualche supplenza al servizio di sicurezza del Ritz. I soffitti sono molto alti, e una fila di specchi fa il perimetro della sala, con al centro un lungo banco di ottone e l'ardesia con scritti col gesso i piatti del giorno. Nella parte superiore delle pareti, su un fondo color oro, festoni decorati con motivi floreali e disegni di uccelli, e una serie di medaglioni azzurri su cui spiccano *silhouettes* morandiane di bicchieri, caraffe, bottiglie, posate. Le Grand Colbert, che deriva il suo nome dal celebre ministro di Luigi XIV, amante di nutrimenti terrestri piú che celesti, è da tempo classificato come monumento nazionale. Il suo menu si apre con uno scorcio del passato, gli aperitivi «a torto dimenticati» – «ces apéritifs d'autrefois injustement oubliés»: Ambassadeur, Salers, Dubonnet, Lillet blanc, Byhrr, Xérès, Pastis naturel Henri Bardouin, e anche «Sangria maison». Anche il cibo è un omaggio alla tradizione, dalle lumache di Bourgogne al *fois gras* in gelatina di Sauternes, dalla scelta di crostacei e di ostriche alle carni classiche – *Boeufs gros sel*, *Tartare de boeuf*, *Rognons de veau façon grand-mère*, innaffiati da Saint-Emilion e da Chablis. Tuttavia ebbi l'impressione di sbagliare ogni ordinazione, e provai piú interesse a guardarmi intorno che a mangiare.

Joel Fleury, che dirige il Grand Colbert da quando lo rilevò nel 1992, è una persona dal portamento molto professionale, magro e dritto come un fuso, sobriamente elegante, capelli corti e grigi. Il mattino che gli parlai, nel locale ancora chiuso ai clienti, ospitava la troupe di una televisione giapponese (Asahi Television), che filmò con discrezione gli interni del ristorante facendone il teatro di alcune interviste sul caso Diana. Mi appartai con M. Fleury, vestito di nero con la giacca su una maglia a girocollo. La sua testimonianza su Henri Paul, amico e cliente (ma la frequentazione abitudinaria del cliente precedeva di anni la sua direzione), ruotò intorno all'immagine di «un uomo semplice, simpatico, un *bon vivant* rispettoso degli amici»; il cui modo di bere, sottolineò, non si discostava mai dalla giovialità: mai visto Henri Paul uscire ubriaco dal ristorante. Mi indicò il tavolo del mercoledí, il n. 75. Cosa mangiava, cosa beveva? Non veniva per fare delle *grandes bouffes*, la tavola per lui era piuttosto un *partage fraternel*, una condivisione fraterna. Anche se è innegabile che la presenza di Henri Paul, anima di quelle riunioni di amici, trasformasse quelle che sarebbero state anonime tavolate in riunioni allegre e gioiose. Prediligeva una cucina semplice e famigliare, tradizionale o eclettica. Per quanto riguarda il bere, i suoi gusti erano per vini leggeri e relativamente giovani, freschi, della valle della Loira per esempio, oppure Sancerres. Era molto rilassato, alla mano, il tipo, disse, con cui si ha piacere a uscire insieme, pieno di battute da raccontare, gentile, «un garçon de son siècle», concluse Fleury. Traduzione letterale: un ragazzo della sua epoca. Piuttosto che dalla segretezza, la vita di Henri Paul, dice, era dominata dalla discrezione: sapeva fare differenze tra una cena con gli amici e un'altra piú privata, come con quella giovane donna bionda e minuta. Era diverso con gli amici o con la sua donna, cosí come sapeva distinguere il mondo del lavoro da quello del tempo libero, degli amici, dell'amore, del volo. Non parlava mai delle sue miserie. Eppure ultimamente sembrava psicologicamente infelice, a causa della separazione dall'amica. Aveva l'aria di un uomo solo, come uno scapolo conclamato, azzardò Fleury.

Sapevamo entrambi quanto queste parole innocue toccassero da vicino le ipotesi inquirenti sulla sua fine. Poteva anche essere depresso, mi disse Fleury, e tutte le ipotesi sull'incidente sono aperte, ma di certo non era un alcoolizzato. Niente del suo comportamento poteva indurre a questa illazione, e come lui lo potevano testimoniare tutti coloro che lavorano nel ristorante. Fu scioccato dal trattamento dei giornali che lo dipinsero come un ubriacone, quando sapeva l'attaccamento e la responsabilità che Henri riservava al suo lavoro, e ne ammirava anzi la capacità metodica, come riuscisse cioè a preservare il tempo libero, convivialità e vita sentimentale, dal lavoro. Henri Paul era felice della sua professione, che gli si addiceva e la calzava come un guanto. In nessun momento la polizia ha voluto prendere visione delle schede di ordinazioni delle consumazioni di Henri Paul, eppure erano a loro disposizione, il che mostra come anche gli inquirenti avessero già rinunciato al profilo di un Henri Paul bevitore. Senza contare che Henri Paul, con cui Joel Fleury condivideva la passione dell'aeronautica – loro frequente tema di conversazione, anche se Fleury volava in elicottero – era abilitato al volo IFR (*Instrument Flight Rules*), ovvero il volo con la strumentazione elettronica, e da molti anni a quello detto «a vista» (VFR, *Vigil Flight Rules*). L'ultimo esame sostenuto in agosto era particolarmente duro e meticoloso, con test estremamente impegnativi. Fleury me ne parlò con competenza: c'è prima di tutto una visita medica molto approfondita, poi un lavoro personale da eseguire, che richiede la stessa ginnastica mentale dei piloti di linea. Quel tipo di volo obbliga a calcoli laboriosi per dare le proprie posizioni con la strumentazione elettronica, e non basta essere un genio, occorrono memoria, spirito analitico, metodo, concentrazione, autocontrollo. Tutto il contrario del profilo sbandierato dai giornali. Gli esaminatori possiedono ogni istinto per cogliere ed eventualmente smascherare ogni tipo di insicurezza, e in tutti i casi si tratta di un impegno assolutamente incompatibile col consumo di alcool. Si ricordava l'ultima ora di volo di Henri, il 25 agosto. Aveva piú ore di volo di me, una maggiore esperienza e abitudine all'aria, ricordò Fleury con un sorriso, eppure si sentí molto scomodo nell'elicottero che una volta volle fargli provare. In questo aneddoto Henri Paul interpreta il ruolo di passeggero spaventato, che volle tornare a terra perché, disse, quello dell'elicottero è un volo troppo «stazionario», quasi passivo e senza velocità, per questo si sentí male, stupito egli stesso del proprio disagio malgrado la lunga esperienza di volo. Lo mise a parte successivamente della sgradevole e costante sensazione di «stare per cadere», aggravata dal fatto che l'elicottero di Fleury fosse particolarmente lento.

Il giorno in cui mi trovai al Grand Colbert in compagnia della bisbigliante troupe di giovani giapponesi, attraverso i cui sguardi potevo esaminare meglio ogni dettaglio dell'esotismo alla francese, avevo accompagnato lí Claude Garrec. Erano passati anni dal nostro primo, imbarazzato incontro. I capelli appena un po' ingrigiti e piú stempiati, vidi l'amico di H. P. seduto al tavolo n. 75, sotto l'albero di lampade ma anche sotto gli impietosi riflettori della Asahi Television, spiegare e mostrare per l'ennesima volta, con indefettibile serietà, quel foglio di carta ormai secco, l'attestazione dell'esame di volo di Henri Paul, 28 agosto 1997. Sostenne serenamente lo sguardo della camera, che effettuò uno zoom sul testo scritto sul pezzo di carta, e quando il riflettore si spense ci guardammo scambiando un breve sorriso, sufficiente a ricordarmi la sua discrezione, ma anche la nostra amicizia.

Un giorno di dicembre 1997, tornando a casa, mi sentii stranamente sereno, e guardai con benessere il sole sui prati dell'avenue Breteuil, dopo aver fatto qualche spesa alimentare. Mi ero commosso quando il dottor Guilhot, psichiatra e psicoterapeuta prossimo alla pensione, che forse per questo avevo accettato di frequentare in quel periodo con modalità opposte a quelle di un'analisi, mi aveva parlato della sua età e del suo imminente ritiro. Mi commosse, perché sentii la sua fiducia nel dirmelo. Mi commuoveva la fiducia.

Quel giorno uscirono cose importanti, come il lapsus che avevo già in testa camminando, in francese, il fatto cioè che «je n'arrive pas à arrêter ma vie» («non riesco a fermare la mia vita»). Volevo dire «fermarmi», abitare da qualche parte, ma come se lo stabilirmi da qualche parte fosse un arresto di vita, cioè morte. Come se volessi morire, e ne provassi stupore. Parlai cosí al dottor Guilhot di Lévinas, dell'invasione di sé dell'altro, della paura (o desiderio) di farsi distruggere, annientare. Guilhot parlò di un triplo rinascere che vedeva al mio orizzonte: professionale, affettivo e psicologico (cioè nella liberazione di me). L'accento posto sulla «liberazione» mi sembrava il piú bello, nella sua semplicità, tra tutti i discorsi che avevo sentito fare da psicologi.

Un altro pomeriggio che ero dal dottor Guilhot, per illustrargli un mio «progetto» di vita a un certo punto gli parlai di Henri Paul e della mia idea di lavoro. L'anziano dottore mi disse – e questo allora mi sembrò buffo, perché non avrei potuto citare la fonte dell'informazione, data la circostanza deontologica, lo studio di uno psicanalista, in cui la appresi – che un ispettore di polizia, anch'egli suo paziente, gli aveva confidato che il suo superiore, capo del commissariato di rue de Vaugirard, nel XV arrondissement, era molto amico di Henri Paul, e gliene parlava sempre come di una persona «molto retta e onesta, di certo non un alcoolizzato». Ne ero contento, anche se per me era ovvio. Avrei cercato quel commissario, pensai, dopo averne parlato con Garrec. (Me lo disse. Lo conosceva appena, ma doveva trattarsi di un certo Jean-Pierre Duchemin, «inspecteur divisionnaire»).

Anche se mi accorgevo di quanto il lavoro su Henri Paul mi desse le vertigini, allora, in quell'inverno 1997-1998, non avrei saputo dire perché. Per spiegarmelo oggi mi aiuto con un famoso racconto che parla di geografia. È di Jorge Luis Borges, e dice la vicenda di un cartografo a cui l'imperatore aveva chiesto di predisporre una mappa dell'impero. La mappa avrebbe dovuto coprire il piú dettagliatamente possibile il territorio. Alla fine, la mappa del cartografo imperiale fu pronta, ma in scala 1/1, cosí vasta e completa da coincidere perfettamente coll'impero stesso, in ogni singolo cespuglio, in ogni centimetro di terra. (Io aggiungerei: anche in ogni essere umano e in ogni creatura, cosí da renderla coincidente non solo con lo spazio, ma anche col tempo). Resta che tale mappa iper-reale, come è evidente, non è utilizzabile. Nondimeno è una mappa. Ma perché sia efficace deve essere incompleta, ridotta, approssimativa, forse personale, ma frutto di scelte arbitrarie, con omissioni e gerarchie di significato. Per non perdersi nell'infinito.

Accade lo stesso per le testimonianze, da cui il mito operativo della verità dei fatti e delle verità di fatto, di quella «fissazione» della verità che evocavo a proposito dei gialli. Che non esistano «fatti» senza osservatore, cioè senza testimone, lo insegna da anni la stessa fisica: anche gli esperimenti di laboratorio non sono mai uguali a se stessi, e sono influenzati dallo sguardo dell'osservatore. Si può quindi dimostrare, non solo argomentare, l'influenza che il testimone esercita sull'evento di cui pretende dare testimonianza. Il primo vero evento è il suo sguardo selettivo, che ha estratto dal flusso ininterrotto di accadimenti una o più singolarità, e ne dà testimonianza. È il racconto del testimone che crea l'evento di cui parla. All'estremo opposto, abbiamo una testimonianza ininterrotta e continua quale quella che efficacemente esprime la metafora (se di metafora si tratta) del Cielo o del Silenzio di Dio. E di cui la mappa dell'impero non è che una (superficiale) variante.

Il mio intento di biografo e investigatore dilettante, senza un cliente, senza un padrone né un capufficio, si trasformava nella mia solitudine in una pratica della connessione incontrollabile, quando non nel delirio della libera associazione. Una pratica del «passaggio», avrebbe forse detto Benjamin – solitario genio del luogo in cui passavo le ore a vagabondare. Fu Benjamin ad avere scritto senza soluzione di continuità su quasi ogni argomento, in una concatenazione infinita che comprese verbali di esperienza da hashish (e Althusser: «anche le allucinazioni sono fatti»). Dove comincia, dove finisce un'esperienza? Tra le mie tante inquietudini, la principale era racchiusa nella domanda ricorrente: che cosa è importante? Che cosa volevo sapere, cosa stavo cercando? Forse sperimentavo direttamente, e in modo esasperato, che non c'è differenza tra tematizzare – parlare di qualcosa – e problematizzare – rimettere in discussione ogni volta ciò di cui si parla, e quindi se stessi.

La densità di senso che si trova nei gialli, effetto retorico di una saturazione narrativa, era per me piú invasiva che mai. Tutto era testimonianza o suscettibile di diventarla. Difficile non trovare qualcosa direttamente o indirettamente pertinente a H. P. o riconducibile alla mia inchiesta. E reciprocamente: ero investito da una continua ripercussione di senso che andava dall'oggetto dell'indagine alla mia vita. Ma cercando testimonianze sulla vita di qualcuno, come fermare (ammesso sia opportuno farlo) l'effetto di ritorno che le testimonianze esercitano sul testimone? Io stesso, come si è visto, diventavo via via testimone, in senso proprio, seguendo una legge propria al testimoniare, un divenire insito, qualcosa che la formula «passaggio del testimone» custodisce da sempre inconsciamente: ognuno diventa testimone non appena sia destinatario anche casuale di una storia, in una catena di responsabilità e di trasmissione virtualmente infinita. Che è poi il senso perduto, originale, della «superstizione», tutt'uno col bisogno umano di raccontare storie, di lasciare – e trovare – delle tracce. Non è anche questa l'epica orale delle storie, del bocca-orecchio?

E poi, di nuovo, mi stordiva l'ambito smisurato di ciò che è possibile testimoniare. La vita di una persona – i cui effetti sono inesauribili. Si pensi che l'*Ulisse* di Joyce non è che il parziale tentativo di rendere conto di una giornata. La vertigine aumenta se per opzione etica o stilistica, per una sospensione del giudizio (l'*epoché* dei fenomenologi) non si facciano intervenire cesure o censure, scelte drastiche, gerarchie di senso.

Sapevo di avere scelto di parlare di Henri Paul,

un Signor Nessuno, unicamente perché era morto insieme a Lady Diana, la cui risonanza era pari alla somma di Marylin Monroe, madre Teresa di Calcutta e uno dei fratelli Kennedy. Scrivevo di Henri Paul, che mi interessava proprio perché non era nessuno, grazie o a causa di Lady Diana, che secondo l'inchiesta giudiziaria era morta a causa di Henri Paul. Ma è vero il contrario: fu Henri Paul a morire a causa di Lady Diana e Dodi Al Fayed. E in tutti i casi i loro nomi e vite restano intrecciati come forma e sfondo intercambiabili. Poi c'è l'osservatore, il testimone dell'intreccio, decisivo ma non per questo esterno e neutrale. Senza citare i tanti casi della manipolazione e fabbricazione di eventi da parte dei media (la creazione di notizie, cioè di realtà e di effetti di realtà; o, per restare in tema, il caso dei paparazzi accusati di avere creato l'incidente nel tunnel dell'Alma). Non era difficile perdersi in questo groviglio.

In una delle mie letture di quei giorni mi imbattei per caso in questa frase: «per essere un biografo devi occuparti di bugie, dissimulazioni, ipocrisie, false apparenze e persino nascondere una mancanza di comprensione, perché non si può avere la verità biografica e, se si potesse avere, non potremmo usarla [...], la verità non è possibile, l'umanità non la merita». Lo scriveva Sigmund Freud a Arnold Zweig nel 1936. A parte la pomposità della fine, mi sembrava ragionevole. La biografia, come l'analisi, è interrotta o infinita.

L'analisi, a Parigi, l'avevo interrotta alla fine dell'anno precedente. Ufficialmente per ragioni economiche e geografiche, in realtà per la piú classica delle insubordinazioni, quella all'ordine e alla disciplina del calendario. Senza contare le volte in cui rinfacciavo all'analista, del cui valore non ho peraltro mai avuto dubbi, che avrebbe dovuto essere lei a pagare me, non il contrario. Ma non è di questo o di altri sintomi che voglio riferire. Quanto del fatto che sentii il bisogno, a un certo punto di questa storia (quando decisi che bene o male questo libro lo avrei fatto) di intervistare lei. Non su H. P., certo, ma su di me, sul mio lavoro su H. P.

L'idea mi sembrava buonissima. Se il libro su Henri Paul parlava anche di me, quale fonte migliore della mia analista per conoscere le mie motivazioni? Non mi aveva solo sviscerato alcuni nodi psichici imbarazzanti, ovvero affascinanti; anche sul piano della scrittura era riuscita a indurmi una perplessità senza soluzione. Accadde quando, all'apice di una sofferenza, le avevo portato da leggere un breve diario scritto solo per lei, documento impudico della mia vita reale scritto senza alcuna cura né intenzione letteraria. E lei, per tutta riposta, mi disse che la mia vita era davvero ricca, e che se avessi scritto in quel modo avrei fatto soldi a palate. Ne fui stordito e incazzato, e ovviamente non mi arresi mai al suo consiglio.

Comunque sia mi sono ritrovato dopo anni, in un giorno prefissato, ad aspettare l'ora prefissata davanti al citofono della mia ex analista, di fronte al negozio di marmi e pompe funebri del Marais ebraico che mi diede da pensare e spesso anche da sorridere all'epoca delle mie chiacchierate con lei su erotizzazione e lutto. Naturalmente lei subito mi chiese: «Come sta?», con quel sorriso serio che solo quelli come lei sanno comporre con la faccia senza mentire, e seduto sulla poltrona di fronte alla sua divenni nuovamente il paziente sudaticcio che risponde alle domande, e l'intervista mi sfuggí di mano. Parlai dunque a Anna Resnik di mio figlio, della morte di mio padre, della visita che feci una sera a André Green, che mi folgorò dopo trentacinque minuti dicendo che la sconfessione di cui mi dichiaravo oggetto in realtà la rivolgevo io a mio padre. Le parlai della malattia e del declino di mia madre, di cui ero e sono testimone riluttante ma anche privilegiato. Le parlai della mia nuova compagna, che non solo amo ma con cui serenamente accetterei di crescere e diventare grande, cioè invecchiare. Non le dissi del dolore che di nuovo, a volte, mi ammutoliva schiacciandomi il plesso toracico, del fantasma di una «sconfessione» improvvisamente risorto all'orizzonte, proprio quando avevo deciso di issare le ancore e di lasciarmi andare. Mi fece piacere sentirle dire che sí, è un caso che non ci siamo mai incontrati fuori dal suo studio, con tutti gli amici comuni che abbiamo, è anzi strano che non sia mai successo. Mi chiese del mio lavoro, che dopo il libro sui maestri e quello sulle lettere, un romanzo e una serie di seminari (guarda caso) sulle *Confessioni* di Agostino e sul concetto di testimonianza, mi conduceva ora a questo strano progetto sull'autista di Lady Diana, capro espiatorio di una vicenda enorme e assurda; un libro che non sapevo neanch'io come considerare, ma in cui mi sarei messo in gioco. Fu verso lo scoccare del quaranticinquesimo minuto che lei guardò l'orologio e mi parlò, proprio come quando lo stesso gesto mi esasperava. Ma ora non piú, e le fui grato delle sue parole: «Se prendo e riunisco tutti i fili conduttori dei suoi discorsi, fino al concetto di capro espiatorio, credo sia quest'ultimo il vero conduttore, ed è la stessa cosa che parlare di suo padre. Lei non ha bisogno, non ha mai avuto bisogno di un maestro, ma di qualcuno che le faccia, anche solo per un breve momento, da padre. Un padre giovane a cui può dire tutto, un padre che la ascolti e la capisca, un padre per guarire». «Ha mai letto *Monsieur Malaussène* di Daniel Pennac?», aggiunse sorridendo mentre mi accompagnava all'ascensore. «Parla di capro espiatorio. Anzi, il personaggio fa di

professione il capro espiatorio in un grande magazzi-
no...»

Mi colpí la ripetizione delle parole «filo conduttore», e che il vero conduttore fosse il capro espiatorio.
Henri Paul fu l'uno e l'altro, in quel supermercato di
lusso che è l'Hotel Ritz. Quando uscii camminai con
piacere e scioltezza da rue des Rosiers fino a place
Vendôme, ma feci una sosta in un bar all'aperto nella
zona delle Halles per leggere il giornale. Solo una volta seduto mi accorsi che il caffè si chiamava: *Le Père
Tranquille*.

I genitori di Henri Paul erano stati avvertiti da Garrec della mia esistenza e del mio lavoro, e si dissero, fatto unico e straordinario, disponibili a ricevermi e parlarmi. M. e M.me Jean e Gisèle Paul abitavano a Lorient, in rue Blériot. «Come l'aviatore», aveva sottolineato Garrec, e io registrai che l'indirizzo di famiglia portava omaggio nel nome a un celebre aviatore. Henri era divenuto aviatore. Sarei andato a Lorient prossimamente (in aereo?) I libri e tutte le sue cose erano stati portati lí, e avrei potuto vederli, erano comunque in ordine. E questo era per me eccezionale, visto che sarei stato il primo e l'unico estraneo che la famiglia accettava di incontrare per parlare del loro figlio Henri.

Volevo conoscere la sua ex fidanzata e convivente, Laurence Poujol, di cui c'era ancora il nome sulla cassetta delle lettere e nell'organigramma degli abitanti del n. 33, dove Paul abitava dopo la prima separazione. Garrec mi fece capire altre cose della sua personalità qualificando la sua vita come molto *décousue*, scucita. Sbandata, forse solo non conformista, non lineare. La figlia aveva sette, otto anni all'epoca della separazione da Paul. Henri, ripeté Garrec, le era affezionato «forse piú che alla madre», che lo aveva lasciato per un altro cosí come aveva lasciato la relazione precedente per mettersi con Henri. Sentivo una disapprovazione moralistica nelle parole dell'amico. Mi ripeté ancora che,

se lei fosse tornata, lui l'avrebbe sicuramente accolta.
Capivo perfettamente.

L'altra amica, di cui mi aveva parlato Josie e di cui
avevo trovato traccia anche su qualche giornale, non
era un'artista come qualcuno aveva scritto quanto piuttosto un'artigiana e una decoratrice. Faceva degli oggetti, non ricordo piú quali, si chiamava Sylvie Lambert e abitava al 30 di rue Sedaine, vicino alla Bastil-
le. Coincidenza: lí a fianco, sulla stessa strada, abitava
Junko, la giovane insegnante giapponese di cui ero stato amante. A volte mi cucinava lí un'insalata, e dava
consolazione al mio lutto amoroso. Chissà se era cosí
anche per Henri Paul. Il problema, dice Garrec, è che
questa donna abitava in un appartamento di proprietà
di Henri, e avrebbe dovuto presto andarsene.

La signorina Lambert fu l'unica a rispondere malamente a una mia lettera. Equivocò totalmente le mie
intenzioni, accusandomi con veemenza di speculare sulla vita e la morte di Henri Paul. Ci restai malissimo,
disarmato com'ero ai rimproveri, e decisi di dimenti-
carla. (La mia fragilità andrebbe forse spiegata. Ero infatti, e forse lo sono tuttora, il ritratto perfetto di quel
tipo che nei manuali di omeopatia è descritto come chi
ha fame alle undici, ha voglia di dolci alle sedici, pre-
dilige il gusto dell'amaro ma si sveglia solo con gli zuc-
cheri; e che di fronte ai rimproveri ingiusti o all'inde-
cenza degli altri ammutolisce, si abbatte e tronca la relazione, vergognandosi per l'altro. Che viceversa si
commuove quando riceve delle lodi, e solo ogni tanto
gli fa male il fegato).

Col tempo, della signorina Sylvie L., sentii dire solo che era un po' nervosa, e che ce la metteva tutta per
truccarsi la faccia e far sparire, chissà perché, le lentiggini dal volto. (Viceversa, a me sono sempre piaciute
le donne con le lentiggini sul volto).

Dicembre trascorse tra fantasmi e lunghe camminate, anche per le vie della *rive droite*, quella parte di Parigi che, Biblioteca a parte, in passato sentii estranea e forse ostile, quasi che per attraversare la Senna dovessi munirmi di passaporto. La «nebbia di cactus» avvolgeva a intermittenza le mie giornate e le mie peregrinazioni parigine: come si fa a fare l'investigatore?

Era tuttavia sempre quando camminavo che mi si apriva dentro lo spazio per scrivere, una distesa di frasi che comprendevano la mia vita e le davano pace. Quando camminavo per strada mi veniva la speranza di scrivere. Guardavo le vetrine delle agenzie immobiliari. Leggevo rapidamente gli annunci e facevo sogni sempre piú fulminei, istantanee di vita possibile.

Un tempo avevo vissuto in case da quasi trentamila franchi al mese. Oltre a questo, avrei potuto fare qualunque cosa mi venisse voglia, a parte magari comprare un aeroplano. Mangiare nei ristoranti piú pretenziosi. Un anno prima che tutto questo finisse avevo pubblicato un libro dal titolo *Niente di tutto questo mi appartiene*. Non mi aveva obbligato nessuno a farlo, quel libro inoltre fu un fiasco. Eppure contiene le migliori frasi e combinazioni di frasi che abbia mai scritto, vere e forti. Frasi che dovevano essere dette da attori nella sala di un teatro. Elisabetta P. lo stava quasi per fare. Mi piaceva come attrice. Anche fisicamente. Non la vedevo piú. Non vedevo quasi nessuno, del resto. Comunque guardavo gli annunci delle case quando camminavo per strada, soprattutto vicino alla scuola di mio figlio, che andava «à l'école à la rue Pierre Nicole», come diceva ridendo soddisfatto della rima. (Il senso di questa osservazione, o meglio della sua presenza in questo diario, mi sfuggiva, finché mi resi conto che il nome del filosofo e grammatico Pierre Nicole era la giustapposizione di due nomi propri, come Henri Paul).

Adesso, mentre scrivo piluccando dell'uva, l'idea della frutta mi fa tornare in mente un episodio un po' eccentrico di quel periodo. Continuavo a seguire la mia dieta, che mi occupava e mi dava senso, anche se mi rendeva ipersensibile. L'episodio avviene nel costoso negozio di frutta della rue de Sèvres, dove un giorno comprai fuori stagione, con grande sorpresa di mio figlio (una sorpresa da adulto) pesche e albicocche. Avevo voglia di assaggiare una di quelle albicocche, e prima di farlo chiesi alla laconica negoziante se potevo osare mangiarla senza lavarla. «Non lo so, non posso dirlo», disse senza guardarmi. «Le vende e non sa rispondermi, non sa se siano nocive?», la incalzai, un po' irritato dalla sua risposta. «Non so niente, sto qui alla cassa», rispose ancora senza guardarmi, ma facendo spallucce. Il misto di prudenza e di cinismo con cui declinava ostentatamente ogni responsabilità, senza nessuna cura o senso, forse senza vita (la vita è partecipazione, è almeno un po' tentare di sapere ciò che si fa), mi aveva turbato.

Quella giovane donna che preferiva non parlare coi clienti e non sapere nulla, e che tuttavia era cosí pronta e sveglia nel declinare ogni responsabilità anche solo eventuale, di che cosa parlava quando era a casa? Di cosa, quando parlava con qualcuno di prossimo? Di cosa si preoccupava? Che cosa condivideva nella sua vita (privata?) e cosa pensava del mondo? Ma ingenuo ero io, che seguendo un regime alimentare mi illudevo dell'esistenza di cose come la natura, le vitamine, i prodotti che fanno bene da separare da quelli che fanno male. A volte mangiavo vaschette di cibo cinese comprate giú all'angolo, che consumavo rapidamente. Altre volte cucinavo leccornie dietetiche, a base di pollo o pesce al *court buillon*. Verdure al vapore, broccoli soprattutto. Per il resto, le mie letture di gialli ebbero una nuova impennata. Ricordo perfettamente che in quei giorni ero alle prese con un giallo francese su un serial killer psicopatico. Il colpevole-innocente era morto, ma la storia continuava perché nasceva un conflitto epistemologico tra gli psichiatri buoni (che erano rizomatici e deleuziani) e quelli cattivi (tradizionali e cartesiani). Soprattutto spuntavano (proliferavano?) altri colpevoli, altri serial killer che gli psichiatri cattivi e la polizia non volevano trovare e vedere, mentre gli psichiatri buoni, che erano anche detective, sí.

Il giorno che incontrai l'allora direttore letterario di Flammarion, per esporgli il mio progetto, sarebbe anche potuto essere, a parte alcune strazianti telefonate di R., una giornata perfetta. La sera precedente scrissi fino a sentirmi stanco, aspettando una telefonata di un'amica per passare la serata. Avevo pulito la casa e messo su la seconda lavatrice della giornata, atti che mi riempivano di orgoglio.

Al mattino, al risveglio di un sonno aiutato chimicamente e piuttosto tardi, mi ero vestito senza sigarette e senza caffè e uscii per finire di svegliarmi. La barba non dovevo farla perché mi ero rasato la sera prima dopo il bagno. Mi installai al Café Tabac all'estremità del banco, di fianco a una donna molto casual a cui chiesi da accendere. Beveva un caffè col latte, non ne ero sicuro, le chiesi oziosamente se era un cappuccino e lei di rimando se io venivo dal Paese del cappuccino. Scoprii che conosceva benissimo i paesini della Versilia e avevamo perfino degli amici in comune. Insegnava yoga e andava a trovare il suo vecchio maestro che abitava in rue Vaneau. Avevo per caso il mio libro sui maestri da portare all'editore, e glielo mostrai. Alla fine ci scambiammo i numeri di telefono. Le avevo chiesto del fuoco, e lei mi aveva effettivamente acceso (glie-

lo dissi). Era una donna bella e vivace, con un volto ir-
regolare e le lentiggini. Alla fine mi aveva offerto lei il
caffè (non avevo spiccioli).

In rue Racine presi un altro caffè con Raphaël Sorin, direttore editoriale. Provai con lui un'immediata
sintonia. Oltre a Cendrars e Michaux, come già sapevo, amava Celati, disse, e Bove, Bouvier, Bousquet,
tutti autori che avevo tradotto; e condivise subito la
poetica del progetto su Henri Paul. «Un nome da personaggio di Emmanuel Bove», disse. Fu d'accordo perfino sui soldi, quando feci la battuta alla Philip Marlowe (50 dollari al giorno piú le spese). Conosceva anche l'avvocato della famiglia Al Fayed, che stava conducendo
la contro-inchiesta. Calcolò un giusto compenso, con
consegna del libro dopo tre mesi e uscita in settembre.
Avrebbe portato la proposta alla riunione editoriale.

Appena uscito in rue Racine mi sentii frastornato e
oppresso dall'impegno. Ero preoccupato per la mia in-
stabilità, e anche per la plateale contraddizione col lavoro che di lí a poco avrei dovuto svolgere a Bologna,
e mi sentii vagamente un impostore. Dopo un pranzo
alla Closerie (orata e spinaci, e vino bianco), comprai
altri gialli da Tschann, fantasticai per digerire sulle case del quartiere e chiacchierai con un agente immobi-
liare che si chiamava Terrasse, che da anni mi credeva
milionario. Io gli chiedevo sempre un attico con *terrasse*. Alle 16.45 andai alla festa della classe di mio figlio.

Pierre, eccitato e felice, a scuola mi mostrò la casa
di cartone che aveva costruito lui in un villaggio tutto
fatto dai bambini, con su una stella di cartapesta. Vidi le foto della sua «settimana verde» e conobbi altri
papà e mamme. Fui commosso a sentire dai genitori
che i bambini parlavano spesso di Pierre, dicendo che
era buono e simpatico, e gli volevano bene. Fu bellissimo e struggente vedere il suo banco coi quaderni e le

matite ordinate. Tensione invece con Cathy, che sembrava prendere il fatto del divorzio come una dichiarazione di permanente guerra fredda. Pensai molto a Pierre, quella sera, ormai era tardi per telefonargli, ma volevo dirgli ancora com'era bella la festa nella sua scuola, come erano belle le cose che aveva fatto lui.

Non c'è niente come la musica per fotografare la memoria, e l'autunno, poi l'inverno 1997-98, è indissolubilmente legato a un disco che continuai ad ascoltare anche dopo. Principale colonna sonora della mia solitudine, era in realtà una miscellanea diffusa dalla rivista «Les Inrockuptibles» col titolo *Une rentrée 98*: Placebo (*You don't care about us*), PJ Harvey (*Angelene*), Unkle (*Bloodstain*), Fun Lovin Criminals (*Big night out*), Hole (*Awful*) Mercury Rev (*Goddess on a highway*), Elliott Smith (*Waltz #2*), Cake (*You turn the screws*), Superflu (*Vingt-cinq ans*), Mellow (*Instant love*), Depeche Mode (*Surrender*), Bediam Ago Go (*Season no. 5*), Ozark Henry (*Radio*, da *This last warm solitude*) ecc., fino al Bob Dylan *live* del 1966, *Just like Tom Thumb's blues*.

Adesso scrivo una frase un po' abusata, ma efficace: quando riascolto questo disco mi si spezza il cuore.

Il nuovo film di James Bond lo rividi due sere dopo all'Odéon, e non solo non morii e non chiamai l'ambulanza, ma non mi sentii neppure male, anzi mi divertii. Prima del film consumai un rapido pasto giapponese – zuppa di miso, insalata e spiedini di pollo – leggendo un tascabile. Dovevo concentrarmi sulla mia partenza per l'Italia.

La giornata successiva, l'ultima prima di partire, fu invece penosa, con D. la cui infelicità e le cui nevrosi proprio non si armonizza(va)no con le mie – come le dissi cercando di apparire perentorio mentre lavavo i piatti in sua presenza. Le dissi la mia, di infelicità, la mia «ferita», ma una volta fuori lei si sentí svenire. Prese una pillola, le veniva il panico a trovarsi sola in strada e camminai con lei in avenue de Breteuil fino all'autobus, poi fino a Lecourbe. Prendemmo un altro caffè insieme, fu un commiato lungo come un'agonia, finché la chimica le fece effetto e ci salutammo sorridendo. La sera la chiamai. Pensai che avrei potuto darle piú calore, col corpo almeno. Il dottor Guilhot fu invece in pena per il mio, di malessere, per il fatto che «partivo cosí» (gli raccontai l'episodio dell'ambulanza e gli psicodrammi telefonici con R.). Insisté che dovevo rivolgermi a me, alla mia fragilità, alle mie ferite antiche. Che dovevo prepararmi al futuro, alla donna futura, alla vita futura. Rompere davvero. Poi ricominciare. Chissà se Henri Paul avrebbe fatto cosí, se avesse avuto il tempo.

Naturalmente non feci il libro su di lui annunciato per Flammarion. Anche se già allora in possesso di «notizie» esclusive, non avrei potuto fabbricare un *instant book*, come implicitamente mi veniva richiesto. Non solo perché il mio progetto era esattamente il contrario di un libro commerciale, neppure per la mia radicata propensione senza rimedio a non fare i miei interessi (economici). Ma perché gli eventi incompiuti ma già ben avviati che avevano travolto la mia vita continuarono, nel bene e nel male, a spingermi verso un'altra riva, o deriva. Continuavo però a prendere appunti, e agli editori non cessai di rivolgere la mia dissuasiva proposta: prima il contratto e i soldi (come Philip Marlowe), poi il libro.

Fu bellissimo ritrovarmi con mio figlio in Italia, al mare.

Fine dicembre, Fiumetto, quasi le sei di sera. Pierre guarda la Tv, io ascolto il rumore quasi impercettibile del mare attraverso i vetri. A pranzo eravamo stati in montagna, c'era il sole e il cielo era azzurro, si vedevano Montemarcello e le isole fino a Portovenere. A casa Pierre fece dei disegni scenografici, pezzi di carta che si spostavano dando luogo a fondi diversi, con una bellissima creatività visionaria. La notte, mentre dormiva, gli guardai le gote rosse, il volto stupendo con gli occhi chiusi. Contemplai dall'esterno i suoi sogni. Gli avevo fatto passare una buona giornata. Cena con pesce e patate, passeggiata sul molo di notte – già questa era un'avventura. Alcuni pescatori avevano preso dei pesci con la rete, saltavano ancora nel cesto. Le luci sul lungomare erano belle, una rassicurante magia. A un certo punto mi sentii felice guardando dal molo la vastità dell'aperto, il cielo con le stelle, il mare ancora piú grande che di giorno, il cielo e il mare ancora visibili nonostante l'infinito buio, una sensazione di immenso che comunicai a Pierre e ci mettemmo a ballare volteggiando. Ero felice dei buoni momenti passati insieme. Quello sul molo mi aveva sbloccato qualcosa: la possibilità di sentire la vita, di sentire me stesso indipendentemente dai legami o dai fantasmi di legame che mi avevano soffocato negli ultimi anni. Autonomia della gioia, cioè della vita (stare bene con Pierre uguale vita, pensai).

Prima di uscire, quel giorno, avevo vissuto un'altra piccola e intensa esperienza, anche se si trattava solo di una lettura: il racconto di Truman Capote su una giornata di lavoro di una donna di servizio a New York. Lui la segue negli appartamenti privati di ignoti abitatori, li osserva e li descrive – una cronaca vera scritta con brio straordinario. Esattamente quello che cercavo e amavo nella scrittura e nella vita, ovvero il trattino che unisce la vita alla scrittura. Se Capote era tutto cosí, pensai, era davvero bravissimo.

Ma già all'inizio del nuovo anno, dopo che mio figlio fece ritorno a Parigi e alla scuola, mentre io mi trattenni ancora un po' in Italia, fu chiaro che gli avvertimenti e le raccomandazioni del dottor Guilhot non erano bastati a proteggermi.

Dal diario, 12 gennaio 1998: «Sentirsi come una lumaca senza il guscio, essere una lumaca senza guscio. Lo si può variamente chiamare sgomento, panico, deserto, solitudine senza speranze, disperazione, o con altri nomi e forme di non-fede, epifania negativa, *peak experience* alla rovescio. Una delle acquisizioni di questo dolore è la capacità di vedere i gusci degli altri con sguardo disincantato, ma anche capace di mobilitare una grande compassione. (Qualcosa del genere lo sperimentai poco piú che ragazzo sotto l'effetto dell'acido, all'uscita da un "viaggio"; quando mi resi conto, turbato, di leggere i pensieri degli altri. Qualcosa del genere mi accompagna in realtà da sempre). Non conosce il dolore chi cerca di giustificarlo, di dargli un senso fuori della sua piú cieca, abbagliante esperienza. Esiste e basta. Chi lo prova è come se portasse ogni volta sulle proprie spalle tutto il dolore del mondo. Per estensione, la vista di uno storpio, di chi vive sui marciapiedi delle città o nelle metropolitane, la condizione dei reietti, degli affamati, dei malati detti incurabili, dei senza casa, dei senza amore – ferisce in modo intollerabile perché tutto quel dolore non ha senso, e non esistono Dio né altre vite che possano compensare la sofferenza di questa. Conoscere il dolore è fare l'esperienza dell'ingiustificabile, dell'incommensurabile, senza ritorno. Esperienza del non senso. Che cosa fare allora? Si può solo darsi. La religione è l'etica, il primato dell'altro, degli altri – quelli che soffrono – fino alla sostituzione (parola di Lévinas)».

Quando scrissi quelle frasi, tutta la mia restante energia – al risveglio di una notte con R. dopo una passeggiata con lei disperata e sonnambulica – poteva solo concedermi di piangere o restare con gli occhi sbarrati. Nell'incontro prefissato con lei al cospetto di un terzo (un testimone imparziale) non eravamo riusciti a dire nulla di importante. La sera, in una casa, avevamo parlato dell'infanzia, lei soprattutto. Il fatto di non provare ansia, grazie alla sua presenza, era sufficiente a lenirmi. Ne ero anzi come ubriaco. Ma il mattino dopo la realtà si imponeva, schiacciante. A un certo punto se ne andò. L'immagine della porta che si chiudeva dietro di lei. La giornata era all'improvviso una jungla, volevo solo essere salvato da qualcuno o qualcosa, sopravvivere, poi scappare da qualche parte, Roma, Bologna, Barcellona, ovunque. Un quarto d'ora dopo essere uscita R. telefonò. Mi propose – se mi fosse «sembrato utile», disse – di fare l'amore, a patto che dopo non parlassimo di noi. Ero ancora in mutande, e mi venne duro già al telefono. Stupefatto le dissi di sí. Andammo a letto dopo un indugio brevissimo – volevo farle ammettere che aveva semplicemente voglia di fare l'amore con me, ma non ce n'era bisogno. I gesti in cui poco dopo ci siamo espressi e fusi, nella loro lentezza e crescendo, erano piú nitidi di mille discorsi. Estasi. Lei disse la sensazione di pienezza che ancora in futuro avrebbe evocato – come se fosse, diceva, una dimensione segreta che lei sapeva di vivere con me. Le sue parole confermavano sia gli «appelli» che sentivamo l'uno dall'altra, sia le nostre paurose oscillazioni tra un inconscio che ci guidava compulsivamente nelle azioni e un'idea di sé razionale e rigida con cui volevamo programmarci. Prigionieri di un'idea di sé da una parte, vittime di impulsi profondi dall'altra, ciò che ci mancava era propro l'io. Era di questa mancanza che soffriva il nostro legame, orfano di un nome perché mancante di una forma, forma che solo due persone capaci di abitare se stesse avrebbero potuto darle.

Un mattino di fine gennaio mi svegliai in un lago di luce, coi sogni che ormai si ritiravano correndo e dileguandosi. Fui felice di camminare per casa, e tutto mi sembrava bellissimo. Dalla finestra dello studio, dopo aver messo su il caffè in cucina, guardai il cielo azzurro, il sole, le montagne coi picchi coperti di neve, tutto era nitido e silenzioso. Anche la solitudine mi sembrava un dono. Quel giorno lavorai al capitolo iniziale del mio libro sulle lettere (ex tesi di dottorato), poi a un testo sulle lettere e la morte per un libro collettivo sui «generi minori», e ancora alla versione italiana di un mio testo su Lévinas. Finché, sgombrato il campo dal dovere, mi dedicai alle mie letture preferite, quelle gratuite.

Quella notte finii un racconto di Nina Berberova, *Il giunco mormorante*. Bellissimo. Un brano riflessivo, il cuore del libro, parla della *no man's land* che, almeno virtualmente, ha ogni persona, sorta di vita parallela che coincide con l'esperienza della vita interiore e soprattutto «privata», in mancanza di altre parole.

«Fin dai primi anni della mia giovinezza, – scrive Berberova, – pensavo che ognuno di noi ha la propria *no man's land*, in cui è totale padrone di se stesso. C'è una vita a tutti visibile, e ce n'è un'altra che appartiene solo a noi, di cui nessuno sa nulla. Ciò non significa affatto che, dal punto di vista dell'etica, una sia morale e l'altra immorale, o, dal punto di vista della polizia, l'una lecita e l'altra illecita. Semplicemente, l'uomo di tanto in tanto sfugge a qualsiasi controllo, vive nella libertà e nel mistero, da solo o in compagnia di qualcuno, anche soltanto un'ora al giorno, o una sera alla settimana, un giorno al mese; vive di questa sua vita libera e segreta da una sera (o da un giorno) all'altra, e queste ore hanno una loro continuità».

«Queste ore, – continua Berberova, – possono aggiungere qualcosa alla vita visibile dell'uomo oppure avere un loro significato del tutto autonomo; possono essere felicità, necessità, abitudine, ma sono comunque sempre indispensabili, per raddrizzare la "linea generale" dell'esistenza. Se un uomo non usufruisce di questo suo diritto o ne viene privato da circostanze esterne, un bel giorno scoprirà con stupore che nella vita non s'è mai incontrato con se stesso, e c'è qualcosa di malinconico in questo pensiero. Mi fanno pena le persone che sono sole unicamente nella stanza da bagno, e in nessun altro tempo e luogo. L'Inquisizione oppure lo stato totalitario, sia detto per inciso, non possono assolutamente tollerare questa seconda vita che sfugge a qualunque tipo di controllo, e sanno quello che fanno quando organizzano la vita dell'uomo impedendogli ogni solitudine, eccetto quella della stanza da bagno. Nelle caserme e nelle prigioni, del resto, spesso non c'è neanche questa solitudine».

Il senso della vita (di una vita) che volevo raccontare in H. P., o che per meglio dire fui cosciente di cercare grazie al fantasma di H. P., era la vita segreta di
cui parla con perfezione quel racconto. Ma era anche
solo possibile immaginarlo? Come si fa anche solo a
pretendere di scrivere queste parole – «il senso di una
vita»? O sono sinonimi, o l'espressione è ridondante
– la vita è già senso. Potevo, al limite, cercare di intra-
vedere scorci di quell'intimità irriducibile in cui prendono risalto sentimenti come quello di essere perduti,
quello dell'amore, quello del destino. Quel nocciolo comune tanto alla vita della principessa Diana che alla
mia, o a quella dell'autista Henri Paul. E che è forse la
vera dimora del *daimon* – carattere e destino. Non mi
stupí sapere che Nina Berberova fosse stata affascina-
ta dalle biografie, e che ne avesse scritte lei stessa.

«In questa *no man's land*, – scriveva ancora Nina
Berberova, – dove l'uomo vive nella libertà e nel mistero, possono accadere strane cose, si possono incontrare altri esseri simili, si può leggere e capire un libro
con particolare intensità, o ascoltare musica in modo
anch'esso inconsueto, oppure nel silenzio e nella solitudine può nascere il pensiero che in seguito ti cam-
bierà la vita, che porterà alla rovina o alla salvezza. Forse in questa *no man's land* gli uomini piangono, o bevono, o ricordano cose che nessuno conosce, o osservano
i propri piedi scalzi, o provano una nuova scriminatu-
ra sulla testa calva, oppure sfogliano una rivista illustrata con immagini di belle donne seminude e lottato-
ri muscolosi – non lo so, e non lo voglio sapere [...] Ma
non bisogna credere che quest'altra vita, questa *no
man's land*, sia la festa e tutto il resto i giorni feriali.
Non per questa via passa la distinzione: solo per quella del mistero assoluto e della libertà assoluta».

È a questa intimità assoluta, utopia di chi scrive, che collego una delle conversazioni piú belle, e forse per questo irriferibili, ai limiti dell'inconsistenza, che ebbi con Claude Garrec a proposito del suo amico Henri. Essa risale all'epoca della troupe televisiva giapponese al Grand Colbert, per fare un documentario che tenesse conto ormai di tutte le lacune e i misteri di un'indagine troppo presto e malamente conclusa. Quel giorno, situabile in un passato molto piú prossimo rispetto all'epoca di questa storia, Garrec e io toccammo fra l'altro un argomento che per pudore non volli mai abbordare prima, quello dei servizi segreti e le dicerie che volevano che Henri Paul fosse una spia. Ovvio che fosse in relazione coi servizi segreti, disse Garrec, ma era nel quadro del suo lavoro, normale routine. Quando ci sono ospiti importanti al Ritz, il servizio di sicurezza prende contatti coi servizi dei rispettivi Paesi, e Henri Paul in qualità di responsabile della sicurezza era in rapporti coi servizi di vari paesi, compresi gli immancabili arabi e israeliani. Rievocammo anche i diversi libri già usciti sulla morte di Lady Diana e sull'incidente, come quelli del bizzarro detective Hugues Mondrian, o Hugo Nhart, lanciatosi con fervore in una battaglia per la verità sulla morte di Diana. Non fu per nulla stupito, continuò Garrec, nel leggere che la principessa Diana si sentiva minacciata. Per lui era inimmaginabile che quell'incidente fosse solo un incidente. Ma si sentí in dovere di ripetermi che non aveva altro interesse tranne quello di ristabilire l'integrità e la verità della memoria di Henri Paul, e che continuava a sentirsi fortunato di averlo avuto come amico. Eravamo ripassati dal suo ufficio, e dopo tanto tempo decise di riaprire insieme a me gli scatoloni che contenevano gli articoli e i giornali su Henri Paul, archiviati per anni. Fu per lui una reimmersione, disse

proprio cosí, e mi passò in silenzio fogli, fotografie, carte. Fu in quella circostanza che mi chiese cosa ne fosse, infine, del mio progetto di libro. E mi informò, come per scusarsi, che la celebre giallista americana Patricia Cornwell aveva in animo di fare un libro sull'incidente
di Diana, e che per questo lo aveva contattato, e con
lui la famiglia di Henri Paul. Non c'era bisogno di dirgli che tra il mio progetto e quello della creatrice del
personaggio Kay Scarpetta, medico legale e specialista
di farmacopea e post mortem, non avrebbe potuto esserci alcuna rivalità. Al contrario, mi sarebbe piaciuto
incontrarla e intervistarla sulle sue motivazioni.

Ma quel giorno Garrec volle soprattutto portarmi a
pranzo in un luogo sacro alla sua memoria, quasi un
luogo di culto: il Café Pélican, dove vide per l'ultima
volta Henri Paul dopo la partita a tennis dalle nove alle undici in un campo di Issy-les-Molineaux. È un classico, vecchio *bistrot* all'angolo tra rue Croix des Petits-
Champs e, appunto, rue Pélican. È un posto molto tranquillo anche d'estate. Davanti ai tavolini fuori c'è uno
slargo, mentre i muri dall'altra parte della strada sono
quelli della Banque de France. È anche un angolo di
Parigi in cui si stratifica la storia, tra la via dove abitò
Jean-Jacques Rousseau all'epoca delle sue passaggiate
trasognate e i bordelli che risalgono al XIV secolo, detti *boutiques à péché*, negozi del peccato. Lessi infatti
che l'antico nome della strada era rue du Poil au C.
Non so con precisione il nome completo, per via del
pudore degli storici, ma i casi sono due: o via del Pelo
di Culo o via del Pelo di Fica (*côn* in francese). E mi
sono chiesto quante battute ne avesse ricavato Henri
Paul, escludendo la possibilità che non ne fosse a conoscenza.

Ci sedemmo quindi nel caffè a un tavolo di fianco a
quello in cui Claude Garrec e Henri Paul bevettero l'ul-

tima bibita, una Pepsi Cola, raccontandosi barzellette.
O meglio, Henri le raccontò. Quella della nana con gli
stivali, ad esempio. Già dicendola cosí l'ho rovinata.
Io non so raccontare le barzellette, confondo sempre
le fasi narrative della storia e anticipo la fine, me ne
scuso. Del resto non è che sia un granché, però fa sorridere a saperla raccontare. C'è una donna nana che va
dal dottore lamentandosi di un male insistente all'inguine, ci torna piú volte, finché il medico le suggerisce
di indossare un altro paio di scarpe. Immaginai la voce di Henri, il suo continuo giocare, la sua ironia a dis-
simulare forse la sua sofferenza. Immagino il mattino
di fine agosto, l'aria tersa e il cielo azzurro. Sono le banalità a interessarmi, sono le parole nate per essere di-
menticate, quelle in cui davvero ci si abbandona, fuori dal controllo della coscienza. Senza le pose, nulla da
mettere in mostra. Quella sciocca barzelletta della nana con gli stivali, sono sicuro, mi avrebbe fatto ridere
detta da Henri. Nella luce di un sabato di fine agosto,
il corpo stanco e rilassato dopo il tennis.

Garrec mi presentò, e Paulette, la cameriera del Pélican, si uní volentieri a parlare con noi, ricordando l'ultima bibita fresca consumata da Henri al tavolino al-
l'entrata, ricordando Henri Paul, cliente abituale, con-
sumatore di Coca, di Pepsi, di succo d'ananas e di
pastis.

Volli farmi regalare il menu, che era ricoperto da una
foto in bianco e nero di una costa marina, con il primo
piano di un pellicano di profilo, sulla spiaggia. «Di che
luogo si tratta?», le chiesi. «Forse l'Italia», rispose
Claude. Ma a me la linea sfuocata delle case sullo sfondo faceva pensare piuttosto alla Croazia. «E se fosse
Lorient? Ci sono pellicani a Lorient?», chiesi con stupido fervore. Per niente. Finché Paulette ci spiegò che
per adornare il menu aveva inserito la cartolina di una

cliente spedita dalla Grecia. Ah, ecco, esclamai con esagerata soddisfazione. Perché, se uno pone delle domande, dopo deve accontentarsi delle risposte, che non è che siano per forza banali, semplicemente seguono una logica indipendente dalle nostre aspettative, estranee al nostro umano e intellettuale desiderio di coincidenze, di conferme, di avventure, di nuovi anelli da aggiungere alla catena o collana con cui ci orniamo di storie fino a legarci, se non a strangolarci.

Invece, le banalità, sono la cosa più importante quando rievochiamo una persona amata e perduta. È l'intimità la cosa più banale di cui disponiamo. Le parole vuote, le parole che evaporano nell'aria, che si dimenticano, e che per questo ritornano. La Pepsi Cola. Le barzellette. E dover andare poi all'aeroporto di Bourget, a prendere Diana e Dodi, lavorare anche di sabato. Nel mio, di ricordo, c'è il volto di Claude che a un certo punto ride, lí al Café Pélican, ride tanto mentre evoca Henri, ride d'amore ricordando la sua perdita, i talenti fuori del comune dell'amico, dal pianoforte al tennis, dice, dalle gag permanenti all'aeroplano.

Fu il racconto di Nina Berberova a spingermi a leggere e annotare, nei giorni successivi, alcuni capitoli sul genere biografico del libro appena uscito di James Hillman, *Il codice dell'anima*. Un libro che mi aveva allo stesso modo irritato e affascinato, a cui feci resistenza malgrado fossi intimamente d'accordo nel ribaltare il senso comune e le leggi della causalità: sono gli effetti a scegliere le cause – questa in sintesi la tesi di fondo. Ciò che la letteratura dice forse da sempre.

L'idea di Hillman, già psicologo e psicanalista junghiano uscito dai ranghi e dalla professione, è quella di valutare la vita, le vite, anche la propria, guidati da un apprezzamento estetico, come un romanzo. Il che comporta una revisione radicale della psicologia: «La nostalgia di bellezza che alberga nel cuore umano deve ricevere riconoscimento dalla disciplina che considera il cuore umano il suo campo di studio. La psicologia deve ritrovare la strada verso la bellezza, per non morire [...] Come potrà mai uno stile biografico che ignora la forza propulsiva della bellezza [...] soddisfare il bisogno di lettori che nelle biografie cercano suggerimenti per vivere? Soltanto se la narrazione stessa trasmette il senso della bellezza, una biografia può rendere giustizia alla vita che narra». Hillman usa parole imbarazzanti, come «anima», e al centro della sua riflessione di Hillman pone l'antico concetto di *daimon*, o carattere, o destino, oppure ancora «ghianda», qualcosa che si sviluppa e si apre nel corso della vita, ascesa e discesa. «Considerando la nostra persona come un esempio di vocazione, il nostro destino come manifestazione di un *daimon*, guardando la nostra vita con la sensibilità immaginativa con la quale leggeremmo un romanzo, forse placheremo l'ansia». E anche se Hillman indugia soprattutto in vite straordinariamente intense, dove successo e dolore sono indissolubilmente legate – Judy Garland, Josephine Baker – non è che il *daimon* sia prerogativa solo di certe professioni o di certe vite; non esistono vite mediocri, poiché il *daimon* è propriamente «una vocazione alla vita», e dà importanza a tutti, non solo ai vip. La grandezza del carattere si manifesta ovunque, anche se la nostra civiltà, compresa la nostra psicologia, non sa apprezzare il valore delle persone che non emergono, relegandole nella cosiddetta mediocrità dell'uomo medio. Non esiste una mediocrità dell'anima. «Stampa e televisione vengono a pescarti soltanto quando piangi dopo una tragedia, quando dai in escandescenze davanti alla platea, o quando ti metti in posa per spiegare cosa ne pensi; dopo di che, ti butta nuovamente nel calderone della mediocrità indifferenziata. I media sanno adulare, celebrare, esagerare, ma non sanno immaginare, e dunque non sanno vedere». Per tornare all'anima, o ghianda, essa si comporta, scrive Hillman, non tanto come una guida, quanto come «uno stile personale, una dinamica interna che conferisce alle occasioni il sentimento che abbiano uno scopo». Tali occasioni possono essere anche a una malattia, una disgrazia, un incidente, poiché il *daimon* agisce autonomamente: «Una morte – nell'arena, al gabinetto, in un incidente d'auto, non importa – può avere senso rispetto all'immagine e alla sua traiettoria , anche se non ne ha per noi e per i nostri progetti».

Compito del biografo sarebbe quindi seguire la traiettoria del *daimon* che, come la natura, ama nascondersi e travestirsi. La biografia sarebbe una «professione impossibile», o meglio, «il biografo è uno scrittore fantasma, se non addirittura un acchiappafantasmi, che cerca di catturare le ombre invisibili presenti nelle evidenze di una vita. Quanto piú una biografia rimane aderente ai fatti, tanto piú trova chiare tracce dell'invisibile». È la disillusione la miglior ricompensa del biografo, disilluso soprattutto verso il mondo dei dati di fatto. Ciò che spinge a scrivere, e i lettori a leggere, delle biografie, è il desiderio di scorgere il *daimon*, l'invisibile che si nasconde ovunque in mezzo al visibile.

Per associazione di idee, e con una zoomata in avanti, vorrei riferire di quando, anni dopo, dopo avere cento volte rinunciato e ripreso questo libro, abbia parlato di biografia e di anima con quell'amico di Henri Paul che, unico, scelse fin dal 1997 un ostinato silenzio con cui dare forma al lutto e allo sdegno nei confronti dei media. Si chiama Jean Noel Carriou, è l'amico artigiano, il quarto angolo, di cui mi aveva parlato Claude Garrec. Cosa mi disse al telefono il signor Carriou?

Parlò molto, in effetti, e apparentemente solo per dirmi che non voleva parlarmi, tanto meno incontrarmi. Del suo lungo commento trattenni solo questa frase: «Henri aveva la sua sofferenza, come ognuno ha la propria». Giusto, pensai, e lí per lí non ebbi dubbi che dei quattro amici Carriou si fosse prestato piú volentieri degli altri, nell'immancabile rotazione, al ruolo del grillo parlante. La famiglia Paul mi aveva avvertito: è un tipo un po' monacale e un po' anarchico, non dice nulla e anzi disapprova l'atteggiamento di Claude Garrec, che è andato perfino in televisione a parlare di Henri. Provavo rispetto per la sua ritenutezza. Divorziato da anni, residente con la figlia a Larmor Plage, luogo di turismo balneare accanto a Lorient, mi disse che costruiva oggetti simili a giocattoli. Confermandomi la sua indisponibilità trovò sospetto che lo avessi chiamato dopo che, al risveglio, aveva sentito due volte al giornale radio della riapertura dell'inchiesta sulla morte di Henri Paul, dopo il ricorso in appello. Ma restando così a lungo al telefono, alla fine concesse che probabilmente non ero un giornalista, ma solo un bislacco scrittore abitato da un'idea empatica di biografia. Non è vero che si può parlare di chiunque, protestai contro la sua allusione alle biografie di persone ordinarie. È solo parlando di qualcuno in particolare – da cui sei stato scelto, per così dire, piuttosto che averlo scelto – è solo parlando della vita di qualcuno, senza illudersi di esaurirla, che si può far sí che chiunque possa riconoscersi. Poiché è l'intimità che ci sembra unica, piú ancora che singolare, ad essere il nostro tratto comune. Cosí mi ritrovai anch'io come lui a monologare al telefono. Dissi che gli scrittori non inventano, descrivono. Che quello che si può dire in una parola preferiscono dirlo in una frase, quello che si può dire in una frase preferiscono dirlo in un paragrafo, in un intrico di frasi che si confondono sempre piú tra loro, come le orme nella sabbia o nel fango, fino a cancellarsi, essere inservibili, indiscernibili, fino a diventare nulla, tracce di tracce. Gli scrittori, quelli che scrivono, quelli che non vogliono diventare degli scrittori ma vogliono diventare altro, difficilmente commentano. Jean Noel Carriou (che si lasciò sfuggire che un tempo voleva fare lo scrittore), pur avendomi lasciato solo dei commenti alla fine mi disse due cose, parole obiettive che con involontaria astuzia gli tirai fuori. Due deittici, anzi due titoli. Carriou legge pochissimo, disse, «perché non ho bisogno di farlo». Ma un giorno Henri, che era invece un accanito lettore, si presentò da lui con un pacchetto della Fnac, il famoso emporio parigino, con dentro due libri che gli portava in dono (e chissà perché mi immagino Henri vestito da città, riconoscibile da lontano col pacchetto ciondolante della Fnac, che va dall'amico un po' orso in una capanna di legno al limitare di un bosco). I due libri erano *Viaggio al termine della notte* di Louis Ferdinand Céline, e *Profumo* di Patrick Süskind. Sorrisi, pensando al desiderio di Henri di intervenire sugli altri, di influenzarli. Cosa gli importava se l'amico artigiano leggesse o non leggesse dei libri? Però aveva messo il dito nella piaga, anche se voleva soprattutto dare qualcosa di se stesso, della sua sofferenza, o utopia, o come la si voglia chiamare. Perché regalare dei libri significa voler condividere qualcosa, cercare un fratello. Carriou, l'artigiano un po' anarchico, lesse prima il secondo, ma fu giustamente il primo libro che preferí, quello di Céline.

La seconda rivelazione uscita dal filo reticente del telefono disse qualcosa di sé, piú che di Henri, e qualcosa sugli anni '70. «Piú che ai *Tontons flingeurs*, – mi disse Carriou, – che fa pur sempre ridere, la nostra amicizia, l'amicizia del nostro gruppo disperso dopo la morte di Henri, mi ha fatto pensare spesso al film di Losey, credo fosse lui il regista, quello con Serge Reggiani, che è appena scomparso: *Vincent, François, Paul et les autres...* ("Tre amici, le mogli e (affettuosamente) gli altri"). Chi ero io, e chi era Henri? Un po' tutti e ciascuno, a turno, Yves Montand il piccolo industriale o Reggiani lo scrittore, il medico Michel Piccoli o il giovane Depardieu, pugile dilettante, ecc.». E con questa evocazione un po' languida della nouvelle vague, la conversazione con Carriou sfumò sulle note di un'intimità che nessuna testimonianza volontaria sarebbe riuscita a creare.

Non era Losey il regista di quel film del 1974, ma Claude Sautet. Gli attori erano davvero magnifici, e anche la storia, che non si distingueva dalla vita vera. Per questo vorrei riportare alcune parole che gli dedicò François Truffaut: «ogni rassomiglianza con i personaggi, se c'è, è puramente casuale. Ciò che mi ha colpito in *Vincent, François, Paul et les autres*... è la straordinaria adesione tra la gente che vediamo sullo schermo e le parole che pronunciano, come se il vero soggetto del film fossero le loro facce. Montand, Piccoli, Reggiani, Depardieu: questo film è la storia della vostra fronte, del vostro naso, dei vostri occhi, dei vostri capelli. Ora so tutto di voi, perché avete girato un grande documentario su di voi prima di tornare ai vostri film di finzione, al vostro mestiere di attori che rispetto e che non voglio assolutamente disprezzare».

Nell'attraversare il libro di Hillman, presi infine questi strani appunti:

«Le "falsificazioni" biografiche (Hillman intende però autobiografiche) fanno parte dei fatti narrati tanto quanto i fatti in sé. Il ricordare "cose che non sono avvenute" come diceva Mark Twain, è falsificazione o rivelazione?» (Mi venne in mente Louis Althusser, il suo materialismo che sconfinava nell'allucinazione, di cui scrisse nel manicomio di Saint'Anne). Mi colpí poi una digressione di Hillman sulla *pseudologia phantastica*, vecchio termine psichiatrico per designare racconti, menzogne, travestimenti, invenzioni e simili che suscitano perplessità nell'interlocutore. Ma l'attività di fabulazione trasmessa da queste finzioni è in se stessa vera e importante. La parola tedesca «Doppelgänger», proposta da Hillman, designa quella sorta di gemello immaginario che potrebbe anche essere il *daimon*, e che è forse il soggetto di quelle presunte falsificazioni o invenzioni. A un certo punto Hillman introduce la questione della biografia a traino di quella del nome e del soprannome (quest'ultimo essendo forse il nome proprio del *Doppelgänger*, o comunque segno del suo riconoscimento):

«Se "l'altro nome", altro rispetto al nome registrato all'anagrafe, indica "quell'altro", allora chi è il soggetto della biografia? Sta in questo, dunque, il fascino del genere biografico, nel fatto che sia il genere creato apposta per connettere le due anime, la persona umana e il genio, detti dai biografi vita e opere? È per questo che siamo affascinati dalle biografie? Le biografie rendono visibili gli intrichi del rapporto fra i due nomi e noi; leggendole, speriamo di poter intuire qualcosa sul nostro, di *daimon*, e di scoprire come viverlo studiando come, palesemente, ci sono riusciti altri e anche vedendo i loro errori, le loro tragedie. Non è per bisogno di eroi o di modelli o di fughe in vite non nostre, ma per sciogliere l'enigma fondamentale della nostra doppia nascita, dell'essere nati con un *Doppelgänger*; e se da soli non riusciamo a trovare questo angelo estraniato, ci rivolgiamo alle biografie in cerca di indiz»i.

Fu quello stesso giorno d'inverno, nel silenzio della casa al mare, che a un certo punto trillò il telefono, ed era Vito Riviello da Roma. Mi raccontò questa singolare esperienza. La sera prima mi aveva chiamato (e la coincidenza era davvero incredibile, visto che ero andato a Viareggio), ma evidentemente sbagliando numero. Qualcuno, «un vecchio molto dignitoso» (lo immaginava di settantadue anni, magro e con gli occhiali, credeva fosse mio padre), gli disse che «Beppe era a Viareggio». Il fatto è che vivevo da solo. Ebbi i brivi-

di, come se avessi scoperto un ladro in casa (il *daimon*?)
L'unica spiegazione: che Vito avesse sbagliato numero. Disse che potrebbe anche aver fatto il 24400 invece del 24040, e decise di riprovare a farlo, chiedendo di
me. Ma non lo sentii per un po', e me ne dimenticai.
Continuai le mie letture un po' febbricitanti in una solitudine perfetta, rotta solo ogni tanto da qualche passeggiata del cane sulla spiaggia, anche se non avevo un
cane.

Anche a Parigi mi sentivo bene, mi sentivo nuovo.

Ormai era febbraio, e per quel che ne sapevo ero riuscito a lasciare R. per sempre. Non rispondevo alle sue telefonate, e per qualche giorno al risveglio ascoltavo un vecchio Dylan (*New Morning*: nitore delle intenzioni dell'inconscio).

Ritagliai alcune «rivelazioni» sull'incidente di Henri Paul dal «Mirror» e dal «Daily Mail», riprese dal «Figaro». Le novità, che gli investigatori e il giudice incaricato dell'inchiesta consideravano con «le piú estreme riserve» («Le Figaro» del 3 febbraio 1998) concernevano una Citroen AX bianca che si sarebbe messa all'inseguimento della Mercedes guidata da Henri Paul fin dall'uscita dal Ritz (l'ipotesi della Uno bianca, coinvolta nell'incidente, era invece «tenuta con certezza, esami tecnici all'appoggio»). Se i giornali francesi glissavano sulla notizia, che la polizia qualificava come un «non-avvenimento», quelli italiani vi si soffermano molto di piú (perché?) Esisterebbe un video amatoriale filmato da alcuni turisti australiani e consegnato al giudice titolare Hervé Stéphan in cui si vede la Citroen AX che fa un'inversione a U per mettersi all'inseguimento della Mercedes.

Due giorni dopo lessi che la polizia australiana aveva preso possesso di questo video, che esisteva, e anche la polizia francese lo stava visionando.

Una sera cenai al Select con Isabelle, l'insegnante di yoga, quella del Café Tabac. A casa sua, dopo cena, seppi che il suo compagno era istruttore di arti marziali. La lasciai saggiamente dopo mezzanotte, ma una volta a casa mi mancò terribilmente non essere rimasto con lei. Era il senso ben noto di un'incompiutezza, ciò che un tempo mi sarebbe stato insopportabile. La giornata era stata piena, ma solo di lavoro e di mente.

Un'altra sera cenai con Marie-Claude de Brunhoff nel ristorante vietnamita sotto casa sua a Saint-Germain, e scoprii con stupore che Isabelle era sua nipote. Parlammo soprattutto di libri, e mi raccontò un mare di trame di romanzi (il suo lavoro era leggere libri per Knopf, Gallimard e altri). Le piacque la mia idea di lavoro: piú ci pensava e piú le piaceva, disse, perché le interessava sia la persona che la vicenda, dove tutto sembrava, o era, ambiguo o falso. Per questo, aggiunse, avrei dovuto scriverlo col fascino e l'astuzia di uno script di David Mamet (il riferimento era al suo ultimo film, *La prigioniera inglese*). Ci avrei pensato su, ma la mia idea era di scrivere una cosa bella e onesta.

Naturalmente mi era altrettanto impossibile e innaturale liberarmi della filosofia che dei gialli, e provavo piacere a disperdermi. Stavo preparando i seminari da fare al Collège de Philosophie sull'uso delle lettere (della funzione conativa) nella filosofia, e piú in generale sul discorso «personale»: dire «io» e «tu» nelle proprie enunciazioni, tutto il contrario della presunta evidenza del fraseggio di Hegel, che quando scrive la sua fenomenologia sembra la tavola delle leggi di Mosè.

Comprai alla libreria Tschann un saggio psicanalitico su Louis Althusser. Vi si ribadivano cose che avevo già scritto anni prima in una recensione alla sua autobiografia, ma si approfondiva il suo «discorso maniaco». Alcuni capitoli sulla scrittura li trovai inquietanti, e riconoscevo una poetica estrema, quella della decomposizione del discorso: non solo dell'enunciato, ma anche dell'enunciatore e dell'interlocutore. (L'ordine sarebbe in realtà inverso: si distrugge l'altro tramite la distruzione dell'enunciato, e per un effetto boomerang, che è in realtà il vero obiettivo, l'enunciatore distrugge se stesso. Non era la poetica dei miei primi racconti, quelli de l'*Ultimo buco nell'acqua*?) Pensai, leggendone alcune pagine, che non avrebbero sfigurato nell'antologia ideale dal titolo *Il dire e la sua ombra*. Oppure avrei potuto scrivere un articolo in cui enucleare e mettere a fuoco quella poetica paradossale ed estrema: ricreare il discorso maniaco o psicotico come portatore di una verità del Dire.

La cosa più importante però mi sembrava l'effetto comico che vi si metteva in luce, lo scatenamento di risate che le frasi di Althusser possono indurre, un riso scomposto, alla Thomas Bernhard, o meglio: al personaggio di Bernhard. Come quando Althusser racconta che di notte, per strada, chiese da accendere a un passante, che altri non era che il Presidente De Gaulle; questi, guardandolo negli occhi, gli avrebbe lodato la sagacia e l'intelligenza. Tutta la scena era illuminata dalla luce di un fiammifero. C'è differenza tra essere regista ed essere marionetta, tra colui che tira i fili e le fila degli effetti che suscita e colui che li suscita (e subisce) involontariamente. Che cos'era Althusser? Di fatto, anche questo è previsto nella sua parodia del «filosofo-clown», che mentre cade compone una teoria della caduta, e quindi cade due volte, come il Barone di Munchausen che si tira su per i propri capelli. Solo che – Althusser non lo dice ma lo mostra – non si prevede mai abbastanza, non si è mai abbastanza consapevoli delle proprie cadute, del proprio essere clown, e non lo si può essere – non si può essere «padre del proprio padre», per esempio – è anzi proprio questa pretesa la spia di una psicosi. Ma dove comincia la psicosi, dove si arresta la consapevolezza? Non equivale a interrogarsi sulla frontiera, sui limiti di ogni Dire, o meglio di ogni Detto? Ogni «significato» è un limite, ogni «limite» è un significato. È la fonte della compassione umana, anche nella filosofia.

Era ormai il periodo in cui era bello andare al cinema di pomeriggio e uscire con la luce ancora fuori che rende sballati. Il film di Raymond Depardon che vidi uno di qùei giorni dopo pranzo, *Paris*, mi sembrava costruito sullo stesso movente del mio desiderio di biografia. Racconta con dolcezza il desiderio di scrivere un racconto su una persona sconosciuta. Il desiderio di avere un desiderio, desiderio fragilissimo che è in realtà un ossimoro: non appena si conosce la persona che si vuole raccontare, essa non è piú misteriosa, e a questo punto il progetto naufraga. Movimento ossessivo e paradossale che nega se stesso, e rende la ricerca infinita e ripetitiva. Il film finiva infatti col personaggio del regista che, prima di partire per un viaggio, confessava all'addetta al casting, la sua aiutante in quella ricerca di una ricerca – ricerca di qualcosa che non si conosce, o che si è già trovato da sempre, ossia guardare donne sconosciute alle stazioni per abbordarle, cogliere al volo delle «passanti» (altra formulazione di un paradosso quasi zen) – il regista che le confessava insomma che «il desiderio è svanito, è partito...» Lungo piano sequenza di corpi e volti sconosciuti, flusso di corpi e volti che scendono da un treno e sorpassano il regista.

Apprendo dal mio diario che era giovedí, e che quel giorno di febbraio pranzai in un pessimo ristorante sulla place Saint-Michel, dove capitai dopo molte incertezze e una lunga camminata dal quartiere di Henri Paul nel II arrondissement. Mi ero fermato a vedere la mostra di Felix Vallotton alla Galleria Dina Vierny in rue Jacob, disegni e incisioni che illustrano pezzi di vita parigina, scene mondane, cronaca nera, perfino una carica violenta della polizia contro i poveri e i disoccupati dell'epoca, poi donne nude delicatamente tratteggiate, e una bellissima china che raffigurava con pochi tratti sospesi e un cerchietto scuro in alto, sole o luna che sia, «il mare». Lo desideravo, costava 24 000 franchi. Poi, dopo una peregrinazione via via meno piacevole, perché cercavo alla fine solo un luogo di sosta, entrai in quell'anonima e opaca *brasserie* di place Saint-Michel, per di piú pretenziosa con le sue sedie rosse e un sentore di albergo dismesso, di fianco al lungosenna e con vista frontale su Notre Dame sfuocata nel cielo nuvoloso e ingrigito dai vapori venefici. Era lo stesso smog che sospettavo potesse passare attraverso il vetro che solo separava dalle automobili che sfrecciavano come oggetti virtuali, come se la strada stessa fosse stato un ologramma, o una proiezione, e come se fossi seduto in uno strano autogrill che non sorvola l'autostrada ma le sta giusto accanto, allo stesso livello delle automobili. L'inquinamento dell'aria e le misure prese formavano d'altronde il titolo gridato quel giorno dalle locandine del «Parisien». «È buffo, – annotai sul diario, – in tanti anni di vita qui non sono mai andato nei luoghi dei turisti. Ci vado adesso, da quando voglio scrivere su Henri Paul».

Quella sera, stanchissimo, mi fermai a bere una cosa calda al Flore dopo essere passato a comprare alla Hune il libro-biografia sulla foto di Paul Strand: una ricostruzione biografica del personaggio anonimo preso dalla foto, che l'autore ha cercato per anni, e infine trovato, e quindi raccontato. E un saggio psicanalitico sul mal d'amore (ma ora il mio interesse era di natura professionale: Henri Paul ne soffriva).

E soprattutto sfogliai avidamente, lí nella libreria, la sceneggiatura dell'ultimo film di Woody Allen, *Deconstructing Harry*. Era stato uno dei film piú belli e consolanti del periodo, tre o quattro anni prima di *American beauty*. L'episodio del viaggio all'Università in cui Harry, lo scrittore, doveva essere «celebrato», e vi arriva col figlio rapito, una puttana di colore che sarà arrestata per possesso di droga, e l'amico morto sui sedili dietro, era molto di piú che esilarante. Dietro la pazzesca caricatura mi ricordò l'inquietudine per il mio piccolo viaggio a Latina a ritirare il premio. Ma erano le frasi finali di Harry a commuovermi, e le ricopiai sul quaderno. Frasi che dicono la vita e il suo disordine, e risuonavano come un'epigrafe perfetta a quello che cercavo di fare e di dire.

Harry (si sente la sua voce off) sta scrivendo appunti per un romanzo con la macchina da scrivere: «Rifkin led a fragmented, disjointed existence. He had long ago come to this conclusion: All people know the same truth. Our lives consist of how we choose to distort it. Only his writing was calm, his writing which had in more ways than one, saved his life» (e intanto rilegge quello che ha scritto).

Nonostante una vita possa apparire e forse essere insensata e scucita, ognuno conosce le stesse verità, che nelle nostre vite distorciamo ognuno a modo suo. Eppure la scrittura può apparire anche al piú perduto e tormentato di noi limpida e apportatrice di senso. Cioè di serenità. Era per questo che volevo dedicare un libro a Henri Paul, alla vita di una persona che non conoscevo, che non avrei mai conosciuto, che preferivo nonostante tutto ignorare e preservare, e che nello stesso tempo volevo cercare e scoprire, per conoscere meglio gli altri e me stesso?

Non per cercare una verità, non per nascondere quanto le vite fossero scucite, né per entrare nelle fila di chi, ironico e disincantato, sa la verità e la contrappone alle opinioni. Al contrario, per vivere un incanto, e cercare di salvare almeno un po' la mia, di vita.

In realtà non scrissi nulla per un pezzo. Mi mancavano l'ozio, il *désoeuvrement*, l'inconcludenza e la contemplazione del diario. Tra inverno e primavera del 1998 feci molti viaggi in Italia e parlai in giro. I posti piú lontani furono Bari e un paesino della sua provincia, la cui campagna era battuta la notte dai cani randagi.

Il desiderio di scrivere si risvegliò bruscamente a Roma, tappa di quel viaggio. Dove, sul taxi dall'aeroporto alla città, provai un'intensa e inaspettata commozione nella zona di porta San Paolo e la Piramide, all'incrocio con viale Ostiense: guardando le persone che attendevano alle fermate degli autobus mi accorsi di avere gli occhi bagnati di pianto. Sotto il cielo terso del mattino mi commuovevano senza ritegno i corpi mortali della gente, i loro volti segnati, i loro vestiti poveri e normalissimi. Un uomo basso di mezz'età, i pantaloni a campana sulle scarpe, la cravatta marrone, volto e spalle meridionali, anche i piedi meridionali. Un altro col cappello e una cravatta gialla. Donne con la borsa grossa appesa al braccio. Ragazzi coi giubbotti. Le automobili che rallentavano e si fermavano ai semafori, poi ripartivano. I volti, in generale, pazienti («pazienza» essendo solo un'altra ritmica della «passione»). Nel taxi, come un viaggiatore fuori dal tempo e dallo spazio, come l'uomo invisibile, cercai il significato di quella commozione. Pensai alla mia profonda debolezza, causa forse della mia compassione. Imbarazzato, cercai allora di scacciare quel sentimento. Ma era anche un'adesione improvvisa alla vita, alla bellezza del sole e del cielo azzurro. Alla bellezza degli esseri umani che risaltavano alla luce e avrei voluto descrivere uno a uno come li vedevo, nuovi e conosciuti. Farei fatica oggi a ripescare la visione e le parole che le corrispondono, e non è escluso che ne proverei di nuovo vergogna. Ma fu una cosa forte.

Piú tardi seppi che era il giorno in cui non si svegliò dal sonno il mio amico Nicolas Bouvier, scrittore e viaggiatore, maestro dell'osservazione e artista del dettaglio. Martedí 17 febbraio, dopo il volo Bari-Roma delle 7.45 che mi mostrò le creste montuose della spina dorsale dell'Italia dall'Adriatico al Tirreno, dopo il risveglio all'hotel e la corsa in taxi costeggiando il lungomare vuoto e piatto all'alba, coll'autista grasso che guidava agile e veloce. Dopo una giornata, quella precedente, varia e intensa, tra la conferenza del mattino all'università e l'incontro al comune di Acquaviva la sera, l'accoglienza e il calore quasi eccessivi delle persone, il sindaco, l'assessore, la targa del comune, la mia fuga a Bari in un albergo.

A Roma feci visita a una rivista e un'altra al Ministero. La sera cenai con gli amici ed ebbi perfino il caffè a letto il mattino dopo nella mia stanza di ospite. Avevo visto cieli bellissimi, stelle e lune. La luna gialla nella campagna di Bari di notte, coi cani randagi. A Roma, quel senso di villaggio nella metropoli, i colori e le screpolature delle case, il mio diffuso desiderio di abitare. Anche Bologna era bellissima e colorata al sole mentre camminavo verso l'università, il giorno in cui tenni la mia prima lezione sul «volto», l'opposto del «ritratto».

Nel diario di marzo 1998 ritrovo un «elenco delle emozioni da fermare e ricordare». Ne trascrivo le prime:

«Mio padre a Parma, al centro diurno, che mi ha accompagnato alla porta col suo passo esitante, e dopo i saluti l'ho visto rimanere lí, solo nel salone con gli altri anziani sullo sfondo, avvolto dalla sua aura, come attraversato da un pensiero – il suo profilo in un'inquadratura a 45 gradi di ampiezza rispetto al volto. Sono restato lí anch'io, a guardarlo dalla porta a vetri. Prima, seduti sul divano, l'ho baciato piú volte sulle guance rasate. Uscendo ho singhiozzato, vedendo la sua immagine di profilo. Ho continuato non visto a guardare la sua postura, simile alla figura di un quadro di Francis Bacon, un profilo che era in realtà tutto volto, tutto primo piano e volto. La sua energia intensa di vecchio con la sua stanchezza intensa di vecchio. Pensando forse per la prima volta che lui è mio padre. Che sia questa, dopo tanti libri, la rivelazione dell'essere-per-gli-altri, della responsabilità, del Tu e dell'Altro?»

«Io e R., che abbiamo fatto l'amore ogni sera, ma è stata la terza o quarta notte, dopo essere stati al monastero a Fudenji, che a letto abbiamo avuto la rivelazione del già noto della nostra comunicazione erotica. Le ho detto a un certo punto: "ho capito" – quando lei mi fece capire senza parole che cosa, quale percorso, la eccitava di piú, cioè esattamente quello che eccitava di piú me. Corrispondersi fa rabbrividire, essere "perfetti amanti". La de-posizione erotica…»

A Parigi, una delle novità che mi portò la primavera fu mettermi a disegnare con un pennello cinese. Lo facevo seduto ai tavoli di bar e ristoranti, sulle ricevute o sui tovagliolini di carta. Poi a casa, sui fogli di mio figlio, seduto alla finestra della camera sul giardino di Matignon. L'altra novità fu il consolidarsi del rapporto con M., la ragazza piú sana e consolante che avessi conosciuto da tempo – cosí mi sembrava. Allora stare con lei era una guarigione, e quando a letto chiudevo gli occhi mi sembrava di avere vent'anni e di trovarmi a Roma in una di quelle giornate perfette di perenne primavera, quando dai vicoli salgono le voci della gente e il tintinnio dei piatti delle trattorie. Stefano, che conosceva il mio passato recente, era felice per me.

Una sera vidi un film che si intitolava *Broken silence*, di Wolfgang Panzer. Parlava di un monaco certosino che dopo 25 anni di ritiro e di silenzio parte in aereo e viaggia attraverso l'India, in missione per conto del suo convento svizzero. È totalmente spaesato. In suo aiuto interviene una ragazza nera di New York rotta a ogni esperienza. La scoperta della vita là fuori è per lui una rinascita. Ne avevo letto una recensione di Alejandro Jodorowsky su «Pariscope».

Tra le notizie di cronaca (non mancavo mai di leggere i giornali italiani, anzi li leggevo piú volentieri se ero fuori dall'Italia), una soprattutto mi colpí. La solitudine terribile dei cosiddetti squatters di Torino, la loro rabbia cieca, estrema, come chi è lontano da tutto e vede tutti gli altri ugualmente estranei e nemici. Mi affascinava il loro rifiutarsi a ogni identità e identificazione, la loro capacità di sottrarsi a ogni comunicazione con gli altri, giornalisti e affini, mercanti di carne umana (alla conferenza stampa, in silenzio, gettarono loro addosso pezzi di carne cruda di macelleria). Ma provavo anche un senso di vertigine per la loro solitudine, il loro narcisismo personale e di gruppo, angoscioso come ogni narcisismo. Nella loro rivolta riconosce-

vo l'intimo disperato desiderio di un'autorità da riconoscere, l'urlo e la supplica di poter essere percepiti e
percepire (*esse est percipi*). Esigenza di educazione, di
maestri. Anch'io una volta ho avuto molta rabbia. Ebbi
l'idea di un reportage su di loro, del genere «abitare»…

Un giorno pranzai con Cathy al Dôme. Stavamo cosí bene che ci restammo piú di tre ore. Non so perché
dopo mi sentii cosí depresso, come quando finisce un
film e ti ritrovi stordito e inutile nella luce fuori. Presi mio figlio da scuola e camminammo fino a rue Paul
Fort chiacchierando. Dissimulavo il mio malessere, e
Pierre diceva che ero «sordo». Davanti a casa insisté,
e mi feci trascinare da lui nella sua stanza, dove giocai
con le marionette inventando per lui il monologo pate-
tico di un cane che era solo come un cane. Abbastanza atroce, a pensarci, anche se qui e là faceva ridere.
Ma almeno nascondeva la mia commozione di vedere
le foto appese al muro, gli oggetti della sua vita quotidiana, i suoi gesti. Fu con sollievo che verso sera mi
congedai, ma mentre stavo per uscire ricevetti il rim-
provero di Cathy che mi rinfacciava con gelata durez-
za la mia invadenza, il fatto di essere salito in casa
senza il suo invito. Non dissi nulla, era come trovarsi in un brutto film sul divorzio. Fuori comprai dei
libri di Michaux, poi colorai una fattura di Lipp del
giorno prima con l'inchiostro di china, senza ben riuscire. Alla vetrina di un negozio a rue Vavin ne vidi
in offerta una scatola e la comprai. La sera dopo fui
semplicemente e felicemente ricompensato dalle sensazioni del cielo dopo la pioggia. Avevo cenato all'a-
perto in boulevard Saint-Germain guardando le nu-
vole rosa a sinistra e quelle azzurro-malva a destra, e
la grande luce azzurro-chiara del cielo. Avevo dise-
gnato e camminato.

Il dottor Guilhot riuscí di nuovo a calmarmi. Prevalse nei discorsi lo scenario di un futuro possibile con M., la normalità di un rapporto d'amóre esistente contro il racket angoscioso con R. e il lutto che vivevo con C., il tutto senza testimoni. Quella sera, con la finestra aperta sul parco, al tavolo della camera disegnai col pennello da calligrafia. Dipingere mi assorbiva e mi calmava. Faxai l'haiku sullo scrivere per la rivista zen, quello sul sole che imbroglia le parole: «Sole sul computer | parole cancellate | questo rimane».

Dopo le dieci di sera, dalla finestra il cielo era ancora azzurro.

Avevo telefonato a Dominique Mélo, lo psicologo amico di Henri Paul. Dopo l'iniziale diffidenza mi riconobbe (come non-giornalista), e si disse disponibile a incontrarmi a Rennes, dove lavora. Amico da venticinque anni di Henri, non vuole certo collaborare, disse, con chi si interessa solo agli ultimi venticinque minuti della sua vita. Ci siamo capiti. Per la prima volta presentai il mio progetto come parte o capitolo di un libro consacrato alle «biografie» di persone ordinarie. Su un giornale, del dottor Mélo avevo letto le dichiarazioni sulla «moralità, la dimensione etica e la deontologia di Henri Paul», e avevo apprezzato la diversità di queste parole rispetto al solito coro. Ma sarei mai riuscito a farlo davvero, questo libro? Cenai in un piccolo ristorante indiano, e il gusto di curry mi rimase a lungo. Era stata una giornata vuota e piena in uguale misura, in un certo senso tipica. Spuntino all'una a Saint-Sulpice col giornale, dopo l'acquisto di una giacca al Bon Marché; scarpinata fino al Musée d'Art Moderne, Boltanski e mostra di Hantai; ancora *rive droite*, zona Bourse, luoghi di Henri Paul, e deludente mostra di un vietnamita da cui mi aspettavo cose bellissime; a casa in taxi, dopo aver attraversato il giardino del Palais-Royal, e presentazione di un libro di François Jullien con Michel Deguy da Tschann (Deguy l'avevo incontrato in autobus). La notte tardi, telefonate buone di M., diceva di essere perdutamente innamorata di me. Fui imbarazzato.

Salutai il dottor Guilhot, avevamo pochissimo da dirci, per quanto fosse decisivo: l'accento ormai posto decisamente sul mio nuovo rapporto, e sul capire meglio che cosa avessi messo in gioco nel rapporto di sofferenza con R., quali fantasmi. Prima ero stato a un *vernissage* alla Fondation Cartier, le fotografie della giovanissima Francesca Woodman (in realtà mia coetanea). Ne fui turbato: una ricerca accanita su «come diventare fantasmi», sparire, *disparaître*. Troppo vicina, quindi. L'erotismo che pervade le immagini, la bellezza concentrata del suo volto quasi folle, come di chi persegue con fervore dall'adolescenza un intimo progetto e si suicida a ventidue anni, mi affascinava e inquietava. Mi sentii interrogato dal suo volto, avevo l'impressione fortissima di averla «conosciuta», il che era tecnicamente possibile, avendo condiviso un pezzo di mondo insieme, giovanissimi, nella Roma fine anni '70. Volevo scrivere su di lei. Al vernissage c'era Raphaël Sorin, che mi presentò una scrittrice islandese che era con lui. Incontrai Esther Ferrer, che mi presentò la mamma di Francesca Woodman, che aveva una casa in Toscana.

R. adesso mi telefonava sempre, per fare l'amore e anche, diceva, per avere «un dialogo alto». Io ero imbarazzato, pur sentendomi in pace in quell'avvio di primavera col ricordo dell'amore che paragonavo nella memoria del cuore alla gratitudine per il profumo del pitòsforo al mare, e quello dei tigli a Parma. Glielo dissi, volevo essere in pace, ma quell'amore che sentivo per lei negli anni scorsi, quell'amore profumato, forte, intenso, dolce, disperatamente vibrante, non c'era piú, non avrebbe piú potuto esserci, non lo rinnovava piú nemmeno la magia del suo volto. Ma tutto doveva trasformarsi in scrittura per guarire, e per questo avevo bisogno della pace di R.

Quando potei parlargli, lo psicologo Dominique Mélo stava lavorando in una struttura ospedaliera a Rennes (Centre Medical Ray-Leroux), specializzata nell'aiuto psichiatrico a bambini e adolescenti. Esercitava anche la professione privata, e insegnava alla facoltà di psicologia. Chiacchierammo nel suo ufficio, in un momento di tranquillità. Quello che aveva sentito dire di me da Claude Garrec gli aveva dato fiducia e me la mostrò, in una conversazione franca come il suo volto, aperto e luminoso sotto la lucida e allegra calvizie.

La conoscenza di Henri Paul datava dal liceo, precisamente dalla *première classe*, che è poi il penultimo anno. Si conobbero al corso di lingua tedesca, e l'amicizia nacque poco a poco, allargandosi e saldandosi in seguito a Claude Garrec (che il dottor Mélo conosceva dall'infanzia), e a Jean Noel Carriou. Ormai i lati del carattere di Henri mi erano cosí famigliari come se lo avessi conosciuto io stesso. Dominique Mélo, nonostante la sua professione, si divertiva ad accettare l'invito a fare degli extra all'Hotel Ritz. Cosa significa «extra»? Nei periodi di punta, quelli con maggior traffico e intensità, il Ritz – e soprattutto il servizio di sicurezza diretto da Henri Paul – cercava del personale a breve termine. Mélo si ricorda ad esempio di essersi prestato in occasione della sfilata di moda dello stilista Versace. Si trattava semplicemente di sorvegliare le collezioni, di evitare che degli intrusi venissero a importunare le sfilate, toccare gli abiti, cose cosí. Durò dieci giorni, e per lui, disse, furono come dieci giorni di vacanza. Naturalmente, l'amico Henri in quel frangente smorzava la sua famigliarità e il suo modo scanzonato e cameratesco, e il dottor Mélo ebbe modo di vederlo com'era nel lavoro, distante e efficiente.

A parte il Ritz, gli ultimi anni della vita di Henri furono pieni di occasioni di frequentarsi. Henri andava spesso a Rennes per volare, perché, pur essendo iscritto a due aerodromi a Parigi, trovava che nell'aeroclub di Rennes, del quale pure aveva un permesso, fosse piú facile disporre di aerei. Anche Dominique Mélo spesso volava con lui. Il volo da Rennes era inoltre piú bello e rilassante che a Parigi, e gli concedeva di guardare la costa frastagliata della Bretagna e l'oceano. Una volta decisero in pieno inverno, col buio del pomeriggio, di andare all'improvviso a Brest e ritorno in aereo. Con loro c'era anche Carriou. La loro fiducia in Henri era totale, se si pensa che pilotava di notte e nella nebbia piú fitta. Era già allora abilitato al volo con la strumentazione elettronica (IFR), e se lo poteva permettere. Mi piacque come lo disse: aveva in Henri «una completa fiducia per quanto riguarda il tempo e lo spazio».

Conversai con Dominiqe Mélo rievocando la loro amicizia. Naturalmente, anelavo ad approfittare della sua professione. Parlare della sofferenza di Henri, come avrebbe detto Jean Noel Carriou («ognuno ha la propria sofferenza»). Qual era quella di Henri?

«Un essoufflement, un affanno del suo ritmo di vita, – mi rispose sobriamente. – Lo so perché me l'aveva confidato Henri». Il quale aveva tutto, aveva i soldi per esempio, una professione bella e che gli piaceva, aveva la fiducia e la stima degli altri, aveva la passione dell'aereo e del volo, aveva tempo, aveva raggiunto molti sogni, eppure anche a Cadaquès, quell'estate 1997, aveva confidato agli amici – continuò Mélo – di essere stanco del suo vortice di vita, della sua velocità, forse del suo trasformarsi, nonostante tutto, in una routine spossante. Non solo. Henri fece partecipe l'amico del suo desiderio di impegnarsi in un'analisi, sollecitandolo anche a informarsi in facoltà a Rennes dei profili possibili di analisti che potessero corrispondergli. Espresse l'intenzione di fare un lavoro su se stesso, affrontare le sue antiche difficoltà famigliari, quelle sentimentali, infine il suo esaurimento professionale. Dovevo dargli una risposta in settembre, disse Mélo. Anche se ironizzò con l'amico: guarda che se sprechi o fallisci questa occasione, gli disse, alla fine ti rimarrà soltanto una porta, quella della religione. Henri rispose: «E perché no?» Comunque sia Henri, esigente sia per quanto riguarda la personalità dell'anàlista sia per quanto riguarda lo stile, alla fine preferí e scelse un metodo «lacaniano».

Decisamente, pensai, Henri Paul non cessava di sorprendermi. Non solo voleva fare una psicanalisi, e per di piú classicamente severa, freudiana, con tanto di accettazione degli orari e della messa in scena, a partire dal lettino. Ma nel suo bisogno di sottomissione prediligeva quella che avrei considerato la piú distante dalla sua vita, la modalità tutta linguistica, e lievemente stregonesca, di colui che venne considerato un guru intellettuale, maestro disincantato di numerosi filosofi, Jacques Lacan. Henri, mi spiegò Mélo, era di una grande finezza, aveva una sensibilità psicologica forte e radicata, e non si sarebbe lasciato andare in una semplice cura «correttiva», in una psicoterapia faccia a faccia, ad esempio, come quelle che faceva anche lui, Mélo; non voleva qualcuno che si sarebbe limitato a «prenderlo in mano», o ancora peggio «aiutarlo». Voleva una cura rigorosa, formalizzata come quella ispirata all'insegnamento di Lacan, con quella finezza linguistica anche estrema, spinta ai minimi significanti. In questa si sarebbe riconosciuto e abbandonato. Soprattutto, non avrebbe mai accettato una sorta di «direttore» di coscienza, una guida, un aiutante, ma un vero e proprio viaggio, un'analisi di cui lui fosse attore del proprio cammino, senza scorciatoie, senza furbizie né ingenuità. Cosí disse Mélo. E, per quanto riguarda la battuta sulla religione come ultima spiaggia, mi spiegò che effettivamente Henri, educato come lui in un liceo cattolico, attivo all'epoca in cui erano studenti in movimenti politico-religiosi, nonostante tutta la sua ironia la religione era sempre presente, era un referente costante. Anche perché lo humour, di cui faceva come ormai mi era noto larghissimo uso, spesso conferma ciò di cui si prende gioco, e la religione era in prima linea.

A lungo termine, rifletté Mélo, la dimissione dal Ritz sarebbe avvenuta. «Ma questo del lavoro per Henri era un mio fantasma, non il suo. "Cosa aspetti a fare una tua compagnia d'aviazione?", gli chiedevo spesso. Lo proiettavo all'altro capo del mondo, per esempio in Cina, a fare andare avanti e indietro degli aerei. Oppure a fare una sua scuola d'aviazione...» Nell'insoddisfazione di Henri, oltre al lavoro che lo occupava dal mattino presto alla sera tardi, c'era la solitudine. Non andava mai al cinema, per esempio. La sua vita era scandita dal lavoro e da interruzioni che duravano una settimana, che poteva trascorrere qui o là, a Lorient, in Bretagna, o altrove. Ma si trovava, ecco, «un po' prigioniero» nella sua vita, disse Mélo. La delusione della rottura con Laurence P. andava oltre al fallimento del suo lato «samaritano», disse Mélo. Perché un tratto del carattere di Henri era questo, il desiderio naturale o ostinato di aiutare il prossimo, di darsi da fare. Non capiva le ragioni dell'eventuale resistenza degli altri. Credeva davvero che la sua ostinazione ad aiutare fosse di aiuto, facesse uscire gli altri dai loro problemi. Sul piano dei sentimenti, in giovinezza Henri visse in modo traumatico la rottura con una ragazza a Lorient. Con Laurence fu la seconda volta, la stessa pena molti anni dopo. E, dietro la sua delusione, c'era anche una storia d'onore. No, non era qualcuno che soffocava l'altro, l'altra, ma impediva pur sempre di fare il proprio cammino. Riccorreva troppo al materiale, disse Mélo, saturava coi doni i destinatari del suo affetto. Viceversa, era difficilissimo fare a lui un regalo.

Laurence P. mi avrebbe confermato tutto questo. Quello che pensavo a questo punto della chiacchierata con Dominique Mélo, e che mi avrebbe arrovellato la testa ancora per un lungo periodo, fu l'idea che Henri, se è vero che non era colpevole, fosse stato oggetto di una macchinazione cosí sofisticata da rabbrividire. Ovvero, una volta enucleata la personalità di Henri, e con essa qualche tratto prevedibile del suo carattere e del suo comportamento, come non pensare che facendo di lui un capro espiatorio non si fosse tenuto conto di tutto questo, in un calcolo estremamente raffinato delle cause e degli effetti? Oppure, c'era un'altra ipotesi non meno incredibile. Quella, come disse Mélo, dell'«orologio del caso». Se è cosí, disse Mélo, l'orologio del caso ha funzionato molto bene.

«Quella penultima sera di agosto Henri non lavorava, ed era anzi previsto che venisse in Bretagna. Dovevamo vederci, anche se seppi già da qualche giorno che non poteva venire. C'erano insomma molte e diverse ragioni per cui quella sera non doveva né lavorare né guidare. Forse fu davvero una messa in scena del caso, compreso un errore di pilotaggio. Detto questo, le voglio raccontare un aneddoto cosmologico, capirà poi perché dico cosí». Si tratta di un apologo, piú che lacaniano, junghiano.

Il dottor Mélo mi raccontò dunque che quella sera che Henri non poté passare in compagnia sulla costa della Bretagna, proprio verso mezzanotte del 30 agosto 1997, quando Henri stava salendo al posto di guida della Mercedes sul retro dell'Hotel Ritz, lui, Mélo, insieme a un amico comune, un certo Lepen, taxista, andò al bar ristorante Le Savanah, fuori Lorient, sul bordo dell'Atlantico, un locale di cui era socio insieme a Henri. Non c'era nessuno, era giorno di chiusura, e appena entrati li sorprese su un tavolo una copia del giornale «Ouest France» aperta sulla pagina dei necrologi. In primo piano mostrava l'annuncio mortuario di una persona che si chiamava Henri Paul, della regione di Lorient. Dopo un primo brivido, Mélo e l'amico ci scherzarono su, e l'amico lo prese con l'intenzione di spedirglielo per scherzo. Henri morí quella notte, in quello stesso momento. Una settimana dopo gli ritornò in mente, ebbe paura che quell'annuncio fosse stato effettivamente mandato a Parigi per posta, e che lo avessero avuto quindi i genitori, ricevendo una ferita supplementare. Ma per fortuna non era stato spedito.

Qualche sera dopo successe qualcosa di insolito. Il dottor Mélo mi inviò nel cuore della notte un fax che trasmetteva tra l'altro un articolo tratto dal «Journal des Psychologues», dell'ottobre 1997. Non lo conoscevo, nonostante avessi archiviato dozzine di materiali tratti anche da riviste mediche e paramediche. L'autore, Gérard Bonnet, sul filo del detto «Date a Cesare quel che è di Cesare», rifletteva sul seguente paradosso: il capo della sicurezza di un palazzo prestigioso come il Ritz, che consacrava la propria vita e il proprio tempo ad assicurare protezione alle persone di alto rango, di colpo fa esattamente il contrario spazzando via in un solo colpo, nella sorpresa di tutti, le consegne piú elementari di quella famosa sicurezza. Ovvero, al volante dell'auto che trasporta la donna piú fotografata del mondo, in stato d'ebbrezza e a velocità sfrenata, decide di «farla platealmente finita». Come se avesse deciso, inconsciamente, di dare al proprio atto (inconsciamente) suicida una risonanza e una notorietà planetarie. Responsabile di tutto questo, diceva l'autore, sarebbe soltanto l'inconscio, dei cui motivi imperiosi non sapremo probabilmente mai nulla. Senza voler convincere di una tesi piuttosto che un'altra per spiegare la tragedia, l'autore suggeriva, tra le cause e le concause – formali, occasionali, finali e possibili – per rendere conto di un atto umano, anche questa «causa efficiente» in senso aristotelico; forse, aggiungeva, quella decisiva. Rendere a Cesare quel che è di Cesare sarebbe stato prima di tutto riconoscere che esiste una disperazione umana che nulla può colmare, poi riconoscere la potenza dell'inconscio, la sua capacità di prendere il mondo a testimone dei propri processi distruttivi, fondati sullo spostamento e sul transfert (Lady Diana). Forse per avvertirci che ognuno di noi potrebbe essere vittima dell'inconscio di un «responsabile della sicurezza», ovunque e in ogni momento.

Lessi dapprima questo contributo come uno spot alla psicanalisi, e alla professione di chi deriva la propria vita dall'analisi dell'inconscio degli altri. L'autore del resto ammetteva la gravità di altri indizi a spiegare l'incidente, anche se nell'ottobre del 1997 era impensabile che conoscesse tutti gli inquietanti risvolti dell'inchiesta. Ma in seguito mi turbò, se non altro perché ammetteva la possibilità che nella mia dedica, e forse nella mia identificazione, mi fossi messo (inconsciamente) nei panni di un suicida per disperazione, ovvero per insensatezza. Poi, di nuovo, il pensiero riprese il sopravvento, e forte di qualche esperienza in materia decisi (alcuni «professionisti» mi diedero conferma) che l'esprimere l'intenzione e il desiderio di andare in analisi e il «farla finita» fossero pulsioni opposte e difficilmente conciliabili. D'altronde, non era proprio l'irriducibile ambiguità della nozione di «incidente» a comprendere già tutte le umane contraddizioni dell'agire, e questo dall'antichità? Esiste forse qualche inciampo, qualche «incidente», perfino qualche esperienza che ci vede vittime (parlo naturalmente degli adulti) che non contenga qualche volontà, qualche intenzione inconscia, qualche complicità o compromissione col destino o l'aggressore? Tutte le volte che mi sono chiuso fuori casa senza chiavi, era soltanto distrazione?

Piuttosto, la «disperazione» ordinaria, che cogliamo ad ogni apertura d'occhi nella vita comune, se solo stiamo attenti – nella vita quotidiana, cioè nelle cerimonie con cui coi nostri simili avvolgiamo e intrecciamo l'inconsistenza delle nostre vite – non è l'occasione, come nell'incidente dell'Alma, cioè dell'Anima, per ritrovare e attivare altri moventi, altri ideali che ci motivino a vivere piú profondamente, a recuperare un senso? (Era uno dei temi, confesso, del mio libro sui maestri). Lo psicologo aveva ragione, ma la sua frase andava completata: date a Cesare quel che è di Cesare, date a Dio quel che è di Dio.

Primavera 1998, altro viaggio in Italia, una settimana al mare Pierre e io da soli. Benessere. Sulla spiaggia bianca come Tel Aviv – in lontananza, le case di Viareggio sembravano quelle di Jaffa – un giorno scrissi una poesia sulla carta marroncina delle focaccine, mentre guardavo mio figlio che giocava assorto sotto il sole con la sabbia. Ricordo il finale: «i volti | in paradiso | non hanno bisogno di espressioni».

Del periodo in cui rimasi da solo ricordo solo un lungo *zazen*, meditazione seduta, nel monastero sulle colline di Parma, col rumore della pioggia prima, col canto dei grilli poi. Un bel *kusen* (insegnamento) di Taiten sulla cura e la manutenzione. E visioni della campagna. Incontrai R., naturalmente. Un giorno, dopo l'amore, rassegnati alla nostra capacità di sentirci, pensammo di celebrare in qualche modo il rapporto. Idea che Taiten potesse farne un rito – come uno scambio di anelli, disse R. che ne ebbe la visione – celebrazione di un rispetto e una liberazione l'una dall'altro.

Avevo dormito da solo e perplesso a Parma. La mattina dopo venne M. e ci abbracciammo a letto. Un panino al Duomo, prima che lei andasse a lezione. Camminando al sole incontrai R., con cui poi andai in campagna. Un paesino, un caffé, e subito dopo quasi un raptus sessuale. Dormimmo in collina, dopo aver fatto l'amore sul prato. La notte sul letto.

Passai giugno a Parigi in mezzo alla revisione, in realtà una vera e propria ritraduzione, del libro di Nicolas Bouvier sul Giappone. Volevo che uscisse nel migliore dei modi, era la mia ultima dedica. M. mi raggiunse a Parigi, rallegrando Pierre oltre che me, e per il mio compleanno mio figlio ebbe l'idea di andare a pranzo tutti insieme sulla terrazza dell'Institut du Monde Arabe, con anche sua madre. Pierre in quei giorni andava alla ricerca di nascosto di regali da farmi, e ne fui commosso. Di quel pranzo conservo delle foto. In una, tra i ricami argentei delle pareti musulmane e il cielo blu e mosso di Parigi, sul tetto del palazzo accenno a un passo di danza, e sembra che stia spiccando il volo, come la parodia di un film di Superman.

E poi ancora al mare, a casa. Andai per la prima volta in spiaggia dopo molti giorni. Non era soltanto depressione. Dall'esterno, credo che apparisse anche come una sorta di «non vita», o di vita altra, quella che accompagna a volte le persone che «scrivono» (come con un brivido sentii una volta testimoniare dalla figlia di un noto scrittore tedesco). Un giorno presi una barca e andai al largo con mio figlio, su quella tavola azzurra tremolante che guardavo da giorni sotto il sole, di lontano. Ebbrezza. Ritrovai il gesto di uscire e andare in spiaggia, coi fogli, i libri, gli asciugamani e il mio costume grigio coi disegni di fiori. In luglio festeggiammo il compleanno di Pierre con una cena-festa e tanti regali, tra cui un quadro con dei cammelli nel deserto e un'asta col cesto della pallacanestro. La notte prima restai ad ascoltare sul terrazzo la musica da un vicino albergo, jazz e blues che mi ricordavano King Oliver e i funerali di New Orleans, musica che mi assomigliava, che non si sa mai se scherza o fa sul serio, se fa ridere o piangere. Pensavo molto alla morte, quei giorni, spesso all'improvviso, guardando un film alla Tv. C'era sempre M. con noi, ormai provata dal mio modo di essere di quei giorni. Ho un ricordo di lei, un pomeriggio pieno di sole. Incurante del tempo bellissimo, M. stava in casa in penombra e mi guardava, riversa sulla poltrona bianca col pollice in bocca. O ero io che la guardavo...

Finché mio figlio e io tornammo a Parigi ai primi di agosto, svuotata ma inondata di luce e di rumori di televisioni accese. Una sera mi chiesi che ore fossero, guardai, erano passate le nove: cielo azzurrissimo, sole ancora ben vivo sui palazzi bianchi. La perfezione della luce e del clima. Nella memoria non so piú se era allora o l'anno prima, in quella stagione, che andammo a Eurodisney, e ne tornai frastornato di impressioni.

Mio figlio aveva sei o sette anni, ma ero stato io a commuovermi, fin dall'inizio all'Hotel Disneyland, quando con la musica, sottofondo di tutta quella città dei balocchi, dallo scalone scese Pluto e i bambini felici lo applaudirono. La regia, la scenografia, gli effetti costruiti, mi davano un'emozione simile a quella che ebbi al Vezak, durante le liturgie religiose buddhiste e cristiane. Cosa significa? Che cosa vuol dire commuoversi? Era lo stato dell'*in-fantia*, lo stupore, il sacro? Avevamo incontrato i vari personaggi – Pippo, Topolino, i Porcellini, l'Orso, Cip e Ciop, Pierre li toccava con entusiasmo, rideva, stringeva loro la mano, felice di farsi toccare e abbracciare, e a un certo punto accettai che anche lui fotografasse me coi Tre Porcellini.

Mi presero le braccia, uno per lato, e quello di sinistra mi accarezzò la schiena con un gesto breve e affettuoso. Indovinai il corpo nascosto dentro l'enorme ventre e testa, di cui solo la piccola parte scoperta delle braccia mi dava conferma che fosse una donna. Il tocco che sentii sulla schiena era inequivocabile. Ne ebbi un'emozione fortissima, quasi un innamoramento intenso e fulmineo per la ragazza nascosta dalle sembianze di uno dei Tre Porcellini, per la dolcezza improbabile della cosa, per l'infanzia della situazione (i «personaggi» non parlano mai, si muovono, fanno solo gesti, neppure smorfie, perché le maschere, già tenerissime e dallo sguardo stroboscopico, non consentono altre espressioni), per la dolcezza gratuita e graziosa del suo gesto che mi toccava senza esibire nulla, soltanto per me. Mi restò in mente a lungo, e pensai perfino di fare una copia della foto e di spedirla con una lettera, chiedendo di conoscere la persona che stava alla mia sinistra vestita da uno dei Tre Porcellini.

A parte questo, mio figlio era davvero felice, era bellissimo vedere la sua eccitazione e la sua paura voluttuosa nelle giostre. Solo la stanchezza fisica interrompeva la magia. Tornammo a casa col senso di un ritorno dall'America, quella che prima non avevo mai voluto vedere. Anche se avevamo preso solo la metropolitana RER, mi sembrava di sentire il jetlag. E un senso di devozione oppiacea a quell'America a fumetti, quella Cartoonia cosí simile alla religione del nostro tempo, droga e *pharmakon*.

Nei giorni seguenti immaginai a Diseyland un romanzo che avesse la stessa trama e struttura di una storia di abiezione da droga, di autodistruzione mortifera, tossicodipendenza da brivido, ma dove tutto quello che normalmente avviene coi buchi di eroina, lo spaccio, e il degrado e la deriva che ne segue, è sostituito dai giochi, dalle giostre e dai gadgets di Disneyland, dalla volontà di abbandonarsi e restarci per sempre, non riuscire piú a uscirne, e volerne ancora, ancora una corsa mozzafiato su e giú dalle Montagne del

Grande Tuono, ancora un viaggio sulla luna ad occhi chiusi nel buio, con quello spintone al cuore e allo stomaco, quell'esplosione dentro. E ancora Pirati, e Fantasmi, e Scheletri, ancora vi prego un abbraccio a Topolino e a Pippo, un sorriso di Aladino e del buon Genio, e un volo, ancora, sui tetti di Londra con Peter Pan. E galleggiare tra le stelle con quella musichina soave, e andiamo pure a suon di mazurke nel ventre della Balena con Pinocchio, sí, voglio essere spaventato a morte da Mangiafuoco e da Capitan Uncino, mangiando popcorn con lo zucchero e col sale, ballando e marciando musica del paradiso, addentando fino all'estinzione l'immensa casa di Hansel e Gretel fatta di hot dog e pan pepato, una casa cosí grande che è in realtà la città intera, noi stessi ne siamo parte, e ci divoriamo, ci consumiamo, ci guardiamo, attori consumati e spettatori voraci, divoratori e divorati, il grande ologramma che ci contiene e che si spegne tutte le sere, e tutti i mattini riaccende («Topolin, Topolin!, Topolin...»).

In un corridoio del lussuoso Hotel Disneyland, ora che ricordo, avevo incontrato il cantante Vasco Rossi, e lí per lí non avevo provato nessuna meraviglia.

Quella mezza estate 1998, prima di lasciarci, Pierre e io vedemmo al cinema *Kundun*, sulla vita del Dalai Lama, e dopo aver mangiato un dessert sontuoso vicino all'Opera ci imbattemmo in Marco Pantani e negli altri ciclisti alla conclusione del Tour de France, cosí, per caso, di fianco al giardino delle Tuileries da cui non riuscivamo a uscire a causa della folla che si era radunata fuori. Eravamo fieri di sentire l'inno d'Italia amplificato. Poi, prima di rientrare, avevamo «mangiato le *frites* guardando la cupola dorata degli Invalides», come concluse Pierre nel suo diario di luglio per la scuola.

Avrei dovuto rimettermi al lavoro, in quella breve e preziosa solitudine urbana. Avevo corretto le bozze del libro di Bouvier. E Henri Paul? Avrei davvero fatto un libro dedicato a lui? O avevo solo perso tempo ed energie distogliendomi da altro, qualcosa di piú difficile e doloroso? Dovevo ancora incontrare le ultime persone con cui volevo parlare, la famiglia Paul e Laurence P., l'ex fidanzata. Avrei dovuto scorazzare un'ultima volta a Parigi lavorando solo a questo. Ritelefonai alla famiglia, parlai con la madre. Mi aspettavano a Lorient, disse, per parlare del loro «garçon».

Un pomeriggio rividi al cinema *Citizen Kane* («Quarto potere») che mi entusiasmò per il soggetto – il voler essere amato e non riuscire ad amare, cosí preso da sé, dalla ricerca di Rosebud, della propria infanzia. Idea della biografia, di quella parte cosí privata di sé da essere delimitata da una barriera con su scritto «No trespassing». L'anima. Il sé. È possibile una bio-grafia del sé?

Una delle ultime sere a Parigi cenai nel XVII arrondissement con Marc e Elizabeth, amici che abitavano anche a Pietrasanta, in un ristorante di rue Flaubert. Per tornare presi un taxi nell'attigua avenue Niel, e mi ricordai che era lí che abitava Gilles Deleuze, e che si era buttato dalla finestra. Subito dopo, passando per avenue Marceau dove fermai il taxi per comprare le sigarette al *drugstore*, fui stupito di vedere molte bellissime prostitute, meticce e di colore, e quella visione mi diede calma e consolazione.

Il mattino dopo mi feci tagliare i capelli molto corti. Mi ero trovato al coiffeur con Pierre e Cathy. Sembravamo una famiglia, allineati sulle poltrone davanti alle specchiere. Ci salutammo lí, e abbracciai e baciai mio figlio. Partivano la sera stessa per la Grecia. Dopo mi sentii molto solo.

Nell'edizione francese del libro di Brautigan c'erano frasi del traduttore Marc Chénetier in cui mi potevo rispecchiare. Una poetica del fallimento, forse, ma l'unica che mi sentivo di indossare senza vergogna. *Dreaming of Babylone*, scrive, è «un "thriller" senza "thrills", dove ogni suspence è fatta a pezzi dagli avvertimenti e dalle anticipazioni, ogni tensione è distrutta dall'incompetenza e dalla confessione importuna, ogni credibilità è triturata dalla stupidità e ogni machismo è minato dalla smania». Fu forse ispirato da Brautigan che quell'agosto 1998 immaginai la giornata di un personaggio a metà tra il detective e il reporter nella solitudine di Parigi, alla ricerca della vita di un autista per caso.

Si sveglia estenuato da una serie di incubi nei quali lotta per dormire e non ci riesce, per via della periartrite alla spalla. A volte sognare è così simile alla realtà che non si capisce a cosa serva. Telefona a un medico, non c'è nessuno disponibile. Sarebbe troppo farsi il caffé, è già molto infilarsi i pantaloni e una camicia, dopo una doccia rapida ed essersi passato la spazzola sulla testa. Va a fare colazione al Café Tabac, dove butta giú le pillole che ha preso in farmacia. Si vergogna di essere mal rasato, e in farmacia come al solito ha balbettato come uno scemo, pieno di sonno e privo di caffè. Chissà perché in farmacia si sente sempre imbarazzato e vergognoso, come un bambino sorpreso a rubare profilattici (esempio sbagliato, oggi non si scandalizzerebbe nessuno). Prima si vergognava che lo vedessero sempre solo, senza sua moglie (che lo ha piantato in asso tre anni fa, ma lui fa finta di niente con la gente del quartiere). Poi si vergognava di avere ordinanze di medici sempre diversi per farmaci omeo e allopatici contro l'ansia e altre turbe. Quasi mai rasato, che coincidenza. Non ha mai soldi in tasca, e paga con la carta di credito somme cosí piccole che non sarebbe quasi possibile farlo. Dopo la colazione è già stanco, ha letto tutto il giornale e ha già fumato quattro sigarette. Torna a casa e gli viene sonno. Mangia nel pomeriggio una vaschetta di pollo con le cipolle comprato dalla cinese, e un pezzo di torta alla banana che gli si deposita nella pancia come sabbia bagnata. Si mette l'ultimo paio di mutande comprate l'altro giorno ai saldi. Per qualche giorno è uscito senza, ma i pantaloni gli facevano male ai testicoli e all'inguine, come se lo segassero. Piú tardi si sente eroico a fare andare la lavatrice piena di canottiere, mutande, un fazzoletto, due federe, un asciugamano. E ancora di piú quando toglie tutto questo e lo appende a sgocciolare sulla moquette sopra lo stenditoio. Ah, bellezza dei lavori domestici! Non è solo un intellettuale, lui. Verso sera suona il telefono, per la prima volta nella giornata. È quella del massaggio ayurvedico, l'annuncio l'aveva letto sul giornale che sta sul marciapiede fuori dal bottegaio. Adesso però non gliene frega niente. Sí, può farlo anche a domicilio, dice la voce, però non stasera. Può spostarsi, e il suo massaggio, continua con voce professionale, aiuta il drenaggio linfatico e fa un sacco di cose buone e spirituali. Non è sessuale. Va bene, vorrei solo sapere se lei è una professionista, sa, ci sono tanti annunci poco seri... un'altra volta, magari. Quella del massaggio completo, cioè sessuale, «distensione e benessere assicurato», telefona poco dopo con voce piú giovane e nervosa, meno professionale e piú arrapante, però non può spostarsi. Riceve al metrò Roma. Meglio lasciar perdere. Stasera è cosí, si sta in casa. Non va neanche al cinema. I film che gli piacciono gli danno l'ansia, e quegli altri gli fanno venire il nervoso. Ha cercato di scrivere, ma ne viene fuori solo un po' di diario lamentoso. Oh, colei che non c'è piú, se ci fosse! Ricordi. Il piacere. A cosa serve, mica si può viverne di rendita come l'acqua per i cammelli. Inoltre è sempre rimasto uguale: le aveva promesso di smettere di fumare se lei gliela avesse data ancora, o meglio, dato (l'amore). In fondo è lui che non ha mantenuto la parola. Però oggi il nostro detective ha lavorato. Ha telefonato all'avvocato della famiglia del morto, ma la segretaria non glielo ha passato, dicendo che se vuole può inviare un fax per spiegare meglio. Lo farò prossimamente, ha detto mentre dentro di sé decideva di lasciar perdere. La barista dove il morto andava a passare dei bei momenti e bere degli aperitivi risponde con un'allegra voce registrata: chiusura annuale, si riapre il diciassette, bye. Al Ritz, nessuna segretaria gli passa la persona richiesta. Ma anche solo fargli fare un tour guidato, come a qualsiasi turista gonzo, non è una cosa possibile. *Non monsieur, je suis desolée. On ne peut pas.*

Non si può.

A volte sembrava piú o meno cosí la mia estate del 1998. Ancora anni dopo, raccomandato e garantito dalla famiglia Paul, madre e padre di Henri, il direttore del Ritz, tale signor Klein (un faccione sotto un casco di capelli bianchi, lo vidi in una foto di gruppo), assente, fece dire al signor Gomblin, già del servizio di si-

curezza ed ex sottoposto di Henri Paul, cui chiedem-
mo di guidarmi in una rapida visita all'Hotel, che era
meglio aspettare il suo ritorno. Un modo di dire. Ma
io dovevo prendere un aereo due giorni dopo. Avevo
già spiegato una volta che non avevo nessun interesse
per i segreti, volevo solo vedere quello che vedono tutti. Quel giorno, disse, aveva molte visite ufficiali, e che
la cosa era delicata per via delle innumerevoli cause civili e penali in corso. E allora? Di cosa ha paura, gli
dissi l'ultima volta, quale timore superstizioso vi impe-
disce di autorizzare e favorire una visita che farei e che
ho fatto comunque tante volte, senza che nessuno si
frapponesse tra me e l'albergo; quale timor panico vi
vieta di incorniciare ciò che ho fatto comunque – e del
resto sarebbe privo di interesse vedere i saloni privati,
l'immensa piscina riscaldata, o le stanze dove gli impiegati si tolgono la giacca d'ordinanza e si riposano,
un po' come dietro le porte con su scritto «privato» i
medici in ospedale bevono il caffè dicendosi le battute più grevi, e toccano il culo alle infermiere… In realtà,
per capire quella ritrosia sarebbe bastato leggere o
ascoltare le dichiarazioni che il padrone del Ritz, il miliardario Mohamed Al Fayed, andava dicendo da anni: che Henri Paul non era affatto ubriaco, ma da anni un agente segreto dell'MI6, come ripeté in diretta in
un'emissione della BBC il 6 settembre 2001.

«Io invece non potrei nemmeno più avvicinarmi al
bar del Ritz, mi butterebbero fuori», mi confidò ridendo Hugh Mondrian, l'investigatore vero che conobbi
qualche anno più tardi.

Ritorno al futuro. L'estate essendo sempre abbaci-
nante, forse è il momento giusto per una zoomata in
avanti. Adesso vorrei raccontare di quando, sei anni
dopo, abbia incontrato un investigatore vero. Quello

che sognava Babilonia non aveva smesso di confortarmi, ma non avevo fatto nulla tranne leggere e sognare, ed era la prima volta che mi capitava di incontrarne uno – dico di detective. Essendo anche giornalista *free lance* e gestore di un sito Internet sulle sue attività investigative, e avendo pubblicato in un libro le *Ultime rivelazioni sulla morte di Lady Diana*, riuscii a contattarlo. Finché un bel giorno, durante un mio soggiorno a Parigi (non ci abitavo da tempo) gli proposi di incontrarci. Scelsi una zona mia, o quanto meno neutrale: il Café Select, dove bivacco leggendo o scrivendo almeno una volta al giorno quando mi trovo a Parigi.

Quel mattino, anche se avevamo già preso accordi precisissimi, mi ritelefonò per dirmi che sarebbe stato vestito di scuro. Dissi va bene, e interpretai quell'appello in un codice di ulteriori verifiche e precauzioni che lui stava prendendo. Io chi ero? Un oscuro scrittore italiano che anni prima aveva vissuto a Parigi. Finii il bicchiere di Bordeaux e all'ora convenuta vidi una specie di cow boy scendere lentamente dalla moto e togliersi il casco. Aveva una giacca di pelle nera sopra una camicia azzurra di jeans, capelli grigi corti e ondulati, spalle larghe. Anche il suo volto era largo. Per un attimo sperai che non si trattasse di lui. Mi sentivo totalmente inadeguato. Ma mi sorrise vedendo il giornale italiano che avevo appoggiato come segno di riconoscimento, e si avvicinò al mio tavolino. Ci salutammo, e pochi minuti dopo mi sentii a mio agio. Lo invitai nel mio ristorantino italiano del quartiere, uno dei pochissimi a Parigi a fare uso d'olio d'oliva e non di panna, e gli diedi consigli sul menú. Li approvò tutti con evidente soddisfazione (sua, mia e del cameriere), dalla rucola con parmigiano (ma fece il bis di antipasti al buffet) al dolce con mascarpone.

Hugues Mondrian comprendeva perfettamente la

nostra differenza. Lui si occupava di segreti, e sulla vicenda dell'incidente di Diana si era dato da fare e si era esposto in prima persona, spinto da non so quale brivido. Io contemplavo e discettavo sulle cose che si sapevano già, cercando di spiegarmi anche con l'ausilio della «letteratura» il modo in cui le cose che si sapevano già venivano sapute e spiegate. Per lui era normale che fosse cosí. Ci accomunava inoltre una fraternità ideale, forse molto maschile, per Henri Paul, e il desiderio non banale di difenderne la memoria. E se adesso mi viene in mente una frase di un romanzo di Richard Ford, che dice che «i segreti sono solo storie vecchie» (il quale Richard figura peraltro nel mio diario di allora, perché da anni ci incontravamo a Parigi nei momenti piú strampalati, e parlavamo di donne, di case e di città), a darmi una nuova iniezione di fiducia nei miei metodi fu la rilettura di un elzeviro del 1919 dello scrittore Emilio Cecchi.

Ristampato in un volume sulla cosiddetta «terza pagina», cioè gli articoli sui giornali con cui gli scrittori riuscivano una volta a sbarcare il lunario, il pezzo si intitola «Dello stare a sedere» (poi ristampato nel libro *Pesci rossi*). In esso l'autore si confrontava con un giovane giornalista di Londra, un redattore di Fleet Street che aveva fatto dell'inseguimento e della caccia al tempo la sua vocazione: «Se vuol raggiungere il Tempo, gli ribattevo, inutile lei si metta a corrergli dietro. Le volerà via il cappello. Se vuol raggiungere il Tempo, la miglior tattica è sempre di aspettarlo seduti. L'ultimo telegramma non è mai quello che le porta in bicicletta il fattorino. Nel migliore dei casi, sarà il penultimo. Dopo cotesto, lei dovrà sempre ricevere almeno un altro telegramma. "Ma di dove?", m'interruppe quasi brutalmente, facendo l'atto di tirar fuori il taccuino. "Naturalmente, da lei stesso"». Il fatto è che, continuava Emilio Cecchi, «noi parlavamo da punti di vista affatto diversi. Secondo lui il giornalista era essenzialmente un uomo che corre. Secondo me il giornalista è essenzialmente un uomo che sta fermo. Secondo lui tutti i telegrammi importanti dovevano ancora arrivare. Secondo me tutti i telegrammi importanti erano bell'e giunti. Egli non credeva che alle notizie che vengon di fuori. Io non credevo che alle notizie che vengono di dentro [...] Egli si affidava all'incerto di coloro che dovrebbero sapere. Io mi affidavo alla sicurezza di coloro che almeno sanno che non sanno. Egli sognava ambiziosi colloqui con i primi ministri, i presidenti dei governi lontani; io consideravo sufficiente alle mie ambizioni un'intervista con la vecchia che la mattina veniva a rifarmi il letto. E se quest'intervista mi fosse venuta bene, ero sicuro di lasciare un'orma, un'impronta, anche in questo campo contestatissimo del giornalismo moderno».

Ma Hugues, il detective che onorò senza complimenti la cucina italiana, non assomigliava per nulla al saccente giornalista inglese di Emilio Cecchi. Sapeva che, come nell'omonimo racconto di Chandler, il detective (come lo scrittore) arriva sempre «troppo tardi». Pur essendo un uomo d'azione apprezzava gli indugi e la lentezza, e anche le parole, e sentimmo una buona armonia tra le nostre naturali vocazioni. Punti d'incontro ne avevamo parecchi. Era goloso e fumava a tavola, gli piaceva bere e non aveva fretta. Consentii al telefono a mio figlio, che sarebbe uscito di lí a poco dal suo penultimo giorno di scuola, di raggiungermi lí. Non vidi a questo nessun inconveniente.

Mentre parlava e mangiava, il detective si metteva e si toglieva piccoli occhiali da presbite dalla montatura chiara. La sua indignazione per il trattamento subíto, anche da parte dei giornalisti, da Henri Paul, suonava in lui sincera. E a parte il sentimento che fosse stato accusato un innocente, lo colpivano le contraddizioni palesi e spesso grossolane dell'inchiesta. Quest'avventura era per lui «una storia d'amore», disse proprio cosí, nei confronti di un uomo che era morto. Disse di ritenere che la verità era a portata di mano, che forse era già presente nel libro che aveva scritto sulla vicenda, e che si tratta probabilmente di una verità semplicissima, che prima o poi verrà alla luce. Dopo gli apprezzamenti per quello che avevo letto delle sue «rivelazioni», gli chiesi che cosa, dall'epoca delle sue prime indagini sull'incidente del tunnel dell'Alma, oggi lo colpiva di piú – naturalmente nella tesi di un Henri Paul innocente. Gli chiesi dove e come si sarebbe risolto il mistero dell'incidente. Che cosa, di quanto visibilmente era emerso nell'indagine, facesse intravvedere una soluzione diversa da quella ufficiale, e che cosa visibilmente fosse stato accantonato.

«James Andanson», disse.

Chi? Ma subito dopo capii, e ricordai il nome di quello strano fotografo americano, conosciuto anche da Diana, che si autodenunciò nei primi giorni dell'inchiesta giudiziaria come proprietario e autista della fantomatica Uno bianca che si pretendeva fosse entrata in collisione con la Mercedes guidata da Henri Paul. Ma la sua dichiarazione venne inspiegabilmente trascurata, e continuarono per molti giorni gli accertamenti di polizia e le verifiche ufficiali di migliaia di proprietari di Uno bianche, prima di riconoscere che, sí, la Uno bianca in questione era la sua, quella di James Andanson. Non è chiaro (ma nulla è chiaro nella ricostruzione di quell'incidente) il ruolo svolto da quella persona che, pur in rapporti confidenziali con Diana, pur interessato a fotografare la coppia (fu presente anche in Sardegna) trascurò di presenziare all'aeroporto di Le

Bourget e davanti al Ritz, ma secondo numerosi testimoni sarebbe uscito dal tunnel dell'Alma la notte dello schianto, appena prima di quell'automobile scura (una Peugeot 295) che stava davanti alla Mercedes. Pare anche che si fosse fermato all'incrocio dopo il tunnel per guardarsi indietro.

Tre anni dopo l'incidente di Diana, un giorno come tutti gli altri, dopo avere ricevuto una telefonata James Andanson uscí dalla sua casa in campagna annunciando alla moglie che andava lí vicino. Il suo corpo fu ritrovato qualche giorno dopo a oltre quattrocento chilometri di distanza, bruciato dentro la macchina (la sua BMW, non la sua anonima Uno bianca) in prossimità di un bosco. Bruciato significa proprio bruciato, letteralmente distrutto dal fuoco. Quasi liquefatto, non ustionato. L'identificazione non fu facile. «Suicidio per cremazione», fu il verdetto del giudice che chiuse il caso.

Perfino i poliziotti, disse Hugues, si pongono oggi delle domande, e non credono al suicidio. «Le tracce al suolo mostravano in modo flagrante che Andanson non era solo e non voleva suicidarsi. Alcuni testimoni dichiararono che Andanson aveva comprato dei farmaci. E allora perché usare la benzina per uccidersi? Ci sono tracce che dicono che la macchina voleva partire, quindi non era incosciente al punto di restare fermo a bruciare, in una postura pressocché perfetta al posto di guida. Ecco alcune contraddizioni. Come ha potuto restare fermo e nello stesso tempo voler partire?» Sul suo libro riportava molti altri dettagli, come quelli relativi al calore necessario per bruciare e sciogliere un corpo e l'automobile. Sequestrata dai gendarmi, la macchina non poté però essere analizzata. «Ma il blocco motore non si può fondere, esclamò Mondrian. Ecco, le inverosimiglianze della storia sono tali, che tutta la storia sembra vera. Non è cosí anche per l'incidente dell'Alma?»

Ma Hugues Mondrian, nel dedalo di informazioni e
di intrighi di cui è costellato il suo libro-inchiesta, non
dimentica di associare alla scomparsa del fotografo James Andanson una serie di rapine, violenze e sabotag-
gi mirati ai danni di agenzie di *photo presse* situate in
mezzo mondo, ma tutte riconducibili a un'unica ma-
trice: qualcuno che, l'indomani della morte di Lady
Diana, voleva offrire sul mercato, per duecentocin-
quantamila dollari, alcune misteriose fotografie. L'ipotesi, tecnicamente credibile, è che tali foto mostrassero volti nel tunnel che bisognava assolutamente tenere celati, e che Andanson avesse a che fare con esse.
L'inchiesta di Hugues Mondrian, lo confesso, ogni volta che la rileggevo mi faceva girare la testa, e sarei incapace di riassumerla. Eppure ogni concatenazione è
ragionevole, e le sue informazioni sono provate e verificate. Mille fili sembrano aggrovigliarsi in direzioni
spericolate ma logiche, come in un documentario di Michael Moore. Cosí, dall'identificazione del vicino di casa di Andanson, un noto mercante d'armi internazionale con appoggi politici, altri fili si ramificano in direzioni imprevedibili, arrivando perfino a coinvolgere,
coprendone il «suicidio» di dubbi e sospetti, l'ex primo ministro, nonché mio ex vicino di casa all'Hotel de
Matignon, Pierre Beregovoy.

Ma di tutto questo il mio nuovo amico aveva parlato in modo semplice anche in alcune trasmissioni ra-
diotelevisive. In seguito, un programma trasmesso su
Canal Plus, a cura del giornalista televisivo Francis Gillery, riprese, citò e sviluppò le sue tesi. Era un'inchiesta, dice Mondrian, che aveva il merito di situare il suo
autore a livello del cittadino ordinario, come una sorta di nuovo *Candido*: formulare le giuste domande, in-
dicare le omissioni e le contraddizioni dell'inchiesta
condotta dal giudice Hervé Stéphan. Conteneva tra

l'altro una conversazione inedita con Eric Petel, uno dei testimoni omessi o trascurati dall'inchiesta del giudice istruttore, su cui mi soffermerò tra breve. Da apprezzare la franchezza con cui l'autore del documentario rispose a una domanda sulla chiarezza eventualmente raggiunta dopo il suo lavoro di indagine. Rispose Francis Gillery: «Sei mesi d'inchiesta per costruire un film, e ciononostante tutto resta nebuloso. Menzogne, omissioni, rifiuti, false piste. Non è chiaro niente!» Comunque sia, l'inchiesta fu trasmessa una volta. Doveva essere ulteriormente diffusa, ma venne censurata e ridotta da cinquantadue a sette minuti.

Quanto al libro di Mondrian, nessuno volle piú parlarne, e nessuno scrisse una sola riga per dire che mentiva o si sbagliava. Nemmeno quando, nel libro come alla Tv, Hugues Mondrian accusò l'allora prefetto di Parigi, il potente Philippe Massoni, di essere colpevolmente coinvolto nella morte di Diana, Dodi e Henri Paul, riconoscendo in lui l'ignoto e autorevole personaggio che negli uffici della questura di Parigi fece spedire a casa il testimone Eric Petel. La versione di questo giovane provinciale, cui capitò di passare dal tunnel la notte del 30 agosto, è che, superando la Mercedes, avrebbe udito una detonazione, e poco dopo avrebbe visto lo schianto con lo specchietto retrovisore. All'uscita del tunnel vide sia la Uno bianca che la Peugeot nera (affiancato in questa testimonianza oculare da altri quattro passanti), e senza altri indugi andò al piú vicino commissariato per denunciare l'incidente. Non aveva nessuna idea di chi fossero gli occupanti della Mercedes. Tenuto in stato di fermo, arrestato e poi trasportato all'Île de la Cité, fu infine rilasciato e «scoraggiato» dall'insistere nella sua testimonianza da un temibile e anonimo capo della polizia. Salvo poi riconoscerlo in una trasmissione televisiva. L'allora prefetto

di Parigi, secondo Hugues Mondrian, sarebbe anche il
misterioso P. M. menzionato in un documento americano top secret (l'intestazione è Domestic Collection
Division – Foreign Intelligence Information Report –
Directorate of Intelligence) sulla relazione intima
tra Diana e Dodi Al Fayed («P. M.», dice tra l'altro
il documento, «considera ogni relazione con Al Fayed
politicamente disastrosa» e «ripugnante sul piano raz-
ziale e morale»). «Non ho ricevuto nessuna denuncia,
non è stata intrapresa contro di me nessuna causa penale», mi confessò versandoci il vino rosso della casa.
E io stesso, mentre riporto questo racconto, non cesso
di stupirmene. In compenso, mi disse Mondrian, aveva ricevuto un controllo fiscale a tappeto, una rapina e
un piccolo attentato.

La rapina avvenne prima del libro, e si spiega. Nella casa dove vive ha una porta blindata. Ma un sabato
mattina in cui uscí a fare spese con la moglie in un supermercato, dove restarono anche per il pranzo, al rien-
tro trovò segni di effrazione sulla porta (l'aveva chiusa a chiave, ora si apriva con una leggera spinta), e una
volta nello studio scoprí che il suo computer era stato
vuotato. Quindici cd rom erano spariti, e tutta la stanza risultava messa sottosopra in un casino sistematico
ma controllato. I capelli che lasciava come al solito sui
cassetti e in altri posti chiave (un trucchetto che impa-
rai anch'io da bambino da uno dei primi film di James
Bond) erano naturalmente spariti.

L'attentato fu invece in forma di incidente, mentre
guidava il suo scooter. Un'automobile lo rovesciò vo-
lutamente spingendolo fuori strada, danneggiandogli
seriamente la spalla. Un avvertimento, pensò. Prese il
numero della targa, si informò, e risultò essere un'au-
tovettura di noleggio. La polizia disse di non avere mai
trovato i colpevoli. Questo accadeva invece dopo l'u-

scita del suo libro, il 20 gennaio 2004. A cui si aggiunsero le innumerevoli minacce, anche di morte, ricevute al telefono.

Non so se la nostra sarebbe apparsa ancora come una normale conversazione a pranzo di due amici, ma so che mio figlio arrivò nel momento meno opportuno, anche se per lui senz'altro il piú eccitante. Avevamo già preso sia il dolce che il caffè, e Hugues mi propose un liquorino che accettai. Gli stavo chiedendo a grandi linee la storia della sua vita, e ne ricordo una serie di frammenti in ordine sparso, ognuno sufficiente a produrre una nuvola di suggestioni. Di madre inglese e padre gitano, ucciso il Natale 1944 dalla Gestapo, Hugues fece il paracadutista, studiò Lettere a Bordeaux anche se sognava di fare il cantante, e suonò vent'anni la chitarra, anche al Flore, al Deux Magots. Scrisse molte canzoni e si esibí nel 1982 all'Olympia, ma l'indomani lasciò tutto questo per via di un tumore ai polmoni (in seguito gli asportarono quello destro, aggiunse accendendosi un'altra sigaretta) e andò ad Avignone, forse, disse, per morire al sole. L'esposizione della sua vita zoomava avanti e indietro, e mio figlio arrivò nell'istante preciso in cui raccontava di un arabo che a Marsiglia gli tagliò la gola con un colpo di rasoio – lo disse passandosi il dito su una quasi impercettibile cicatrice sul collo – ma all'altro, l'aggressore – disse abbassando la voce – andò molto peggio. «Cosa, cosa?», chiese mio figlio sedendosi al mio fianco. Feci le presentazioni, e ordinai per mio figlio una macedonia con gelato. Il nostro detective riprese il racconto, omettendo con delicatezza la prigione. Fece anche un disco. Ad Avignone un caporedattore di «Vaucluse-Matin» lo chiamò a lavorare al giornale. Non so esattamente quando, ma una volta tornò da Avignone a Parigi a piedi, ecc.

Mio figlio ne rimase affascinato, ed ebbi la certezza

che, tra tutti i miei conoscenti che gli capitò di incontrare, Hugues Mondrian era quello che gli piaceva di piú. Piú tardi andammo al cinema a vedere l'ultimo *Harry Potter*.

Quanto a Emilio Cecchi, cosí concludeva il suo confronto col giornalista inglese e il suo elogio dello stare seduti: «Ci separammo cordialmente, e da allora non ho piú saputo nulla del piú giovane giornalista di Londra». Lo immaginava però in giro per il mondo a inseguire notizie: «E fintanto che sarà a caccia di notizie, nessuno oserà sospettare che a sua volta questo cacciatore è un fuggitivo. E caccia disperatamente la notizia, l'informazione, perché fugge disperatamente l'idea, l'opinione. È per lui infinitamente piú facile acchiappare a Honolulu o magari all'Inferno una notizia anche vera, che possedere, sedendo tranquillamente in casa sua, un'opinione, anche sbagliata». Perché, concludeva Cecchi, «la notizia ha infiniti gradi di verità, infinite sfumature di adattazione alla verità. È la posposizione continua, il continuo "aggiornamento", di quel fatto unico e concreto ch'è l'opinione; di quel momento infinitamente semplice, sano e chiarificatore ch'è il momento dell'opinione. E il mondo, o almeno la parte viva rimasta nel mondo, figura d'interessarsi alla notizia, di sentirsi impegnato nel falso dramma della notizia. Ma in realtà non gli importano e non gli possono importare che le opinioni. Il mondo si muove, corre per proprio conto. E non ha bisogno di gente che gli corra dietro a dirgli che corre, di gente con la kodak al collo a prendergli infinite istantanee delle calcagna e della schiena». Che poi Emilio Cecchi citasse alla fine del testo, tra gli altri suoi eroi dello stare seduti, proprio Agostino, il santo filosofo delle *Confessioni*, era una cosa che mi riempiva di dolcissima soddisfazione.

Tornando al 1998, l'ultima sera prima di partire per la Bretagna andai al cinema Arlequin. Perfino rue de Rennes in agosto sembrava bella, e il Café Cassette piacevolmente estivo. Il film era *Aprile* di Nanni Moretti, un documentario su se stesso. Il tema era la paternità, come risveglio della nostalgia del seno da una parte, come iniziazione all'età adulta dall'altra: Edipo al contrario, o Edipo doppio. Documentario-confessione, era questo il genere? Il giorno dopo, dalla stazione di Montparnasse, alle 8.30 del mattino presi il treno per Lorient.

Dal diario: «Lorient, Café du Port, rue du Port. Case basse e bianche, alcune colorate come nel sud del mondo, e qui e là caffè "puliti e illuminati bene", sedie ai lati delle strade quasi senza automobili. E, sopra la testa e i tetti, da qualche parte nel cielo azzurro, gabbiani che gridano come gabbiani. Nelle vie del porto, dove stavo seduto al Caffè del porto, nessuna traccia di un porto, né di mare o di acqua o di imbarcazioni. Ma l'ambiente e l'atmosfera erano quelli della calma spossatezza, del languore di fine giornata, del mare e del porto, luce del sole calda ma non aggressiva, strilli sincopati di gabbiani, voci di clienti piacevoli e rilassate, uomini e donne dalle braccia nude e rilasciate. Un golden retriever che gioca con una barboncina anche lei bionda, vorrebbe farle l'amore. O li avevo già visti prima da qualche parte, piú su, verso la place Alsace-Lorraine, oppure ce n'era un'altra coppia simile se non uguale.

I caffè sono ospitali, le strade quasi senza automobili, e sopra la testa continuavano a strillare i gabbiani. Il mare non si vede, ma c'è una darsena affollata di barche a vela e la gente ha la calma spossatezza di chi vive respirando il mare. Roccaforte dei tedeschi e base dei famigerati sottomarini U-Boot, dopo i bombardamenti della seconda guerra mondiale Lorient è stata ricostruita quasi interamente, con un occhio all'Ame-

rica, o con una analogia che sfiora la coincidenza. Qui
è nato e cresciuto Henri Paul, e vi faceva puntualmen-
te ritorno da Parigi nelle pause del lavoro».

Presi un taxi per il cimitero di Keryado, subito dopo aver appoggiato il bagaglio all'albergo. C'era il sole. Oltrepassai un ponte sulle ferrovie, percorsi una lunga *main street* simile a quella di una cittadina americana, case basse ai lati, piacevoli, un po' come nel meridione
italiano. Bar, ristorantini esotici e modesti, locali alter-
nativi o centri sociali (uno, il Velvet, con calcografia sul
muro di Andy Warhol, in bianco e nero). Era evidente
che Lorient fosse una città ricostruita quasi interamente dopo i bombardamenti della seconda guerra mondiale, quando fu una roccaforte dei tedeschi e base dei sottomarini U-Boot. Venne ricostruita appunto con un occhio all'America, o con una analogia che sfiora la
coincidenza, lo «spirito del tempo».

Al cimitero non trovai nulla, inoltre stava per chiudere.
Ingannai il tempo prima di cena andando alla sede
del giornale «Ouest France», redazione locale, in rue
du Port, quasi di fronte al Café du Port dove avevo bevuto la birra e ascoltato le voci dei clienti e dei gabbiani. Chiesi di poter consultare i giornali del settembre
'97. Ecco le principali trascrizioni:

«Le chauffeur de Diana était Lorientais», era il titolo di uno dei primi articoli (2 settembre 1997). Che
sobrietà nel riferire la notizia, nel non appropriarsene
facendo della propria cronaca locale l'ombelico del
mondo. Un qualsiasi giornale italiano di provincia ne
avrebbe spremuto pagine e pagine di commenti e pet-
tegolezzi, utili però, dal mio punto di vista, a farmi un
affresco mentale e narrativo del luogo e dei suoi abitatori. Qui solo articoli brevi e sostanziosi: si informava
soltanto, tra l'apertura di un centro sociale Louis-

Aragon e quella di un *cyber-café*, tra la fiera-esposizione dedicata all'India e le esequie di un alto prelato. Qualche polemica sulla destinazione dei rifugi per sottomarini tedeschi: interessano o non interessano ai turisti visitatori? E, meglio, sono «interessanti»? La notizia piú importante la stavo vivendo in presa diretta: i preparativi del festival musicale interceltico. Vidi le prime frotte di hippie giovani e meno giovani riversarsi in città.

Lessi, o rilessi, che Henri Paul si era formato alla guida ravvicinata, e seguito *stages* della Mercedes a Hockenheim, vicino a Stoccarda. Era perfettamente competente ed esperto in qualsiasi automobile, normale o blindata. Il signor Jean-Louis Le Baraillec, comandante a bordo di Air France, anch'egli originario di Lorient, lo descrive «appassionato di aviazione». È lui ad averlo formato negli anni '70 all'aerodromo di Vannes. Prima di lavorare alle dipendenze dell'Hotel Ritz di Parigi aveva fatto il militare nell'aeronautica (il giornale parla di «carriera», terminata col grado di capitano) alla base di Rochefort. Ma sia sul suo servizio militare che, soprattutto, sulla sua formazione e passione per il volo, avrò notizie dirette dalla famiglia, e dai documenti che mi mostreranno.

«La presse anglaise déferle sur Lorient» («La stampa inglese si riversa su Lorient»). Cronaca dell'invasione dei famelici giornalisti inglesi. Occhiello: «Ricerca di indizi sull'autista di Lady Diana» (3 settembre). Se il giornale di Lorient ha toni di rispetto quasi *british*, non altrettanto si può dire di giornali e televisione britannici, i cui rappresentanti sono sbarcati a Lorient massicciamente nei giorni che si presumeva precedessero il funerale di Henri Paul, in cerca del «minimo indizio suscettibile di illuminare la sua personalità. E soprattutto di una foto del defunto. Curiosità che d'altronde non è stata gradita da tutti». Un eufemismo: i modi dei giornalisti inglesi (ma anche un'agenzia di stampa svizzera, un settimanale danese e qualcuno del «Washington Post»), hanno disgustato gli abitanti della città, che li ha boicottati. «Al bar Le Savanah il gestore, compagno di bowling di Henri Paul, li ha "mandati a quel paese"».

Il 6 settembre: «Le esequie di Henri Paul rimandate. Dovevano coincidere con quelle di Lady Diana». Dovevano avere luogo sabato mattina alla Chiesa Sainte-Thérèse a Keryado. Motivo del rinvio, come è noto, le interminabili perizie e controperizie sul corpo di Henri Paul per determinare ad esempio il tasso esatto di alcoolemia. Il suo corpo resta sequestrato da investigatori e istruttori, perno di un racconto poliziesco narrato in simultanea da una teoria di stipendiati drammaturghi.

Seduti su un pezzo di prato nel piccolo cimitero di Keryado, un sobborgo di Lorient, Sylvain, il fratello minore di Henri che gli assomiglia come una goccia d'acqua, mi racconterà l'indomani la sarabanda quasi comica dei giornalisti accalcati all'entrata del cimitero, o arrampicati con le loro telecamere sui pali della luce; le gags dei poliziotti che li inseguono da una parte per vederli rispuntare dall'altra; cronisti in giacca e cravatta, spaesati e avidi, che si interrogano l'un l'altro con fare circospetto: «Lei era un amico del defunto?»

Allora come adesso, la sua tomba era un bel rettangolo di marmo bruno senza insegne né nome, soltanto dei fiori. La salma era stata riesumata pochi giorni prima per essere cremata, mi disse Sylvain, ma la tomba restava a suggellarne la memoria, nuda e spoglia né piú né meno di allora. Sylvain e io abbiamo passato lí, nel cimitero cinto da un muretto da cui si vedono casette e giardini, un momento intenso e calmo. C'era lo stesso cielo alto e azzurro dell'anno prima, lo stesso sole.

Il giorno dopo.

In una periferia verde e graziosa, poco dopo il cimitero e la *main street*, la casa della famiglia Paul si affaccia da un lato su un piccolo orto pieno di fiori e di colture. Mi apre la porta il signor Paul, operaio in pensione, un uomo forte e anziano coi baffi grigi che non nasconde l'iniziale diffidenza. È lui che si occupa dell'orto, ricco di ogni genere di ortaggi. Piú tardi mi avrebbe mostrato il nespolo, l'albero di kiwi, quello di passiflora, i cui fiori dalla corona azzurra sembrano incredibili diademi. La signora Paul, un tempo insegnante di scuola, è una donna minuta e gentile, l'eloquio interrotto da una frequente ispirazione di gola. All'epoca di quella mia prima visita erano ancora impregnati di dolore, che portavano con grande forza e compostezza. In passato avevano già perduto, per malattia, un altro figlio. Non fosse stato per gli amici d'infanzia di Henri, che hanno preparato la mia visita e garantito per me, non avrei mai avuto accesso a quella casa.

Ascoltai le loro parole diventare, dal rivolo iniziale, torrente. Non voglio sapere né dire il pathos della notte in cui furono svegliati da una telefonata del Ritz che annunciava l'incidente. Spiegai appena mi sedetti la mia confusa idea di «biografia», che non sapevo neppure io che cosa muovesse, ma avrei voluto scoprirlo facendola. L'idea del «privato», della vita di un uomo. Dove è racchiuso il suo cuore, il suo Rosebud? La casa della famiglia Paul è nel quartiere degli aviatori: rue Saint-Exupéry, rue Montgolfier, rue Blériot...

Henri era un bambino luminoso, a detta di tutti. Intelligente e precoce (leggeva a tre anni), suonava a sei anni il pianoforte, poi il contralto, e scelse di studiare

lettere al liceo. Ha vent'anni quando viene selezionato all'aerodromo di Vannes per il Tour de France aé-
rien, il giro di Francia in aeroplano. Guardo le foto dei
giornali dell'epoca – 1977 – che riportano la notizia.
Vedo un giovane coi capelli molto lunghi e la barba,
berretto da aviatore, maglietta, l'aria sensibile e al tempo stesso spavalda: «l'unico selezionato della regione
consacrato da questa prova cosí selettiva [...] una prova dura e solitaria, che fa appello a tutte le nozioni pra-
tiche e teoriche del pilotaggio, maneggevolezza, navigazione, precisione, rigore, meteorologia, radio, ecc.
[...] In possesso del brevetto dal luglio 1976, il giovane pilota ha già un notevole numero di ore di volo sulle spalle, 130, che saranno portate a piú di 155 al suo
ritorno a Vannes, al termine del Tour de France».

In un'altra vedo lo stesso giovane dai capelli lunghi
seduto su una poltrona rossa di casa, e sulle ginocchia
il fratellino in costume da bagno. Gli cinge le spalle con
aria protettiva e ironica, vedo l'affetto che si trasmette tra Henri e Sylvain. Alla rinfusa, vedo le fotografie
che l'Hotel Ritz passò ai genitori, scelte tra quelle che
nel loro criterio avrebbero gratificato la famiglia: Henri Paul, calvizie conclamata e faccia rotonda, che sorridendo accompagna a braccetto George Clooney tra
la folla che li circonda. Henri sembra ridere a una battuta di qualcuno fuori campo. Stessa situazione con
Schwarzenegger. Vedo Henri serio accanto a Dodi,
aspettare una macchina all'uscita del Ritz. Henri nella postura del lavoro, ignaro o inconsapevole dei fotografi, che dall'aereo a Bourget si dirige verso la macchina con Dodi e Diana, chiacchierando. Vedo delle fotografie scattate dalla finestre di casa sua a rue des
Petits-Champs, il rettilineo visto dall'alto della strada
di fronte, rue Chabanais, e se non lo sapessi direi che
sono le stesse foto che presi dalla mia prima casa in rue

de Seine, guardando rue Jacob. Vedo che le case bianche e occhiute di finestre di Parigi producono un fascino comune in chi viene ad abitarci; vedo il cielo di Parigi sopra l'asfalto che, bagnato, ha lo stesso colore dello zinco sopra i tetti. Vedo a distanza Henri sorridente e con un filo di barba, in tenuta sportiva, mentre con una valigia in mano si avvicina al suo aereo bianco e azzurro, non suo di proprietà, ma quello che pilota per andare, con ogni evidenza, in vacanza. Vedo Henri a una tavola all'aperto, con sfondo di una campagna gialla interrotta da macchie di bosco, ascoltare assorto le chiacchiere dei suoi amici, Carriou e Garrec: bottiglie sul tavolo, birra, succhi di frutta, biscotti. In un'altra Henri sorride con gli occhiali scuri verso l'apparecchio fotografico, è rilassato e contento, camicia bianca a maniche corte. Vedo Henri seduto a cavalcioni sulla sua Yamaha rossa, davanti a sé la bambina Samantha, che lui guarda e sorregge con sguardo adorante e paterno. In questa ha solo folti baffi, e occhiali da sole colorati. Vedo Henri in maglietta bianca, un primo piano di profilo, che scrive degli appunti su un bloc-notes nella cabina di pilotaggio dell'aereo, dopo l'atterraggio prima di un decollo. Vedo Henri, in una foto recente, estremamente inerme sotto lo sguardo della camera, vestaglia azzurra e braccia conserte, a tavola, deve essersi svegliato da poco, è un primo piano frontale, guarda con sorriso assorto chi lo sta guardando, è una bella immagine, di quelle che sarebbero piaciute a Roland Barthes, che si chiedeva: come si fa ad avere un'espressione intelligente quando si viene fotografati? Beh, in questa Henri ci è riuscito in pieno, senza posa e senza sforzo. Ecco cosa mi mancava di cogliere accanto alla sua ironia: la sua affettuosità, ma non è cosa che gli amici possano raccontare. Forse nemmeno i famigliari. Tutti invece ricordano l'ironia e l'indipendenza. Il padre gli chiese com'era la famosa cantante Madonna, di cui si occupò per un periodo all'Hotel Ritz. «Una salsiccia», rispose Henri.

La mattina trascorse cosí, a rievocare nella veranda, particolari e libere associazioni della vita di Henri. Parlando del suo lavoro all'Hotel Ritz, imparo che l'ironia di Henri è di famiglia: una vecchia battuta del padre sui prezzi insensati di quell'hotel, racconta di un passante che viene colto da malore proprio di fronte all'ingresso, viene portato al bar dell'hotel e perché si riprenda gli viene dato un cognacchino. Ma viene di nuovo stroncato quando gli presentano il conto.

Consumammo un pasto frugale, verdure dell'orto, e «anche il pollo è dell'orto», disse con un sorriso il signor Paul. Piú tardi, mentre lui puliva delle sardine per la cena su un tavolo del giardino, e la madre Gisèle sfogliava le lettere di condoglianze che già cominciavano a giungere in vista dell'anniversario da ogni parte del mondo, lettere di affetto, di solidarietà, spesso di preghiera. E so che continuano a riceverle ancora oggi, dopo anni. La campagna intorno si addormentava al sole, chiacchierammo ancora a lungo seduti sulla veranda, poi salii nella penombra del piano di sopra con Sylvain, a visitare le camere. La sua, quella di Henry, e la soffitta delle cianfrusaglie e delle meraviglie, quella dei ricordi d'infanzia.

Tutti gli effetti personali di Henri Paul erano stati portati lí dall'appartamento parigino di rue des Petits-Champs: computer, pianoforte elettrico, molti libri e dischi. Erano i libri, naturalmente, a interessarmi di piú. I libri rivelano molto della verità di una persona, del suo cosiddetto privato. Henri era un lettore curioso ed eclettico. Li sostituiva via via, regalandoli agli amici: come coi videofilm, che cancellava per registrarne altri. Per questo la maggior parte dei libri è degli ultimi anni.

Nell'esaminarli mi feci guidare dal mio istinto e dalla mia esperienza di lettore e di compratore di libri. Il primo libro che notai, spostato su un mobile dal fratello, fu *La vita privata del Presidente Mao*. Mentre, sugli scaffali, la palma del mio stupore andò a *Etica e Infinito* di Emmanuel Lévinas, uno dei libri piú forti del filosofo ebreo lituano. Per raccontare il resto, adesso, mi affido a quello che annotai sul mio diario di allora, ricopiandolo senza altri interventi.

«Li sostituiva via via», mi dice il fratello, regalandoli agli amici. Come coi videofilm, che cancellava per registrarne altri. Per quanto tutti concordano nel dire che fosse molto «conservatore» – che cioè trattenesse carte ed oggetti anche superflui, coi libri e i film era magnanimo e distaccato. Ancora piú importanza rivestono quindi i libri che egli ha conservato, per quanto la maggior parte sono stati effettivamente acquistati, e pubblicati, negli ultimi due o tre anni. Mi faccio guidare dall'istinto, dalle mie attitudini e abitudini di compratore di libri e di lettore. So l'importanza del «paratesto», tutto l'insieme di messaggi, anche grafici, che un libro còlto dall'esterno come oggetto è suscettibile di inviare, appellandosi a noi, attirando la nostra attenzione in una libreria.

I libri di Henri sono allineati in una libreria nera, alta e stretta. Il primo che noto è però stato spostato su un altro mobile dal fratello: è una biografia, *La vie privée du President Mao*, del dottor Li Zhisui.

Dovrei distinguere tra i libri dal dorso liscio, che sembrano non essere stati letti (deduzione a volte ingannevole: Henri riusciva a leggerli con molto rispetto, senza scompaginarli), e quelli piú visibilmente usati. Tra i primi, quelli intonsi, l'attenzione stupita mi va all'edizione tascabile di *Etica e Infinito* (quella che uso anch'io ai miei seminari) di Emmanuel Lévinas,

uno dei libri piú incisivi ed estremi del filosofo lituano
(ne richiamo l'attenzione al fratello, parlandogliene).
E poi: *Dora Bruder* di Patrick Modiano; *L'orrore economico*, il saggio di Vivian Forrester (lo stesso che avevo letto e citato cosí spesso). Non sembra avere avuto
il tempo di leggerli, ma lo avevano interessato abbastanza da volerlo fare.

Ci sono libri di cucina, libri di viaggio e di luoghi,
libri di attualità politica. Libri che hanno piú o meno
tutti, e che sarebbero significativi solo se Henri Paul
avesse solo quelli. Ma non è cosí, e decido di ignorar-
li. Noto invece un classico Wilhelm Reich (*Ascolta, piccolo uomo*), Aldous Huxley in lingua (*Brave New World*)
e un paio di romanzi di Céline. Due o tre titoli del
vendutissimo autore «spirituale» Christian Bobin,
sorta di new age francese, tra cui *La plus que vive*, con
la rosa mistica in copertina (varie volte cominciato e
interrotto, a giudicare dal segnalibro). Il romanzo *Sa-
ga* di Tonino Benacquista ancora incellofanato, uno
dei suoi ultimi acquisti. *L'organisation*, romanzo di Jean
Roulin. E, sempre nell'inconfondibile beige della collana letteraria di Gallimard, *La honte* («La vergogna»), di Annie Ernaux. Edito nel 1997, il dorso piegato mostra di essere stato letto, e quindi di recente.
Anch'io lo avrei letto piú tardi. La scrittrice, in un dichiarato autodocumentario, si concentra sulla data dei
suoi dodici anni per sviscerare se stessa, la propria famiglia e la propria formazione e, tracciando cerchi sempre piú ampi, l'epoca e il mondo ambiente, una provincia francese tra Le Havre e Rouen. Fu in quell'anno,
racconta, che al colmo di un banale litigio famigliare suo
padre volle uccidere sua madre. Poi tutto sembrò ri-
comporsi, come l'acqua di un lago. Il titolo, *La honte*,
lancia una sfida: «Ho sempre desiderato scrivere dei libri di cui mi sia in seguito impossibile parlare, che ren-

dano lo sguardo altrui insopportabile. Ma quale vergogna potrebbe portarmi la scrittura di un libro che sia
all'altezza di quello che ho provato nel mio dodicesi-
mo anno [...]».

Nell'esiguo numero di romanzi polizieschi (è strano
oppure no per qualcuno che giocava, o forse faceva seriamente, il detective privato?) vedo il giallo di Laurie
King *Un talent mortel* (Albine Michel, serie «Spécial
suspense»). Non era quello che le aveva prestato Josie,
la barista? Henri, pare, era arrivato però solo a pagina
65, capitolo 6, dove è posto il segnalibro. Estraggo dallo scaffale *La plus belle histoire du monde*, «La piú bella storia del mondo», autori Hubert Reeves, Joel De
Rosnay, Yves Coppens e Dominique Simonnet, serie
«Les secrets de nos origines» (Seuil), con una certa nostalgia degli anni recenti in cui mi sono appassionato,
con senso anche drammatico di affrontare un tema decisivo, all'infinitamente grande e all'infinitamente piccolo, alla nascita e alla morte, dell'individuo come del-
l'universo. Ha avuto Henri preoccupazioni analoghe?
Col primo degli autori, l'astrofisico Hubert Reeves, ebbi uno scambio di fax, quando desiderai averlo tra i
miei «maestri». Lo sfoglio. Henri lo ha letto e variamente sottolineato, ma si direbbe che si interessasse a
temi un po' piú pratici dei miei: per esempio, come «la
vita si organizza» quando, ai primordi, vi era solo quar-
zo e argilla. Pare che fosse arrivato a pagina 106, dove
si dice che la piú antica immagine del mondo è di 15
miliardi di anni fa. (Come a dire: non confondiamo le
origini del mondo coi limiti della nostra osservazione,
della nostra conoscenza).

Agli antipodi forse di tutto questo, sfoglio una biografia del regista Louis Malle di Philip Franch (uscita
nel 1993); un invito a una cerimonia è infilato nel capitolo intitolato «Scene di vita di provincia». Conti-

guo ad esso il libro *Audiard par Audiard*, edito da La maison du cinéma français nel 1995, con un'affettuosa dedica dell'amico Claude Garrec. Ecco una battuta di Audiard che lo reclamizza sul retro: «La verité n'est jamais amusante sans cela tout le monde la dirait» («La verità non è mai divertente, altrimenti la direbbero tutti»). C'è il grosso tomo, dall'aria intonsa, in cui Jean-Jacques Pauvert ha raccolto una *Anthologie historique des lectures érotiques, de Eisenhower à Emmanuelle (1945-1985)*, Stock 1996. Ma il libro che piú deve aver divertito Henri, al tempo stesso strumento di lavoro non privo di ironia, è *La Nomenklature française, pouvoirs et privilèges des élites*, di Alexandre Wickham e Sophie Coignard. Il libro è del 1986, uno dei primi anni del lavoro di Henri all'Hotel Ritz, dove aveva modo di incontrare, fronteggiare e in parte manipolare buona parte di quel mondo.

Tra gli altri libri piú evidentemente usati e letti mi colpisce *Syllogisme de l'amertume* («Sillogismi dell'amarezza» di Cioran), in edizione tascabile. Henri è stato attratto dal titolo? O conosceva l'autore rumeno trapiantato a Parigi? Mi colpiscono i tanti libri di psicologia e psicanalisi, e ancora di piú sull'anoressia (?). Il titolo piú affascinante è quello di Eric Bidaud, *Anorexie mentale, ascèse, mystique. Une approche psychanalytique* («Anoressia mentale, ascesi, mistica. Un approccio psicanalitico»), collana L'espace psychanalytique di Denoël. Poi, *Conversations avec des anorexiques*, di Hilde Bruch (Payot). Tra quelli di psicanalisi ne noto due di J. D. Nasio nella collana psicanalitica di Payot, di cui uno sull'*Isteria*. (Chiederò piuttosto bruscamente a Laurence P., dopo, se fosse per caso stata anoressica, o se conoscesse qualche anoressica amica di Henri Paul. Risposta negativa, salvo, per un periodo, la figlia di Claude Garrec, adolescente. Ma capirò in seguito che questa nevrosi riguardava invece l'ultima amica di Henri, quella che si nascondeva le lentiggini: parlandone con Sylvain, il fratello mi confermò in qualche modo l'immagine che ne avevo: un rapporto «strano», con una donna impulsiva e imprevedibile). E poi: la copia di una rivista di medicina psicosomatica sugli stessi argomenti, e *Histoires sans faim* («Storie senza fame») di Jacques Maillet (1995), sottotitolo: *Turbe del comportamento alimentare: anoressia, bulimia*. E ancora altri libri sull'anoressia.

Ci sono alcuni libri che all'inizio mi erano parsi meno significativi, perché molto venduti, come l'edizione tascabile dell'*Alchimista* di Paulo Coelho, e *Lo scafandro e la farfalla* di J. B. Bouby, best seller del giornalista rimasto paralizzato, dettato col battito delle palpebre. Ma ora penso piuttosto che vadano messi in relazione con un genere di libri prediletti da Henri che hanno per filo conduttore, direi, le «situazioni estreme» (ma l'anoressia non è una di queste? e l'etica di Lévinas non lo è altrettanto?) Come il libro autobiografico di Calel Perechodnik, *Suis-je un meurtrier?* («Sono un assassino?»), edito da Liana Levi nel 1995. *Le suicide en prison*, di Nicolas Bourgoin, L'Harmattan, 1994, reca in copertina, sotto il disegno di un cappio per impiccagione, la scritta seguente: «Degli uomini muoiono perché non hanno ragioni per vivere»). Visibilmente molto usato è *La Prison. Enquete sur l'Administration pénitentiaire* (Documents Payot, 1995), di Pierre Tortakowsky, un giornalista di informazione sociale che descrive l'universo carcerario. Un libro dal titolo *Comment gérer les personnalités difficiles* («Come gestire le personalità difficili», Odile Jakob 1995), di François Lelord e Christophe André, psichiatri, tematizza tipi psicologici come l'ansioso, il paranoico, l'ossessivo, il narcisista, il depresso, ecc. Fa pensare a un manuale d'uso, dato il tipo di lavoro che Henri Paul svolgeva al Ritz – con ogni evidenza, con materiale umano assai diversificato – anche se mi rimane l'idea che si comprino libri del genere anche e soprattutto per affrontare situazioni private. Con la donna che si ama, per esempio.

In generale mi sembra di condividere i gusti di Henri Paul: quel misto di finzione narrativa e di documentario su cose reali è anche il mio preferito, il confondersi di saggio e racconto, il racconto della realtà. Non ho cercato di fare questo con lui?

Le «situazioni estreme» che interessavano Henri possono essere, di fatto, anche «incidenti», o persone dalla vita singolare e indecidibile. Aviatore e appassionato di volo, accanto a *Les guerres du ciel. Cinq ans aux commandes d'Air France* di Bernard Attali (Fayard 1994), Henri ha letto tutta una serie di libri dedicati a celebri incidenti aerei, tra cui una specie di Ustica francese tutta tecnologica. Michel Asseline, *Le pilote est-il coupable?* («Il pilota è colpevole?», Edition n. 1, 1991). La fascetta del libro recita: «26 giugno 1988. L'A320, l'aereo piú sicuro del mondo, si schianta a Habsheim [...] Una tragedia, uno scandalo, un sogno in frantumi?» Forse è stupido, ma è innegabile che queste parole, qui, in piedi tra gli oggetti e i libri di Henri Paul, «l'autista di Lady Di», fanno impressione. Il pilota è colpevole? è una domanda retorica che si pretenderebbe quasi metafisica, di quelle cui non è il caso azzardare una risposta. (Il film di Atom Egoyan, ricordo, era su questa domanda, che resta aperta alla fine del film).

Henri Paul era evidentemente molto interessato ai racconti di incidenti, ricostruzioni di verità impossibili. (Mi chiedo se abbia mai visto, o sentito parlare, del film *Rashomon* di Kurosawa). Pressappoco sullo stesso tema *La nuit du mensonge* («La notte della menzogna»).

La verité sur la catastrophe du Mont Sainte-Odile (Albin Michel, 1993), di Francis Guthleben e Jean-Pierre Stucki: entrambi giornalisti, hanno investigato sull'incidente dell'Airbus A320 di Air Inter schiantatosi il 20 gennaio 1992 sul monte Sainte-Odile, vicino a Strasburgo. Leggo sulla quarta di copertina: «Sulla base delle testimonianze sconvolgenti dei sopravvissuti, di documenti inediti e di rivelazioni stupefacenti, gli autori ricostituiscono minuziosamente la storia della catastrofe, lontana dalle versioni ufficiali».

James Sarazin e Christian Paris, *L'A320. Enquete sur les secrets de la guerre du ciel* («Inchiesta sui segreti della guerra del cielo», Plon, 1993), dove si legge sulla quarta di copertina: «Nessun aereo ha mai scatenato tante passioni e controversie come l'A320». Gli autori si chiedono se la responsabilità sia del pilota o dell'aereo. Le scatole nere, è stato scoperto, sono state scambiate al momento dell'incidente. Ancora una volta le associazioni di idee sono impressionanti.

Un romanzo di Michael Crichton, *Turbulence* (titolo originale *Airframe*), edito da Robert Laffont nel 1996, racconta di un volo aereo – il volo 545 – che atterra a Los Angeles senza danni apparenti, ma con tre passeggeri morti, oltre a cinquantasei feriti e la cabina interna distrutta. È la storia di un mistero: quello di un incidente impossibile, che si svolge dietro le quinte della sicurezza aerea, tra progettazione tecnologica, test di fatica e sistemi elettronici ultrasofisticati.

Ed ecco il libro che mi colpisce di piú – una conferma, non una rivelazione. Avrei dovuto elencarlo tra quelli di «psicologia», e se ne prendo nota a parte è per il suo impatto emotivo e vissuto che rimbalza sul sottoscritto. Howard M. Halpern, *Choisir qui on aime. De la dépendence à l'autonomie* («Scegliere chi si ama. Dalla dipendenza all'autonomia»), Le Jour éditeur, 1995 (l'originale è del '93). Leggo dalla quarta di copertina, da quel «paratesto» che è generalmente il veicolo della motivazione dell'eventuale lettore ad acquistare il libro: «Occorre coraggio per porre fine a una relazione di codipendenza affettiva. Spesso ci attacchiamo disperatamente a una relazione autodistruttiva cercando di convincerci che non troveremo di meglio altrove [...] Come identificare e trasformare i motivi nascosti che ci spingono a evitare una relazione sana? Come sapere se una relazione vale la pena di essere salvata? Perché è cosí doloroso mettere un termine a una relazione per quanto malsana? Come far fronte alla solitudine e allo scoraggiamento? Come aumentare il nostro rispetto di sé e la nostra capacità di attrarre la persona che ci meritiamo» (l'ultima frase è senza punto interrogativo). Henri lo aveva comprato al Salon du Livre, come rivela il bollino appiccicato dietro. Non sembra che lo avesse molto usato. Sfogliato però sí.

So infine, perché mi è stato detto, e perché era ancora lí sul suo comodino, quale fosse l'ultimo libro che Henri stava leggendo, almeno a Lorient, dove soggiornò l'ultima volta nel mese di giugno. Si tratta della prima edizione Gallimard, non tascabile, del romanzo autobiografico di Michel del Castillo, *Rue des Archives* (la via del titolo è nei pressi del suo indirizzo parigino). Il segnalibro è a pagina 88. Lo sto leggendo anch'io, adesso. Non è male. Mi hanno colpito l'incipit – con la sua lieve consonanza, o assonanza, con Albert Camus – «Depuis des années, j'enterrais ma mère...» («Da anni sotterravo mia madre. Immaginavo ogni dettaglio della sua agonia. Tentavo di addomesticarne la morte cosí come, nella mia infanzia, avevo tentato di addomesticare il suo personaggio»); e, soprattutto, l'esergo posto in apertura al libro, una frase di Miguel de Unamuno tratta da *Il sentimento tragico della vita*:

«Si vive nel ricordo e per il ricordo, e la nostra vita spirituale non è altro, in fondo, che lo sforzo del nostro ricordo per perseverare, per diventare speranza, lo sforzo del nostro passato per diventare futuro».

Questa storia lunga un anno sarebbe finita, anche se allora non avevo idea (come non ce l'ho adesso) di cosa vi fosse all'uscita del tunnel. Ma ci sarà pure un'altra ragione oltre al pudore, la timidezza, l'imperizia, oltre anche al paradosso, se ho aspettato sette anni per fare questo libro «d'occasione». Così, sette anni dopo quell'evento che irruppe arbitrariamente nella mia vita, rifeci esattamente lo stesso percorso, la stessa indagine, lo stesso viaggio in Bretagna. Il passato diventava futuro, ma soprattutto viceversa.

Non è per ubbidire a un ordine cronologico, né per violarlo, se adesso racconto che in un'estate del tutto simile a quella del '98, dopo sei anni, fui di nuovo ospite della famiglia Paul a Lorient, nella loro casa bianca con l'orto. Mi trattarono con affetto e famigliarità. Mi sentii bene e sereno. Già nella hall della stazione, appena sceso dal treno, sentii pronunciare il mio nome: furono loro a riconoscermi, venuti a prendermi di sorpresa. E non si trattava di una banale cortesia: il signor Jean è quasi cieco, ed era lui a guidare la macchina. Fu con naturalezza che mi sedetti con loro a tavola in cucina, a mangiare pollo e patatine. Avremmo avuto dopo tutto il tempo per parlare, seduti nella veranda, tra le piante.

Dicevo, era un'estate simile per me a quella del '98, con pensieri sul mio presente e futuro sentimentale e reale che mi mordevano a tratti lo stomaco. Per questo vorrei prima raccontare l'incontro, finalmente e da soli, con Laurence P., la fidanzata di Henri. Era venerdí 13 agosto 2004.

«Cercheremo di trarre le migliori conseguenze della data e di rovesciarne il fato», scherzò lei al telefono. Quello stesso giorno, su un giornale italiano, usciva un mio pezzo a commento della lettera ai vescovi del cardinale Ratzinger sulla «differenza sessuale» – dunque sul rapporto tra gli uomini e le donne. Riattualizzava una mia vecchia e inconsapevole battuta per sdrammatizzare una pena: «il nostro non è un rapporto conflittuale, è un conflitto relazionale». Nel giorno dedicato all'amore, la mia posizione nel mondo non era poi tanto diversa da quella di un tempo. «Sono complicati, i rapporti», disse Laurence.

«Ho paura dei soldi», disse. Lo ripeté piú volte, i soldi le avevano sempre fatto paura. Eravamo seduti, entrambi timidi e impacciati, nel piccolo salotto della casa – appena fuori dal villaggio, lungo una fila di casette modeste tutte uguali, col giardino sul retro – e beviamo un bicchiere di sidro. Fuori, nel prato selvaggio che lei ha al posto del giardino, i due cani neri del vicino ciondolano guardandoci dalla porta a vetri. «Sono cani buoni, dice, quello piú vecchio si chiama Homère». Omero. Ci credo che è vecchio, dico nel tentativo di fare una battuta.

Laurence mi era venuta a prendere alla piccola stazione di Redon (a metà strada tra Vannes e Rennes), e con una piccola automobile mi aveva portato lí, a La Gacilly. Un luogo perfetto, sprofondato nella natura. Dove l'unica attrattiva per i turisti, peraltro recente, è un museo di botanica, il *Vegetarium*. Ma tutto il luogo lo è. Mi sembra di essere in vacanza, esclamai mentre attraversavamo i boschi e il villaggio, mi sento assolutamente straniero. Sorrise, dietro le lenti scure. È piccola e magra, capelli biondo platino quasi bianchi, tagliati cortissimi e spettinati. Sembra un uccellino con jeans e maglietta. Dal fondo schiena le sale un tatuaggio. Emana una sensualità apparentemente inconsapevole, e per questo piú forte. Di fianco al divano, su un tavolinetto, vidi una collezione di pietre non preziose.

Dall'altra parte, su delle mensole, alcuni pezzi di *poterie*, ciotole e vasi in argilla smaltata. In macchina Laurence mi aveva parlato di semplicità. Anche prima di entrare in casa, come per avvertirmi. Non è un aggettivo, è un sostantivo, una scelta di vita. Una meta cui era pervenuta.

Non mi è mai facile ricopiare in una forma leggibile gli appunti di una conversazione, soprattutto da quando non so piú capire io stesso la mia calligrafia. Ma con lei, mi rendo conto, c'era dell'altro, una reticenza, l'eco di un dolore che non avrei voluto affrontare, quello dell'amore e del lutto, quello forse del rifiuto dell'amore. Erano passati sei anni da quando l'avevo incontrata, fuggevolmente, in casa dei genitori di Henri Paul. Sette dall'incidente. Ma vedevo in lei i segni di chi è sopravvissuto. Sopravvissuto e testimone, si sa, sono sinonimi. Mi chiedevo a cosa assomigliasse quella donna minuta e forte che aveva scelto di vivere nella periferia di un villaggio sprofondato nel sud ovest della Francia. Se è vero che la letteratura dà degli occhi per vedere il mondo, mi vennero in mente i romanzi del mio amato Jean Echenoz, che narrano un'umanità in fuga la cui vulnerabilità risalta, come in un nuovo romanticismo iperreale, sullo sfondo di scenari tanto piú grandi degli umani, che siano la campagna sterminata, i boschi, o le scogliere di una costa atlantica e selvaggia. Persone nascoste in attesa di guarigione, di una storia da raccontare, di un passato da recuperare con pazienza. Persone che non ha senso giudicare, e che sarebbe facile imbrogliare. Persone, infine, in cui fragilità e potenza si trovano a un certo punto a coincidere. Laurence si era fatta aiutare da una psichiatra per superare il lutto, il caos della vita e dei pensieri. Adesso, lei che è parigina, non avrebbe saputo rinunciare alla tranquillità nascosta di quel luogo dove si conoscono tutti o quasi, dove si sente rispettata. Ma solo dopo molto tempo, e a pochi intimi, ha raccontato la sua storia. È stato importante restare a lungo senza storia, senza passato, dice. È stato altrettanto importante potersi poi aprire, raccontarsi. All'inizio ha lavorato in una fabbrica di vetro, decorava specchi. Ora lavora qualche sera in un piccolo ristorante. Ha delle amicizie, dice sottintendendo la lunga solitudine trascorsa. L'ultima volta che è andata a Parigi, accompagnando il suo amico vasaio a una mostra, non riusciva a respirare per via dell'inquinamento e dei gas.

«I soldi mi fanno paura perché li ho conosciuti. Ho avuto paura di essere comprata. So cosa si può fare con i soldi, e mi spaventa».

Laurence incontrò Henri nel 1989 all'Hotel Ritz, dove dalla fine dell'anno precedente era stata assunta come segretaria nell'ufficio personale. Avvenne per caso. La moglie di un collega sommelier, nel ristorante al Bois de Boulogne in cui lavorava prima, era impiegata al Ritz, e aveva una cugina impiegata in un altro albergo dove Laurence inviò un curriculum e una domanda di lavoro. La moglie dell'amico venne a conoscenza della disponibilità di Laurence e le fece pervenire un telegramma. Era estate, al Ritz cercavano una sostituzione con urgenza, e *voilà*, si ritrovò assunta. Henri Paul era il numero due della sicurezza del grande albergo, ma in pratica, dice Laurence, ebbe da subito l'interim di tutto il servizio. Lui era quello sempre spiritoso, provocatore, beffardo, sicuro di sé. Era anche quello che le lanciava degli sguardi e dei sorrisi, finché «finalmente una sera mi propose di uscire a cena al ristorante». Naturalmente glielo chiese malamente e in modo obliquo, e lei stette al gioco. «Ha per caso degli impegni per stasera?» «E a lei cosa importa?» Laurence uscí per prima, gli telefonò da un bar di Saint-Honoré dandogli il numero civico, lo aspettò a lungo, fino alla chiusura del bar, ma lui non venne. Sola e delusa, per strada si accorse di avergli dato il numero sbagliato, e si precipitò al numero civico riferito a Henri. Dove in effetti lo trovò sul marciapiede, nel panico esattamente quanto lei. Due goffi, spaventati e imbranati nell'amore, che si rovinarono quella prima sera per tanto agognata, perché si piacevano. A cena lasciarono quasi tutto nel piatto. Ma una settimana dopo abitavano insieme, in un appartamento minuscolo, dice Laurence, che Henri aveva in rue des Petits-Champs, quello davanti al Colbert.

Fu tutto molto rapido. Henri mi piaceva, dice, «perché mi faceva ridere». Perché «mi impressionava». «Perché era un uomo», e perché «aveva molto carattere». Ma fu il suo senso dell'umorismo a sedurla. Quella loro prima uscita, quell'inizio, prefigurò molti aspetti della loro relazione. Entrambi timidi, e per questo provocatori, erano divorati dalla paura e dal desiderio di amare. Facile sbagliare sincronia, sbagliare mossa. A un passo avanti di lei corrispondevano due passi indietro di lui e viceversa, reciprocamente. Lo stesso quando vissero insieme.

La prima fuga fu quindi dettata dalla loro imperizia. Lei lo amava, Henri non faceva che ripeterle che non sarebbe durato, che se ne sarebbe andata con uno piú giovane. C'erano quasi dieci anni di differenza tra loro, ma lei ne dimostrava ancora meno. In qualche modo la nostra relazione stupiva tutti, dice, a parte il fatto che lavorando entrambi a servizi confidenziali del Ritz all'inizio tenevamo segreta la nostra relazione. Il fatto è che Henri non aveva avuto altre relazioni prima di lei, da cui lo stupore degli altri. Nell'ambiente di lavoro c'era perfino chi pensava che Henri fosse omosessuale. Non lo era. Lo amavo, dice Laurence, ma lui ostentava di non prenderla sul serio. La respingeva, almeno apparentemente. La prendeva in giro, la provocava, pur coprendola di attenzioni e di regali. Strategia catastrofica di chi dichiara le proprie paure in modo obliquo ostentando indifferenza, e fa sí che i propri timori si autoavverino. Fu per paura di perderla che iniziò seriamente a perderla. «A furia di sentirmi dire che ero solo di passaggio, l'ho preso in parola. Mi teneva a distanza. Diceva che me ne sarei andata, e allora io l'ho fatto, me ne sono andata via col primo ragazzo che ho trovato». L'allontanamento durò tre o quattro mesi, anche se continuavano a vedersi al Ritz, e lei ricevette da Henri montagne di fiori. Poi tornò da lui.

Henri cambiò atteggiamento, certo. Se per sedurla aveva fatto finta di denigrarla, o di esserle indifferente, dopo che per mesi era stato incapace di dirle «ti amo» ora la inondò di nuove attenzioni. Abitavano dunque in quella camera minuscola dove Laurence era arrivata con la figlia, piccolissima. Decisero di traslocare per avere piú spazio, ma Henri non voleva spostarsi né dal quartiere né dalla strada. Pensò per un po' di comprare un appartamento, poi cambiò idea. Finché un giorno la chiamò e disse che aveva bisogno di lei, che avevano un appuntamento per una casa. Andò e firmò con lui il contratto di affitto.

Ero davvero molto ingenua allora, dice, e penso che per lui questo fosse una cosa piacevole, perché poteva assumere il ruolo di insegnante, di protettore, di mentore. Avevo fiducia in lui, bevevo tutte le sue parole. E qui veniamo al secondo problema, quello importante. Henri la copriva, letteralmente, di regali. Troppi. Lei poteva fare tutto quello che voleva, avere tutto ciò che desiderava. «Potevo vivere come una pascià», dice. Ma se lui la educava e le insegnava le cose, voleva dire che lei non era all'altezza. Questo senso di inadeguatezza che le si insinuò prese poco a poco il sopravvento. No, non voleva imparare a pilotare un aereo. Non voleva costantemente migliorare, né continuare a sottoporsi a quel tratto del carattere di Henri che consisteva nel voler costantemente aiutare gli altri, renderli migliori. Ne aveva quasi l'ossessione, per quanto generosa: aiutare gli altri. Cioè cambiarli. «Lui si aspettava che io diventassi una persona diversa da quello che sono. Per lui era un tratto passionale. Ma io avevo paura di perdere me stessa». Fu cosí che decise di andarsene, costringendosi a non tornare indietro.

Anche durante l'ultima separazione, che durò due anni prima della sua morte, lei lo considerava l'uomo della sua vita. Fu molto turbata da tutto quello che hanno scritto i giornali. Lui non mi ha mai tradito, dice, non mi ha mai detto bugie. Ma mi ha tenuto nascoste molte cose, ha fatto molte omissioni. Il suo essere segreto, misterioso, attizzava naturalmente la mia curiosità. Erano tante le mie domande cui non voleva rispondere. Mi accorsi che aveva molti amici poliziotti, che si assentava spesso per lavoro. Che andava spesso al commissariato. Posso solo fare delle supposizioni, oggi. Dopo aver perso la fiducia, ogni leggerezza del vivere.

È difficile capire se la perdita della fiducia di cui mi parla Laurence a questo punto fosse precedente o successiva all'incidente di Henri. Piuttosto una progressione inesorabile e dolorosa, fino al trauma. Una perdita ne trascinò un'altra. Laurence ha molti rimpianti, di cui costella l'eloquio: uno soprattutto, non avere avuto il coraggio di tornare da Henri nei due anni di separazione che precedettero la sua morte. Perché lui era comunque, lei ne è convinta, «l'uomo della mia vita». Glielo impedí un misto di orgoglio e di rabbia. E la presenza sempre ostinata di Henri nella sua vita anche a distanza, che la chiamava, le scriveva, vedeva di nascosto sua figlia, le passava dei soldi tramite la nonna per la sua istruzione, o per tutto quanto la piccola desiderasse. Che era sempre presente, dunque, e viziava terribilmente la figlia («Si faceva obbidire da lui come da un cane», dice). Rabbia dunque, acuita dalla sofferenza per non riuscire a sincronizzarsi con lui, trovare un equilibrio, sapendo che il loro amore era vivo e fondato, che potevano essere felici. Dalla rabbia nasce la cattiveria, il desiderio di far male. Come quando, il giorno prima di un viaggio lontano, gli disse che non aveva voglia di partire, pur essendo una bugia. Solo per ferirlo, dice, per confonderlo – lei già ferita e confusa dall'atteggiamento di lui, dal fatale non combaciare delle loro esigenze. È uno schema talmente ricorrente che, mentre mi parla, mi viene da sorriderle, con amarezza. Le sofferenze inutili. L'amore trasformato in un ring. Botta e risposta. Solitudine in due. Eppure, disse Laurence, «non mi sono mai sentita tanto amata. Ero la piú bella, la piú forte, invulnerabile. Henri mi rendeva felice, anche questa è la verità. Ero agiata, facevo una vita bellissima. Vivevo nella bambagia, cullata da Henri. Ma ho avuto paura. Di non essere io, di diventare quello che voleva lui, di perdere la mia libertà. Ma ero io che non avevo capito tante cose, a quell'epoca. Ero incurante e insofferente. Tutto è crollato. Ero incapace di ritornare con qualcuno. Sono stata cattiva con lui, perché ero delusa. Volevo vendicarmi di non riuscire a trovare con lui l'armonia, nonostante tutto quello che condividevamo. Avevo perso. Ma so che era comunque una catena di gesti, e alla base di questo stava il suo modo di idealizzarmi. Non pretendo che in amore si sia obiettivi. Ma io non mi sentivo accettata, non mi sentivo mai sufficiente. Sono complicati, i rapporti...» Laurence mi sorrise. Ricambiai.

Dicevo, prima, che non so di quale perdita di fiducia o di leggerezza del vivere stesse parlando in quel momento Laurence (eravamo usciti dalla sua casa, avevamo camminato in silenzio e ci eravamo seduti a un caffè all'aperto ai margini del villaggio); perché la somma di tutto il suo racconto approda a questo, la perdita della realtà, lo svelamento, il dolore. Lutto non solo per Henri, dopo la sua morte assurda, ma del senso di realtà. Mi si permetta quindi di anticiparne l'esito.

Questo capitolo della storia parla di manipolazione. Immaginate una ragazza con una naturale propensione a ribellarsi, intelligente e non necessariamente acculturata. Il suo essere ribelle si esprime in questo, una fortissima sensibilità a ogni tentativo di manipolazione, profonda come una pelle scorticata. È questo bagaglio di ricettività e di vulnerabilità che offre alla diversa fragilità e utopia di Henri. Durante il rapporto però soccombe. Si sente mancare, letteralmente, o forse va bene la parola «soffocare». Dai regali, dalle possibilità, dagli agi, dalle attenzioni. Anche dai soldi, forse. Soldi facili, immateriali. Inoltre, forse presagisce questo, anche in Henri: il pericolo della manipolazione. Non solo di sé – le crisi del loro rapporto erano altrettante fasi della sua paura di essere manipolata – ma di lui. Lui che, per quanto accorto o consapevole, giocava costantemente col fuoco. Lui che era spinto da una smodata curiosità e desiderio di sperimentare tutto della vita, lui perfezionista, che tutto doveva conoscere e, una volta avviato, tutto doveva portare a termine. Lui che si illudeva di poter governare, controllare, *maîtriser* ogni intrigo, portare a compimento ogni cosa intrapresa, alla fine resta vittima della manipolazione piú brutale e immensa che si potesse immaginare. «Non dico che sono nata con la sua morte», – mi dice Laurence mentre camminiamo di nuovo verso casa, interrompendo il silenzio, – ma di sicuro sono invecchiata di colpo di almeno dieci anni. Disillusa. Svuotata. La realtà in cui credevo fino allora si era dissolta. Tutte le verità si erano rotte, frantumate. In questa dissipazione ho perduto me stessa». In quel momento mi fermai, e lei mi guardò aspettandomi. Con la mano le indicai la lunga siepe fiorita che costeggiava il nostro sentiero. Ero colpito dalle sue parole, ma anche contemporaneamente da quello che vedevo. Ci trovavamo in un corridoio naturale costeggiato di fiori talmente vividi che li contemplai come se fossero degli effetti speciali fatti coi pixel in un film a tecnologia elettronica – mentre si trattava soltanto, mi confermò Laurence, di un'aiuola di fiori di campo di tutti i colori. Sorrise, e guardandola ricordai le sue parole sulla semplicità perduta e riacquistata. Mentre io scambiavo dei fiori di campagna per un fim di Walt Disney, lei mi stava parlando di una vita distrutta e di un'altra ritrovata. In lei e fuori di lei. Quello che lei aveva passato era l'esperienza della rottura definitiva della fiducia nella verità e nella realtà delle cose, anche le piú intime e banali, e del loro legame con l'apparenza. Qualcosa di simile a quello che racconta la storia di quel film di David Mamet, *La prigioniera inglese*, che aveva evocato la mia amica Marie-Claude. Quanto avesse visto lontano dovetti scoprirlo lí, a La Gacilly, tra i fiori di campo iperreali.

Ma c'è un'altra evidenza che ora riesco a cogliere. In quel luogo naturale, in quel *vegetarium* nel cuore della Bretagna, non è vero che Laurence si fosse «nascosta». È vero il contrario, si era rivelata a se stessa. E questa evidenza – diventare ciò che si è, essere ciò che si è diventati – è sempre contagiosa.

«C'erano cose anodine, accadute durante la nostra vita comune, di cui non mi ero resa conto, e che dopo l'incidente invece si stagliarono nella memoria e acquistarono un senso misterioso. Per esempio quando si disse in giro che Henri lavorava per i servizi segreti, con le "informazioni", non so come si dice. Non ci ho mai creduto, e sapevo comunque che rientrava nelle sue mansioni professionali parlare coi poliziotti, andare ai commissariati, parlare con le agenzie di informazione dei vari Paesi. All'Hotel però lo chiamavano "la Faina", per il suo talento e il suo gusto di vedere tutto, ficcare il naso dappertutto, scoprire e incuriosirsi di tutto, volere sapere tutto. Conservava quintali di carte e di giornali a casa, non buttava via niente. Una volta, durante il trasloco, trovai per caso dei fogli di carta intestata: c'erano due nomi, uno era quello di Henri, l'altro non lo ricordo, e a fianco la qualifica: "Detectives privati". Pensai fosse uno scherzo, e non ricordo nemmeno se chiesi spiegazioni a Henri. Mi avrebbe senz'altro risposto che sí, era una cosa senza importanza, l'avrebbe buttata sul ridere. Ma ricordo anche che quando veniva da noi l'ispettore Jean-Pierre Duchemin, si appartava con lui, e la mia presenza risultava automaticamente ingombrante».

«Aveva l'arte e la maniera di schivare, con me molto facilmente, degli argomenti. C'erano dei soggetti tabú, ad esempio il suo passato amoroso». Solo sua madre le parlò di un amore antico di Henri, intenso e doloroso. «Fui io la prima donna che lui presentò a sua madre».

«Ci sono persone che hanno il potere di fare tutto quello che vogliono, nel bene e nel male». Le persone che hanno il potere, cioè il denaro. Le persone che le fanno paura, e ancora di più dopo la morte di Henri. Non sarebbe stupita, mi dice, di sapere che Henri avesse fatto degli affari con Dodi: «rendere servizi», come si dice. Henri portava un interesse speciale verso tutto quello che era contorto, complicato, intricato e intrigante. «Henri era così complesso, così curioso, anche di esperienze, che poteva ascoltare con attenzione le conversazioni degli altri quando eravamo al ristorante. Ma la sua curiosità andava in cerca di un'utilità, di uno scopo». «No, Henri non era un santo». (Qualche gonfiatura alle fatturazioni dei ricchissimi clienti, forse, quando esigevano una sorveglianza, una «sicurezza ravvicinata». Qualche sostituzione negli addetti di sicurezza, amici al posto di agenti esterni o veri gendarmi. Cose così, di cui non riesco a scandalizzarmi; quelle somme erano bruscolini per il gioco di società della sicurezza e della protezione di clienti miliardari).

«Ma non era giusto utilizzare Henri come autista. Non era un autista. Mi indigna l'idea che avesse guidato perché Dodi gli dava del denaro per farlo, anche se non gli competeva. L'idea che coi soldi puoi fare tutto, e anche per i soldi. Mi sono chiesta spesso se Henri fosse al servizio degli Al Fayed o del Ritz, e quale fosse la differenza… Penso che la relazione tra Dodi e Henri fosse cambiata negli ultimi tempi. Non gli avrebbe chiesto di guidare la macchina».

Prima di partire per Cadaquès, nell'ultima vacanza con gli amici, Henri le telefonò. «Pensava sempre che io tornassi». Voleva portare sua figlia Sam in vacanza. Lei gli disse di no, che non c'era nessuna ragione. Durante i due anni di separazione, Henri continuò a informarsi su di lei, Samantha, prendendola a volte per qualche weekend, accordandosi col padre di nascosto dalla madre, Laurence. «Era molto paterno con lei, ma lei un padre ce l'aveva già. Voleva farle ad ogni costo da papà. La fece diventare sempre piú capricciosa, quasi odiosa». Dunque, quando Henri le telefonò per portare la figlia in vacanza, Laurence rispose di no, e che non avrebbe cambiato la sua decisione di non tornare con lui. Henri le disse che sarebbe potuta tornare in qualsiasi momento, aveva le chiavi di casa. Ma quelle chiavi, Laurence le aveva gettate via, e non poté aprire la porta di casa alla polizia quando vollero guardare nell'armadietto delle medicine.

«Henri beveva». Sí, gli piaceva bere, e lo faceva volentieri e spesso. Capita anche a me, risposi a Laurence. Ero contento, solo all'inizio lievemente allarmato. Contento che ci si potesse dire tutto. Che si potesse credere a una persona senza per questo nascondere delle verità innocenti, senza deformarne la storia. Disincagliare le verità di una vita, liberarla. È il massimo che potevo augurarmi e augurare a Henri.

La prima sera, disse, la prima cena al ristorante, dopo l'equivoco e l'appuntamento mancato, andarono da Willi's per un aperitivo, e Henri bevette qualche bicchiere di whisky con acqua, anzi di bourbon – che, si ricorda Laurence, era la sua bevanda preferita. Quando usciva dal lavoro (al lavoro non beveva mai) si fermava regolarmente da Willi's a bere due o tre whisky. E quella sera le disse: ho un problema (indicandole il bicchiere di bourbon). Posava? Ci faceva dentro? Ma lei, anche nella vita in comune, non lo vide mai ubriaco una sola volta. (Lungi dall'essere turbato da questa franca rivelazione, le dico, sono felice che si possano fare convivere due verità, entrambe empiriche e serene: il piacere di bere e il piacere di non essere degli alcoolizzati).

«Quando fui interrogata dalla polizia, – dice Laurence, – avevo paura di dire che beveva qualche bicchiere di whisky ogni giorno, perché per me non è e non era sinonimo di alcoolismo. Non ho mai avuto paura di lui quando guidava, né per lui, era responsabile e prudente. L'unico effetto è che aveva a volte bruciori di stomaco, e prendeva un farmaco solubile contro i bruciori. Ho vissuto con lui, non ho mai vissuto con un ubriacone». E per quella prima volta che le confidò che per lui l'alcool era un problema, le interpretazioni possono essere tante, compresa la seduzione. «Per me qualcuno che beveva, all'epoca, era qualcuno che scappava in qualche modo da se stesso, e lui non corrispondeva in nulla a questa immagine. Anche sei lui era molto contraddittorio».

«Avevamo idee politiche comuni, per esempio essere contro Le Pen, e contro una certa ripartizione della ricchezza. Solo sul denaro Henri era piú ottimista di me, pensava che col denaro si potesse fre qualcosa di buono. Io invece penso che col denaro, a un certo punto, si diventa tutti marci».

«Henri riusciva a trarre profitto da tutto, dal buono e dal cattivo, tutto per lui era conoscenza e esperienza di vita. Era un ottimista».

«Lo trovavo meraviglioso, e pensavo: è un bene che Henri sia conosciuto, perché è un vantaggio per gli altri conoscerlo, e una lacuna per chi non lo conosca. Aveva qualcosa da far apprezzare a tutti. È triste pensare che oggi sia conosciuto da tutti a causa della sua morte».

Ci fu un momento in cui, seduti in un caffè di una piazza alberata, al sole – che fu per me una liberazione e un respiro dopo essere stati a lungo nel suo salotto di casa – ci fu un momento in cui per colpa mia non seppe trattenere le lacrime. Mentre si mordeva le labbra, gli occhi umidi, realizzai quel desiderio di proteggerla che aveva tanto motivato Henri, e per un momento provai verso di lei un desiderio puro, desiderio e basta. Accadde quando citai il funerale di Henri, a cui lei non riuscí ad andare, e citai la canzone *Bahia* di Veronique Sanson, che fu diffusa in chiesa. Era la loro canzone, mi disse. La ascoltavano insieme, c'era una dedica reciproca. Ed era la canzone, le dissero gli amici, che Henri non cessava di ascoltare quando lei se ne andò da lui. Le parole di quella canzone ancora la commuovono, come allora. Parla di viaggi, di altrove, di amore. Parla di attesa. Per esempio, disse con un sorriso, rimettendosi in sesto: lei e Henri andavano sempre in vacanza a Lorient, dai genitori di lui, finché un giorno gli disse: vorrei che ci mettessimo un apostrofo (a Lorient). Cosí cominciarono a viaggiare insieme , e anche lui era felice: Israele, Turchia, Grecia, Florida, Tailandia, ecc. «S'il te plaît je voudrais aller à Bahia», dice la canzone. Per favore portami a Bahia. «Je t'aime, caresse moi».

A casa, Laurence mise sul piatto del giradischi la canzone per farmela sentire. La voce di Veronique Sanson è autentica e viscerale, a dispetto delle parole che mi risultarono al primo ascolto facili e kitsch. Ma l'ultima strofa canta *l'eau sauvage et l'eau vagabonde*, «l'acqua selvaggia e l'acqua vagabonda». Mentre Laurence stava per dirmelo, io me ne ero accorto: acqua in francese suona come il diminutivo del suo nome, «*l'eau*», «*Lo*». Laurence. «Lo selvaggia, Lo vagabonda». «Ti amo, accarezzami». Quella canzone parlava di lei, la descriveva con una pennellata. Capii che Henri si fosse commosso ascoltandola, non solo a Parigi, ma anche a Lorient, a Cadaquès, a Bahia.

Quella notte, nella mia stanza d'albergo da cui guardai il cielo color lavanda diventare nero, prima di dormire accesi la televisione e la guardai disteso sul letto. Potevo saltellare su almeno trenta canali, lessi sulle istruzioni. Dapprima fui catturato da un film sulla vita e la musica di Patti Smith, e ripercorsi con lei gran parte delle sue canzoni d'amore. Lo zapping mi portò poi sull'unico canale italiano, dove mi imbattei nel film *The color of money* di Martin Scorsese. Il colore dei soldi. Il personaggio interpretato da Paul Newman lo si immagina vent'anni dopo «la stangata». Ha i soldi, gestisce una sala di biliardo, ma gli manca qualcosa. Aveva imparato che l'importante sono «le mosse nella vita, non quelle del biliardo». Che l'unica cosa che conta sono i soldi. Vorrebbe convincere a questa filosofia il giovane campione Tom Cruise, perché gli piace insegnare tutto quello che sa a qualcuno. Insegnare. Il biliardo. Cioè la vita. Ma l'altro è troppo giovane per ascoltarlo e seguirlo, ama troppo giocare, e vincere le partite. A un certo punto nemmeno Paul Newman è cosí sicuro che quello dei soldi sia l'unico colore possibile, né il piú importante. Non so se i soldi a un certo punto gli facciano paura. La semplice verità è che, dopo vent'anni, vuole anche lui riprendere la sua antica passione, vuole semplicemente giocare a biliardo. Henri Paul aveva un sogno – mi ricordai le parole di Laurence – o forse è meglio dire un progetto. Qualcosa che corrispondeva perfettamente alla sua passione. Voleva aprire da qualche parte un aerodromo, voleva insegnare a volare. Solo per questo metteva da parte dei soldi. Insegnare. Volare.

Nella biblioteca di Henri Paul non notai, all'epoca della mia prima visita, il piccolo scaffale appartato dei libri e degli oggetti d'infanzia, né l'avrei notato in seguito, se la mamma di Henri non mi ci avesse richiamato l'attenzione. Salita silenziosamente a chiedermi se andava tutto bene mentre indugiavo ancora una volta nella stanza di Henri, mi pose tra le mani un libro che era, disse, una delle letture preferite di Henri quando era ragazzo: *Jacques Rogy sauve le guépard*, di Pierre Lamblin, con illustrazioni di Bertrand. Fa parte di una serie di romanzi per ragazzi chiamata «Les grands reportages de Jacques Rogy», un personaggio che immagino un incrocio tra Tin Tin, Indiana Jones e il giovane Ellery Queen, che adoravo da ragazzo. Quello che sfoglio, il preferito di Henri, ha una quarta di copertina che mi arriva dritta al cuore, perché comincia cosí (traduco lasciandone l'enfasi originale): «Il giorno stesso del suo funerale, un morto... parla! Questo straordinario evento è l'inizio di una nuova grande inchiesta di Jacques Rogy e del suo inseparabile René [...] Un'avventura che li condurrà al centro dell'Africa, in Kenya, dove nella jungla scoprono un traffico scandaloso [...] il massacro per le pellicce». Il fatto è che, sul mobile dove appoggiai il quaderno per scrivere qualche appunto, in piedi, la mamma mi indicò l'urna color rame che conteneva le ceneri del suo ragazzo, Henri, tra due vasi di fiori. Ne ero a contatto e non me ne ero accorto. La accarezzai, in un breve saluto. Poi, di riflesso, mostrai alla madre la quarta di copertina, «un morto che parla», spiegandole quanto mi avesse colpito. Fu in quel momento che suonò il telefono. Sapendo quanto Gisèle e il marito fossero deboli di udito, la avvertii invitandola a rispondere. La udii parlare brevemente di Henri. Tornò, e mi spiegò.

Era un giornalista locale che, a caldo, voleva sapere le sue impressioni sulla notizia del giorno: dopo due anni di attesa, il ricorso in appello era stato finalmente accolto dal giudice di Parigi quanto alla verità del sangue analizzato di Henri. La causa per «falsa perizia» intentata dalla famiglia, già altre volte respinta, era stata accettata, ciò che comportava la riapertura di un'inchiesta sulla morte non solo di Henri Paul, ma anche di Diana e di Dodi Al Fayed.

Quella sera, dopo essere stato in città a prenotare una stanza all'albergo Rex, il primo che trovai, tornai a cena dalla famiglia Paul. Portai delle paste e delle rose color arancio. Jean aveva pulito e fritto delle sardine. Aprí un'altra bottiglia, di cui fui il solo a servirmi. «Sembra l'ultimo dell'anno», esclamò quando aprimmo il cartoccio di paste per servircene. Loro non mangiavano mai la sera, e quella cena era solo un'affettuosa eccezione allestita per me. Sylvain era perfettamente rasato, e indossava una maglietta bianca pulita sulla canottiera. Mi aveva preso in parola, voleva uscire con me.

Chiamammo un taxi (lui non poteva guidare, io non me la sentivo) e ci facemmo portare in un luogo della costa chiamato Le Kouregan, sull'oceano, dove c'era il locale che suo fratello frequentava e di cui fu anzi per un periodo uno dei soci. Vidi la facciata lilla e illuminata del Savanah sul fondo del cielo azzurro spento della notte, e dall'altra parte l'oceano che scalciava la costa con onde scintillanti e ostinate; e le luci dell'isola di Groix. Erano colori americani, colori di un luogo in cui sopravviveva insieme allo spazio qualcosa di incontaminato e selvaggio. I gestori del bar avevano tratti orientali, ma parlavano francese. Bevemmo una birra, una sola, perché avevo timore che Sylvain mischiasse l'alcool ai suoi farmaci, e ci lasciammo cullare per un'ora dal brusio del locale. Poi uscimmo a guardare l'oceano, prima che il taxi tornasse a riprenderci. Ma il vento era forte, il freddo quasi insopportabile con le nostre magliette. Tornammo ad aspettare il taxi all'interno del locale, guardando alla Tv appesa al soffitto i preparativi per le Olimpiadi. In fondo, ci eravamo già detti tutto il pomeriggio, nel giardino di casa.

Era stato lui che, piú di tutto, dopo sei anni mi aveva impressionato, Sylvain, il fratellino che tra un anno avrà quarant'anni ma ne dimostrava poco piú della metà. Il suo stato attuale era uno degli effetti collaterali della vicenda, come si dice per i bombardamenti. Al mio arrivo, era sceso a piedi nudi, goffo ed esitante, e mi raggiunse in giardino a fumare una sigaretta. Prima, nella sua stanza, nel groviglio di fogli, libri, lenzuola sporche e aggrovigliate, pacchetti di sigarette vuoti e pieni, e qualche altra arrotolata come joint lasciata lí, gli ho suggerito che dovrebbe uscire ogni tanto. Uscire. Fuori. Fu dopo che mi aveva detto che, come una fatalità, era accaduto quello che temeva la prima volta che ci siamo visti: le conseguenze della morte del fratello in lui si sarebbero manifestate col tempo. In una depressione, ad esempio. Oggi Sylvain vive di un sussidio di invalidità per motivi psichiatrici. Prende molti farmaci. Passa le giornate ad ascoltare la radio e a leggere i titoli dei giornali. Ma la sua lucidità è reale e limpida, e il suo eloquio brillante. La sua è soltanto una pura sofferenza. Gli dissi questo, in giardino: che nel tunnel dell'anima c'ero stato anch'io, e che non è bello né giusto restarci a lungo, non sarebbe piaciuto a suo fratello. Ma prima gli chiesi che cosa davvero gli avrebbe fatto piacere che io scrivessi su Henri. Gli assomiglia come una goccia d'acqua, stessa pelata precoce, stessa rotondità del volto, stessi occhi grandi e vivaci, e credo anche stesso orientamento del volto verso un'espressione di perpetua e sorniona ironia e curiosità. Quando mi parla, anche se la voce è lenta e impastata, la sua sensibilità e intelligenza scorrevano come un fiume carsico.

«Che restino dei dubbi», mi rispose. In riferimento alla verità ufficiale sulla sua fine, ma non solo. Su questo puoi contarci, gli risposi, ho solo dubbi e una certezza, che la verità ufficiale sia una menzogna. Che altro vorresti dire di tuo fratello?

«L'onestà, – rispose Sylvain, – e la democrazia». Strana questa parola, pensai, «democrazia», e in quel momento ricominciò a piovere, e gli guardai i piedi nudi e sporchi sul selciato del giardino. Restammo lí fermi, a fumare e a parlare, e lui continuò il filo del suo discorso.

«La sua onestà. E la sua profonda democrazia, sí, che diventava in lui generosità. La sua morte e il suo trattamento ingiusti sono una questione di democrazia. È stato sacrificato per proteggere famiglie come i Windsor, o quell'altra, gli Al Fayed, tra le piú ricche d'Europa o del mondo. Ma noi, cosa c'entriamo? Mio fratello era figlio di un operaio e di un'istitutrice, e le istituzioni, i giudici, la polizia, non l'hanno certo preso in considerazione come gli altri. Parlo

di democrazia non solo perché Henri lo era profondamente, era molto critico e molto libertario, mai succu-
be né affascinato dai potenti; ma perché la democrazia
è oggi il problema della verità e della sua comunicazione... Quando pensi che TF1 [il primo canale della Tv
francese] mette in moto una serie incredibile di mezzi
per catturare ogni giorno quei milioni di persone che
la seguono, per trattare e dire quello che tratta e dice,
e fa pensare alla gente che la realtà sia solo quella che
vede lí e nient'altro, e invece la vita è altrove, e tanto
altro accade nel mondo – quando pensi questo, capi-
sci quanto noi siamo delle persone piccole e impoten-
ti, che abbiamo poca o nessuna speranza di poterci
esprimere, dire la nostra verità o i nostri dubbi. O
avere giustizia. Il mio lutto e la mia depressione si
nutrono di questo, credo, di tutte le informazioni con-
traddittorie che ci hanno sommerso in questi anni,
del labirinto di dati, di notizie, del non sapere piú
che cosa è vero e che cosa non lo è, quante macchine c'erano nel tunnel dell'incidente per esempio, e
del dubitare di tutto, a parte di Henri. Del non avere nessuna certezza su quello che è accaduto. Da questo viene il sentimento di non contare nulla, di essere una cosa cosí piccola, polvere, di fronte a tutto
quello che ti cade addosso, di fronte alla cosiddetta
giustizia ad esempio. Questo vorrei che tu dicessi. Che
Henri è stato sacrificato prima che potesse vivere quello che la sua idea di democrazia gli meritava di vivere,
cioè una vita piena».

La mia camicia era costellata di chiazze di pioggia,
e lentamente siamo ritornati dentro casa. Come adesso, nel taxi che ci ricondusse a Lorient, in un silenzio
rotto solo dai freni e dal cambio del motore, nel labirinto di viali e di circonvallazioni.

Il giorno dopo feci alcune telefonate, tra cui al Ritz e allo studio di Maître Meyer, l'avvocato di famiglia (era in vacanza, mi dissero). Volevo condividere con altri l'impressione della notizia. Riepilogai mentalmente: dopo due anni dalla presentazione di una denuncia contro gli esperti, che contestava come false le analisi del sangue effettuate sul figlio; dopo le umiliazioni ripetute del rifiuto per vizi procedurali e di forma; dopo un «non luogo» ordinato dalla giudice Corinne Goetzmann, ancora in settembre del 2003, senza che lei avesse proceduto alla minima indagine o ricerca supplementare nel merito della richiesta – e questo nonostante la formale riapertura dell'inchiesta decisa in Inghilterra (ma operativamente rimandata, chissà perché, di due anni); dopo un nuovo reclamo alla corte d'appello, finalmente una nuova deliberazione del Palazzo di Giustizia di Parigi aveva stigmatizzato l'attitudine del giudice Goetzmann come un «rifiuto di informazione», dando il via libera alla riapertura dell'inchiesta e a nuove analisi per discolpare Henri Paul. Fu quello stesso giudice, la signora Goetzmann, che disse una volta ai genitori di Henri Paul: «Perché vi accanite tanto ad avere il suo sangue? Non è che cosí potrete riavere vostro figlio». In quei giorni, e in mia presenza, una speranza si profilava. Eppure, mi impressionarono la stanchezza e la paura di Gisèle e di Jean, i genitori di Henri, di non arrivare mai a una verità: non tanto una verità soddisfacente, ma credibile.

A casa, il giorno prima, mi avevano parlato della loro rassegnazione. Presero vigore raccontando di nuovi episodi della vita di Henri, o parlando degli amici. Erano contenti che avrei visto Laurence, che amavano sempre come una figlia. Jean aveva voglia di parlare di politica, cioè di vita, e finí che ci trovammo entrambi a deplorare la guerra, Bush, gli Americani e Tony Blair. Fu forse per associazione di idee che mi raccontarono della visita assai recente della giallista americana Patricia Cornwell, che fu per loro cosí fastidiosa che erano ancora arrabbiati con Claude Garrec per esserne stato l'accompagnatore. Senza che se lo aspettassero, la casa fu sgradevolmente riempita di telecamere, operatori e assistenti di una televisione americana. Nessuno, tanto meno Patricia Cornwell, parlava il francese, ed essere sottoposti alle domande fredde e spersonalizzate dell'interprete non divertí gli anziani signori Paul. Si aspettavano – a questo avevano acconsentito – la visita di una mia collega un po' piú anziana, mi dissero, non quell'invasione.

Il risultato dell'indagine della celebre giallista non approdò a un libro, almeno finora, ma ad una trasmissione della televisione americana ABC che andò in onda il 30 ottobre 2003. I suoi mezzi erano stati imponenti, ma il risultato, malgrado le aspettative rilanciate dai giornali di tutto il mondo («la famosa scrittrice ha risolto il giallo della morte di Diana», titolavano), fu di arginare, se non spegnere, tutti i motivi per cui, oltre all'incidente stradale, fossero state all'opera «forze piú oscure». Articolata in sette, otto punti, l'inchiesta di Patricia Cornwell prese le mosse dal furto con scasso subito il giorno dopo l'incidente a Londra dal fotografo Lionel Cherruault, coinvolto nel giro della vendita di presunte foto scattate nel tunnel. Passò alle negazioni del test sul Dna di Henri Paul, al monossido di carbonio che rivelarono gli esami controversi del suo sangue; alle condizioni precarie della Mercedes, all'itinerario insolito dell'auto, all'assenza di segni di frenata, a delle strane macchie sulla suola delle scarpe di H. P. che sarebbero sfuggite alla polizia, alla testimonianza di François Lévy, colui che confermò il flash abbagliante dentro il tunnel, alla presenza degli «uomini in grigio» al Ritz e poi sul luogo dell'incidente, alla testimonianza dell'agente segreto Richard Tomlinson, a quella infine della domestica di Dodi Al Fayed – Karen McKenzie, al suo servizio da undici anni – a cui la guardia del corpo Trevor Rees-Jones, unico sopravvissuto ma nella totale amnesia dopo l'incidente, avrebbe confidato: «se mi ricordassi, mi ucciderebbero». Passò quindi alle domande su quanto «seria» fosse la relazione tra Diana e Dodi, con riferimento alle reazioni della Casa Reale d'Inghilterra, al possibile salvataggio medico di Diana e alla sua supposta gravidanza. Alla fine, Patricia Cornwell confermò la versione pacata della polizia francese, data per voce dell'investigatrice Martine Monteil: «The crash was an accident». Quanto alle altre numerose testimonianze, Patricia Cornwell pronunciò questa frase costernante: «I testimoni, Dio li benedica! Ma è la Torre di Babele quando ascolti venti lingue diverse e nessuna di esse ha un senso per l'altra».

Eppure già il 26 aprile 2004, lunedí, il capo di Scotland Yard, John Stevens, accompagnato dal *royal coroner* Michael Burgess, si recò a Parigi per incontrare ufficialmente i colleghi della Brigade Criminelle, in seguito al Ritz e nel tunnel de l'Alma, per «esplorare» il luogo dell'incidente. Fu l'inizio della nuova inchiesta promossa in Inghilterra. E per chi fosse interessato segnalo che, fra i tanti siti su Internet, uno col nome *conspiracyplanet.com* contiene un mucchio di articoli e documenti sul caso Diana, ivi compreso il testo integrale della deposizione resa al giudice da Richard Tomlinson, e i nomi degli altri agenti inglesi presenti a Parigi al momento dell'incidente, al secolo Nicholas John Andrew Langhman e Richard David Spearman, che dichiararono di essersi incontrati con H. P.

Quanto a Patricia Cornwell, esitai tra la tentazione di farle pervenire un libro sul concetto di «testimone» – di Paul Ricoeur, Jacques Derrida, Giorgio Agamben, a scelta – oppure quello del mio vecchio professore George Steiner dal titolo promettente: *Dopo Babele*.

Piú tardi, quel mattino, presi il trenino per Redon, dove ero atteso da Laurence. Era il giorno dell'amore, e sul treno lessi le prime notizie della riapertura dell'inchiesta sui giornali francesi. Ma non ne feci parola con Laurence.

Il giorno dopo ancora era sabato, ed ero ancora a Lorient, e decisi che potevo ben regalarmi un giorno di vacanza.

Avevo ormai preso gusto alla città, e avevo ritrovato anche quella rue du Port del mio primo soggiorno. Ma non avevo ancora visto il mare aperto. La prima e unica volta che ero stato in Bretagna per vacanza avevo diciotto anni, e avevo dei bei ricordi anche se sfumati. Avevo perfino fatto naufragio tra gli scogli pilotando con la vela, perché il timone nella barca affittata si era staccato. Ero stato bravo, avevo centrato una minuscola spiaggetta salvando lo scafo. Volevo rivedere l'oceano.

Dalla finestra della stanza vedevo le cime degli alberi su cui avrei potuto anche saltare, sui tetti di fronte stava appollaiata una coppia di gabbiani, i cui urli sincopati spezzavano il nordico silenzio della città ricordandomi ogni volta l'oceano invisibile. Avevo cenato una sera in un ristorantino sul Quai des Indes, ma nonostante l'esotico nome si affacciava sul canale, una delle tante rientranze del porto in cui venivano ormeggiate le barche, soprattutto quelle a vela. Ma nessun orizzonte.

Presi un autobus e poi un battello, seguendo le indicazioni dell'autista. Mi lasciai alle spalle una serie di costruzioni a forma di parallelepipedi, che sembravano la quinta di un film di Wenders anni '70. Seguito dai gabbiani, il battello si liberò pian piano del porto e della costa con le sue architetture geometriche, finché vidi una sottile penisola punteggiata di pini marittimi che non assomigliavano in nulla a quelli che conoscevo, piuttosto a delle silhouettes di alberi giapponesi disegnati a china. Scesi a Port-Louis, mangiai pesce a un piccolo ristorante con vista sull'oceano, lessi un po' del romanzo che avevo con me, poi feci a piedi il giro dell'isola (o penisola) a partire dalle antiche mura del castello che appartenne un tempo al grande Colbert. Entrai in una spiaggetta tra i radi bagnanti, e raccolsi qualche sasso levigato, finché giunto in una piccola baia non resistetti piú, mi svestii e mi calai anch'io nell'oceano in mutande. Nuotai finché fui stremato, poi mi asciugai al sole. Ma nonostante la stanchezza continuavo a sentirmi perduto, con una malinconia insistente. Il mio viaggio era finito, eppure la sensazione era che non sapevo dove andare. Soprattutto, non sapevo se importasse a qualcuno che io andassi o tornassi da qualche parte.

Continuai a camminare, e poco dopo alzando gli occhi lessi su un cartello:

TABLE D'ORIENTATION

Indicava la sommità di una collinetta alberata, e mi arrampicai. Mi trovai in un punto panoramico, a trecentosessanta gradi di ampiezza. Un tavolo rotondo, la «tavola d'orientamento», spiegava a colori, con la grafia di un tempo, il cerchio della rosa dei venti, le direzioni della bussola, quelle geografiche dei viaggi nel XVI secolo. Quell'apertura d'orizzonte là davanti, imparavo, di fianco a «les Sables» (immaginai una lingua desertica, là dove ora sorgevano graziose casette bianche) era il Sud, dove le navi puntavano verso la Spagna, l'Africa e l'India. Quell'altra apertura alla mia destra, quell'altro orizzonte, era la rotta per l'America. Girai intorno al tavolo d'orientamento piú volte. Scelsi la mia direzione e scesi dalla collina.

Capii quella notte che il mio lavoro su Henri Paul era finito. Ne sapevo di piú? Ed era questo che avevo desiderato: sapere?

L'ultimo autista di Lady Diana innanzitutto non era un autista, e non era di Lady Diana.

Ma se la conclusione dell'inchiesta era falsa, compreso il suo sangue, qualcosa di estremamente complesso ne conseguiva logicamente. Se macchinazione vi era stata, doveva essere stata davvero molto sofisticata, curata in ogni dettaglio: come se proprio una persona come Henri Paul, anzi lui esattamente, per quanto in apparenza inatteso fosse stato il suo ingresso nel teatro dei famosi la notte del 30 agosto 1997, fosse stata la persona designata e attesa per interpretare quel ruolo: l'ultimo autista di Lady Diana. Un attore perfetto, sfumature comprese. Ma è anche vero che la messa in scena del caso, come disse l'amico dottor Mélo, può avere ingranaggi perfetti e spettacolari.

Avevo ascoltato tante storie, tante testimonianze, anche di piú di quante ne abbia qui raccontate a mia volta. «Gli uomini sono illogici». «Le donne ci ingannano con le loro lacrime, e ingannano se stesse». Queste, invece, sono alcune battute di *Rashomon*, un film di Akira Kurosawa che ottenne il Leone d'oro a Venezia nel 1951 e subito dopo anche l'Oscar. La storia è questa.

In un giorno di tempesta, sotto una tettoia si rifugiano un taglialegna, un ladro e un bonzo. Ognuno di loro è indirettamente testimone di un delitto, e sa raccontarne la storia. Ognuno riporta la versione delle diverse persone coinvolte: l'uomo assassinato, la moglie che si è concessa al bandito, il bandito. Il film è fatto solo delle testimonianze, tutte divergenti. C'è perfino la versione del morto, profferita per bocca di uno sciamano. È il bonzo a raccontarla. «Anche un morto può mentire, – risponde il ladro. – Chi è sincero ai giorni nostri? Si finisce per credere alle proprie menzogne...» «No, un'anima non può essere pervertita fino a questo punto, – dice il bonzo. – Ascoltiamo dunque il racconto di un morto...» Infine, la versione del testimone oculare, il taglialegna che confessa di avere assistito al delitto. «Niente è meno sicuro della tua versione», replicherà il ladro. «Se non si crede a niente, questo mondo è un inferno», esclama il testimone oculare. «Sí, certo, questo mondo è un inferno», risponde tranquillamente il ladro. «Ma io credo nell'uomo, – grida il bonzo, – mi rifiuto di credere che questo mondo sia un inferno». Finché alla fine della pioggia sentono il pianto di un neonato, e cessano di parlare. Il taglialegna lo prende in braccio: «Io ho sei figli, allevarne ancora uno non sarà una fatica molto maggiore per mia moglie». E il bonzo: «Tu mi hai restituito la fede e la speranza nella vita».

Mi piacerebbe poter dire che questo film dedicato al mentire lo avevo visto in un improbabile canale televisivo quella notte in albergo, ma sarebbe una menzogna. Però lo pensai.

Il problema non è mentire, cosí come la soluzione non è la verità. Il problema è come ci si sente. Siamo quello che di noi vedono gli altri, anche se sappiamo di essere altro. Ma non potendo descrivere la nostra esistenza, siamo condannati ad accettare le descrizioni degli altri – gli amici, quelli che ci riflettono. Domanda: quand'è che una relazione si raffredda e poi muore? Quando qualcuno non si riconosce piú nello sguardo che l'altra o l'altro porta su di lui. Quando sentiamo di non appartenerci, perché non riusciamo piú a immaginarci l'un l'altro, ma ci sentiamo altrove. Se l'amicizia può ancora sopportare questa distanza, l'amore di certo non sopravvive al freddo. Finché avremo di nuovo bisogno di un'altro sguardo che ci faccia esistere, e cosí via, perché una cosa è certa, aneliamo a essere guardati, compresi, contenuti. Contenti.

Cosí, a un certo punto, mi sembrò di sapere tutto, compreso il fatto che non c'era nulla da conoscere, nessuna presunzione di verità ulteriore. Tutti i dati erano presenti, a ciascuno di comporre la propria versione. Nella mia Henri Paul era un uomo, non era un santo, aveva amato e aveva volato, aveva sofferto e aveva riso, aveva bevuto ed era stato sobrio, aveva lavorato e aveva sognato. C'entrava qualcosa con l'immagine che di lui era stata costruita per giustificare la morte dei famosi e potenti? E c'entrava qualcosa con loro? No, se non nel senso di una pari umanità. Ma non c'è bisogno di essere perfetti per essere innocenti. Credo che non occorra neppure essere innocenti, per poter non essere colpevoli.

Il mattino dopo ripartii per Parigi. L'hotel era vicinissimo alla stazione, bastava attraversare un paio di binari a vista, quasi sempre senza sbarramento. Ma un cartello ammoniva a caratteri stampatelli i pedoni e gli automobilisti che attraversavano:

UN TRAIN PEUT EN CACHER UN AUTRE

«Un treno ne può nascondere un altro». Sorrisi. Quella frase era il mio *koan*. Evidenza che illumina.

Ogni verità può nasconderne un'altra. Non c'è verità ultima, pensai guardando scorrere la Francia dai finestrini del treno, ce ne sono tante, una dietro l'altra, o una accanto all'altra, senza che per questo debbano essere in concorrenza, né sovrapporsi – tutte le verità essendo evidenti, e per questo nascoste. Oppure esiste un diorama incontornabile di verità, ampio come la vita, incessante come le giostre. Nessuna possibilità di correggere i propri errori, anche se vivessimo duecento anni. E perché poi correggere? Perché «errori»? Rifaremmo comunque tutto tale e quale, e se non fosse cosí sarebbe una noia. E cosí pensando mi addormentai.

Mi svegliai a Parigi dove mi accolse una temperatura meravigliosamente equilibrata. C'era caldo, però non sudavo. C'era il vento, ma non sferzava gli uomini e le cose. Il cielo altissimo oscillava tra la lavanda e l'azzurro piú intenso, col bianco di qualche nuvola veloce. Andai dalla stazione di Montparnasse alla mia stanza a piedi, guardando le facce rilassate di chi indugiava placido ai tavolini dei bar con un libro o un giornale. Solo belle facce, notai. Posai la borsa e pochi minuti dopo diventai uno di loro. Dovevo finire il libro che mi aveva accompagnato in quei giorni, l'ultimo romanzo di Fred Vargas, storica e autrice di gialli – *Sotto i venti di Nettuno* – una delizia. Poco a poco scese la sera, e finii il libro. Senza cambiare tavolino ordinai da mangiare. Una telefonata di S. mi distolse: – Dove sei?

Alzai gli occhi, scoprii e lessi il cartello alla mia sinistra: «Place Josephine Baker (1906-1975). Artista di music-hall. Sottotenente delle forze francesi libere. Filantropa». Nonché «il culo piú allegro e spiritoso del mondo», come disse Georges Simenon che ne fu intimo amico.

– Sono in place Josephine Baker, dove vuoi che sia? Mi raggiungi? Molla tutto, l'ufficio e il lavoro, soprattutto il lavoro e l'ufficio, prendi tutti i soldi che puoi e vieni qui.

– E i bambini?

Mi guardai intorno: c'erano solo belle facce. Il cielo aveva un magnifico colore azzurro carta da zucchero nonostante il buio.

– Li iscriviamo alla scuola del quartiere. Li aspettiamo tutti i giorni al baretto sorseggiando Sancerre e Sauvignon. Ogni tanto fai la spesa, e intanto io scrivo dei romanzi. Facciamo a turno. Tranne la domenica ovviamente, ci riposiamo. Andrà tutto bene.

La sua voce era risuonata cosí complice e armonica, le nostre anime all'unisono, che non sospettai piú nessuna indigenza dietro la musica sontuosa dell'amore, né la disperazione celata dietro l'euforia. Ma quando finii il vino e mi alzai, mi accorsi che ero l'unico cliente. Da quanto tempo? Camminai da solo per boulevard Quinet nello spazio pedonale al centro, sotto i platani. A sinistra i palazzi abitati, a destra il muro del cimitero di Montparnasse. Sentivo sulla schiena tutta la stanchezza.

Per un istante vidi come in un lampo il profilo di un uomo sul vetro oscurato di un negozio di marmi. Aveva l'aria di un uomo che volesse raccontare la sua vita a qualcuno. Non come quella che si scrive nei libri. A qualcuno. Poi, in un altro lampo, mi venne in mente la frase, letteraria eppure cosí efficace, che un'altra persona disse il secolo scorso in questa stessa città: che, superfluo come lui, non c'era nessuno al mondo.

Parigi, settembre 1997 - agosto 1998.
Parigi, agosto 2004.

Principali riferimenti

L'elenco omette i soggetti intrinseci del libro, come «vita privata», «Parigi», «Lady Diana», «incidente», «testimonianza», ecc.

Nota dell'Autore

Questo libro ha già una storia. Nel 2005, targato Quiritta (piccola casa editrice romana) destò un certo clamore al Premio Strega. Tra elogi e polemiche, mi sentii in dovere di scrivere in un corsivo (su «l'Unità») che ero stato io a vendere le schede elettorali agli altri editori, per pagarmi le vacanze a Portofino con mio figlio (ultima tappa quell'anno del pellegrinaggio Strega). Fu l'amico Emanuele Trevi, testimone nelle sue visite a Parigi della mia ossessione di quegli anni, a convincermi a tirar fuori questo libro da un cassetto del computer.

Fu comunque una meteora. Tra i vari commenti, prima di ritirarlo dalle librerie, alcuni mi stanno molto a cuore: come l'idea di avere forse inventato un genere, oltre il cosiddetto «effetto di realtà» del romanzesco. L'irruzione cioè della testimonianza e dell'archivio nella narrativa, come già è accaduto per le arti e il cinema. Ad alcune splendide classi di liceali di Chieti e di Benevento, all'epoca del Premio Strega, devo inoltre la comprensione del significato di «civile» riferito alla letteratura: farsi «parte civile» per chi non ha voce, per quei crimini o oltraggi che non cadono mai in prescrizione.

Inchieste e processi sulla morte di Lady Diana, o per la riabilitazione di Henri Paul, nel frattempo continuano a farsi e disfarsi, a Parigi e a Londra. Ma non ho ritenuto di dover correggere né modificare nulla di quanto avevo scritto; neppure l'origine felliniana della parola «paparazzo» – tanto piú leggendaria quanto piú screditata oggi questa professione. Lo stile mediatico nel trattare le vicende umane è del resto un tema trasversale del romanzo. Se ho quasi sempre declinato gli inviti a trasmissioni televisive sull'argomento, è perché di fronte all'onnipotenza della Tv, che si vuole onnicomprensiva, il mio modo minoritario di rispondere resta la lentezza della scrittura, del pensiero, della narrazione.

Dedico questo libro alla memoria del mio fraterno amico Giorgio Messori.

Roma, 9 maggio 2007.

Indice

Stampato per conto della Casa editrice Einaudi
Presso Mondadori Printing S.p.a., Stabilimento N.S.M., Cles (Trento)
nel mese di giugno 2007

C.L. 18983

Edizione								Anno		
1	2	3	4	5	6		2007	2008	2009	2010